The

The Rule 더 룰

앤드류 서터 지음 | **남상진** 옮김

북스넛
Booksnut

옮긴이

남상진　에임재팬주식회사 및 포트엠(Port of Effective Management, http://portem.kr) 대표.
경영 및 IT컨설턴트, 피터드러커 연구가이자 번역가이며, 일본 드러커학회 추진위원으로
활동하고 있다. 일본 산노대학 경영정보학부 및 JAIST 정보과학연구과 졸업. 현대자동차
(주) 기술연구소, 한국정보보호진흥원, 엔지니어스재팬(주) 등에서 근무했다.

주요 번역서로는 『씽크 이노베이션』, 『1위의 패러다임』, 『피터 드러커 나의 이력서』, 『피터
드러커 미래를 읽는 힘』, 『리더가 되는 길』, 『한권으로 읽는 드러커 100년의 철학』, 『실천
하는 경영자』, 『경영자 아버지의 백 년 전 편지』, 『피터 드러커 매니지먼트』, 『도요타의 영
웅들』 등이 있다.

The Rule 더룰

1판 1쇄 발행 _ 2008년 10월 10일
1판 5쇄 발행 _ 2010년　8월 25일

지은이 _ 앤드류 서터
옮긴이 _ 남상진
발행인 _ 문정신
발행처 _ 북스넷
등록 _ 제1-3095호
주소 _ 서울시 마포구 성산동 112-7 예건빌딩 3층
전화 _ 02-325-2505
팩스 _ 02-325-2506

ISBN 978-89-91186-51-4 03320

조상 대대로 물려받은 정신 유산

당신은 유태인에 대해 얼마나 알고 있는가?

"유태인은 모두 부자이고, 그중 상당수가 억만장자이며, 대부분 머리가 좋아."

"유태인은 선천적으로 상술에 뛰어나서 중국인은 상대도 안 돼. 그리고 '카발라'라는 구약성서의 비법을 이용해 전 세계 은행들과 미디어를 지배하게 되었지. 유태인은 세계에서 가장 부유한 민족이야."

"그런데 유태인은 세상에 얼마나 있지? 글쎄, 미국의 유태인만 해도 인구의 20%는 되지 않을까?"

많은 사람들이 유태인에 대해 이렇게 말하곤 한다. 그런데 이런 이야기는 일부는 사실이지만 일부는 선입견에 불과하다.

유태인들이 높은 비율로 성공적인 인물들을 배출하고 있는 것은 사실이다. 그 가운데는 억만장자들도 끼어 있다. 미국을 비롯한 서유럽 국가들에 거주하는 의사, 법률가, 대학교수, 예술가, 작가들 중 유태인이 많은 것은 분명하다. 노벨상 수상자 중 21%는 유태인이다. 특히 2004년~2007년 동안의 노벨상 수상자는 33%가 유태인이다. 세계 억만장자(자산 1억 달러 이상)의 30%가 유태인이라는 조사도 있다.(2007년 「포브스」 지)

유태인이 비유태인보다 풍요롭게 살고, 여러 기준에서 볼 때 평균 이상인 것은 사실이다. 하지만 그 성공의 이유는 사람들의 생각처럼 유전적으로 무언가 특수한 것을 지니고 있어서가 아니라, 유태 문화 속에서 뼛속 깊이 새겨온 가르침들을 단지 충실하게 따랐기 때문이다.

오늘날 유태인들의 수는 점점 줄어들고 있다. 그럼에도 불구하고 여전히 다양한 예술, 과학, 경제 분야에서 유태인들이 성공을 거두는 비율은 높아지고 있다. 그들의 지혜를 유태인이 아닌 일반인들이 이용할 수 있을까? 당연히 가능하다고 생각하기 때문에 나는 이 책을 썼다.

이 책은 크게 '인문학적 고찰(제1부)'과 '자기계발을 위한 실천(제2부)'이라는 두 영역으로 나누어 정리했다.

제1부는 사업과 교육, 인생을 대하는 유태인의 문화와 철학을 인문학적인 눈으로 관찰했다. 알려져 있지 않은 유태인의 통계적인 진실들을 살펴보는 한편, 그들이 이루어낸 성공의 에너지가 도대체 어디에 근거하고 있는지 이야기하려 한다. 유태인의 실상과 역사적 진실을 미화하지도 폄하하지도 않고 바라보면 유태인에 대한 근거 없는

왜곡을 바로잡을 수 있고, 고대부터 현대에 이르기까지 전 세계에 흩어져 살아가는 유태인들의 모습을 보며 당신 자신의 정체성은 무엇인지 인식할 수 있을 것이다.

제2부는 유태인들이 위기를 이겨내며 쌓아온 부富와 성공 에피소드를 토대로 번영의 지혜와 힌트를 제시하려고 한다. 각 장의 모든 내용들을 유기적으로 연관시켜 유태인의 마인드를 직접 느끼면서 그들이 축적해온 부와 생존의 불문율을 실천적인 자기계발 방식으로 전하고자 한다.

어떻게 이 책을 펼치게 되었든, 당신은 유태의 문화와 철학에 대한 이해와 유태인들이 삶에서 보여준 의지를 온전히 배워 실천할 수 있어야 한다. 유태인이 사업과 비즈니스에 뛰어난 이유가 오직 그들의 유전자 때문이라는 선입견은 이제 버릴 때가 되었다.

마음을 열고 있는 그대로를 관찰하면 보이지 않던 비밀스러움이 고스란히 모습을 드러낸다. 그러면 그 비밀이란 당신도 이미 지니고 있던 것임을 알게 될 것이다.

저자 앤드류 서터

제1부
부강한 인간의 탄생

제1장
초정예 두뇌들

많은 사람들이 유태인을 세계 금융계의 숨은 지배자라고 믿고 있다. 금융계뿐 아니라 더 나아가서는 미국 정부도 지배하고 있다고 믿는 사람들까지 있다. 유태인을 만나본 적도 없는 많은 사람들이 그렇게 확신하고 있다.

0.2%가 노벨상 40%를 휩쓸다

미국 인구의 상당 부분을 유태인들이 차지하고 있다고 생각하는 이유는 무엇 때문일까? 아마도 이스라엘을 지원하는 미국을 보고 '저렇게 강력하게 지원할 정도이니 미국 유태인의 인구 비율은 상당하겠지?'라는 발상에서 기인한 듯하다. 이스라엘 지원에 대해서는 나중에 진짜 이유를 논의하기로 하고, 그 전에 한 가지 퀴즈를 내보겠다.

"미국 인구 중 유태인이 차지하는 비율은 과연 몇 퍼센트일까?"

정답은 2.2%이다.

미국의 총인구가 약 2억 8,000만 명이니까 유태인은 약 620만 명이다. 그리고 미국은 가장 많은 유태인이 살고 있는 나라이다.

그렇다면 이스라엘은 어떨까?

물론 이스라엘의 유태인 비율은 미국의 유태인 비율보다 훨씬 높은 80%이다. 그러나 인구는 많지 않아서 약 540만 명이다. 잘 알려져 있지 않지만 이스라엘에는 100만 명이 넘는 기독교도와 아랍인들이 살고 있다.

그러므로 미국과 이스라엘의 유태인을 합하면 약 1,160만 명이 된다. 그러면 이 외의 나라에 살고 있는 유태인 수는 어떨까?

전 세계 유태인의 수는 1,318만 명이다. 그렇다면 미국과 이스라엘을 제외한 세계 유태인 수는 약 160만 명밖에 되지 않는 셈이다. 즉 세계 인구 중 유태인은 0.2%에 불과하다.

바꾸어 말하면,

- 현재 미국과 이스라엘을 제외한 전 세계에 살고 있는 유태인을 모두 합쳐보아도 100년 전 프랑스 파리 인구(1900년도 파리 인구 380만)보다 적다.
- 전 세계 유태인을 모두 한국에 데려와도 여전히 5명 중 4명은 한국인이다.
- 전 세계 유태인을 모두 강제적으로 중국으로 이주시키더라도 100명 중 99명은 중국인이다. 화교를 제외한 본토 중국인만을 고려하더라도 유태인은 그들의 1%에도 미치지 않는다.

그런데 유태인 인구는 매년 줄고 있다. 전쟁이나 테러와 같은 비극적인 이유가 아니어서 다행이지만, 서유럽 여러 나라들의 일반적인 저출산 풍조와 비유태인과의 결혼 증가가 주요 원인인 것으로 드러났다. (이 점에 관해서는 다음 장 후반에 자세히 설명하기로 한다.)

유태인의 인구 실태가 놀랍지 않은가? 그러면 유태인에 대한 평가의 허상과 실상에 대해 좀 더 들여다보자.

세계 금융계의 유태인 파워

'유태인이 전 세계 금융시장을 좌지우지한다!'는 말은 세계 각국에서 자주 듣는 말이다. 그러면 세계 금융계를 좌지우지하는 대표적인 인물로 누구를 떠올릴 수 있을까? 아마도 많은 사람들이 19세기 유럽에서 영화를 누린 로스차일드Rothschild 가문을 떠올릴 것이다.

그들은 분명히 대단한 부자들이었지만, 그들이 '세계 최고의 부자'였던 시기는 1820년부터 1860년까지 불과 40년뿐이다. 또한 그들이 창립한 은행이 세계 최대 규모를 자랑했던 것은 1914년까지이다.

세상은 그 후 90년 동안 크게 변했다. 「글로벌 파이낸스」 지에서 발췌한 '세계의 금융기업 톱 21' 목록을 찾아보았지만 이 목록 어디에서도 로스차일드란 이름은 찾아볼 수 없다.

이 목록 가운데 유태인이 CEO인 곳은 시티그룹에 속한 시티은행뿐이다. 그러나 이 은행도 역사적으로 유태계 회사가 아니며 당시 유태인 CEO였던 샌포드 웨일은 얼마 전 은퇴했다.

실제로 제2차 세계대전까지는 자유와 평등의 국가인 미국에서조차 유태인의 금융업 참여를 완강하게 거부했다. 미국 금융업계에서 가장 인지도가 높은 유태계 금융기업이라고 한다면 골드만삭스일 것이

세계 금융기업 톱 21

시티그룹	미국
미즈호홀딩스	일본
UBS	스위스
미쓰이스미토모	일본
도이체방크	독일
미쓰비시 도쿄 파이낸셜 그룹	일본
JP모건	미국
ING그룹	네덜란드
HSBC홀딩스	영국
BNP퍼리버	프랑스
하이퍼페라인스뱅크	독일
크레디스위스	스위스
로열뱅크오브스코틀랜드	영국
UFJ홀딩스	일본
버크레이즈	영국
뱅크오브아메리카	미국
ABN암로홀딩스	네덜란드
크레디어그리콜	프랑스
모건스탠리	미국
소시에테제네럴	프랑스
인더스트리얼&커머셜뱅크	중국

다. 하지만 이 기업은 현재 업계 랭킹 50사 가운데 34위까지 내려가 있다.

오늘날 미국의 대형 금융기업은 대부분 주식시장에 상장하고 있어 일반 투자가들의 지배를 받는다. 그렇기 때문에 특정 인종이 금융업계를 뒤에서 조종하는 일은 사실상 불가능하다. 위의 표를 보면 오히려 일본이 금융시장을 좌지우지하고 있는 것처럼 보이지 않는가? 상위 10위 안에 일본계 은행이 셋이나 들어 있으니 말이다.

"하지만 미국 연방준비이사회FRB의 의장이었던 앨런 그린스펀은 유태인이지 않은가?"

그는 금융시장 전체를 좌지우지할 수 있는 위치에 있었음이 틀림없다. 분명히 그는 유태인이다. 그러나 FRB의 역사를 살펴보면 역대 의장 13명 가운데 유태인은 겨우 3명뿐이다. 역대 13명의 임기 합계가 90년이 조금 넘는데 그중에서 유태인이 재임한 기간은 32년이다. 그리고 의장 이외의 직원은 총 82명인데, 이름으로 추측해보건대 유태인은 15명 이하였던 것으로 보인다.

그러면 오늘날 유태인 가운데 가장 부자인 사람은 누구일까?

아마도 마이크로소프트 사의 CEO인 스티브 발머가 아닐까 한다. 그러면 그가 컴퓨터 시장을 좌지우지하고 있을까? 그런 일은 있을 수 없다. 사실 그는 마이크로소프트 사조차도 마음대로 움직일 수 없다. 왜냐하면 마이크로소프트 사의 실질적인 지배자는 여전히 빌 게이츠이기 때문이다. 빌 게이츠는 유태인이 아니다. 극단적으로 말하자면 스티브는 월급 사장이며 빌 게이츠의 의사에 따라 어느 날 갑자기 해고될 수도 있는 사람이다.

그렇다면 할리우드의 메이저 영화사는 어떨까?

할리우드의 대형 영화제작사는 대부분 유태인에 의해 설립되었으며, 지금도 할리우드를 포함한 미국 미디어 관련 기업의 요직에 있는 사람들의 대부분이 유태인이다. 그러나 이 현상은 유태인 인구가 많은 미국에서조차 의료업계와 더불어 예외적인 경우에 속한다. 또한 현재 세계에서 가장 유명한 미디어 재벌인 루퍼트 머독은 유태인이 아니다.

유태인이라고 하면 왠지 인상에 남기 때문에 위에 언급한 분야 외에도 소위 '성공한 유태인'을 떠올리는 일이 쉬울지 모른다. 가령 델 컴퓨터, 오라클, 인텔 등 주요 IT기업은 유태인이 설립했다. 여기서 오는 인상이 너무 강렬해서 실제로는 포천 500대 기업 목록 가운데 유태인 CEO를 두고 있는 회사가 7분의 1에도 미치지 못한다는 사실을 알게 되면 누구나 놀라워한다.

이쯤에서 '금융시장에 대해서는 잘 알았다. 그래도 실제 대부호 가운데는 유태인이 많지 않은가?'라는 질문이 나올 법하다.

「포브스」지에 의하면 미국 부호 200인 중에서 25~30%가 유태인이라고 한다. 그러나 이것을 반대로 생각해보면 200인 중에서 70~75%는 유태인이 아니라는 의미이기도 하다. 물론 이 비유태인에는 빌 게이츠나 워렌 버핏 등이 포함된다.

미국 역사상 대부호의 대부분은 유태인이 아니었다. 유명인사 가운데는 코넬리어스 밴더빌트, 존 록펠러, 앤드류 카네기, J.P. 모건, 폴 게티 등이 대표적인 비유태인 대부호들이다. 더욱이 오늘날의 대표적인 거대 기업인 포드, IBM, 디즈니 등의 설립자들은 비유태인일 뿐 아니라 아주 열렬한 반유태주의자였다. 유럽에서도 예전에는 반유태인 세력이 지배적이었다.

대부호에 대한 이야기를 마치기 전에 한 가지 의외의 사실을 전하고자 한다. 현재 뉴욕에 사는 유태인의 13%는 '빈곤층'에 속한다는 사실이다. 여기서 빈곤층은 한 가정의 연 수입이 1만 6,500달러(약 1,700만 원) 미만인 경우를 말한다. 게다가 15%는 '약간 빈곤한 층'으로 분류되어 있어 이를 합치면 놀랍게도 30% 정도가 빈곤층에 속하는 셈이다.

돈보다 두뇌

많은 유태인이 비즈니스와는 직접적인 관련 없이 살고 있다. 또한 비즈니스에 종사하고 있다 해도 자신의 사업을 갖고 있는 유태인은 많지 않다. 대부분 기업, 대학, 정부 등에 고용되어 일하고 있다. 물론 여기까지 읽은 독자들에게 이러한 사실은 별로 새롭지 않을 것이다. 앞서 마이크로소프트 사의 CEO 스티브 발머도 월급쟁이라고 했으니 말이다.

그러나 개개의 기업이나 조직을 살펴보면 중상류층의 인종 구성에 독특한 패턴이 존재한다는 사실을 알 수 있다. 이 패턴은 의사, 법률가, 대학교수 등의 전문가들이나 작가, 음악가, 화가 등의 예술가들, 그리고 비정부단체 등에서도 두드러지게 나타난다. 즉 이러한 분야에서는 유태인의 비율이 아주 높다.

이러한 분야의 유태인들 중에는 엄청난 부자들도 가끔 눈에 띄지만, 대부분은 부자라고 할 만한 정도는 아니다. 대학교수 중에서 부유하다고 할 수 있을 정도로 돈을 버는 사람이 과연 몇 명이나 될까? 극히 일부의 사람들을 제외하면 음악가 중에서 엄청난 부자라고 할 만한 사람들은 찾아보기 어렵다. 법률가도 마찬가지이다. 대개의 법률가들에게 있어 「포브스」 지의 '세계의 대부호' 리스트에 이름이 오르는 일은 꿈에 불과하다. 그러면 이처럼 '대부호가 될 가능성이 적은 직업들'에 유태인들이 끌리는 이유는 무엇일까?

위에 나열한 '유태인이 좋아하는 직업'을 가만히 살펴보면 알 수 있겠지만, 그것들은 모두 '두뇌 노동'들이다. 그리고 이러한 두뇌 노동은 간접적으로 경제나 문화, 더 나아가 세계 전체에 공헌하는 일이라고 할 수 있다.

몇 년 전, 미국 최대의 시사주간지인 「US뉴스 앤드 월드리포트」 지가 '천재들의 비밀: 20세기를 조각한 3명의 위인'이라고 제목을 단 특별호를 내놓았다. 표지를 장식한 것은 아인슈타인, 프로이트 그리고 마르크스였다. 물론 다른 후보들도 많이 있었을 것이다. 예를 들어, 마오쩌둥이나 간디와 같은 사람들 말이다. 그러나 이 잡지의 선택에 대해서는 누구든 이견이 없을 것이다.

이 3명이 선택된 것은 어떤 의미에서 인상적이었다고 할 수 있다. 3명 모두 부자도 아니었고 정치적으로도 힘이 없었으며 금융업에 종사한 것도 아니었기 때문이다.

이들 3명은 창작한 것, 혹은 스스로 발견한 것을 세상에 알림으로써 유명해졌다. 그리고 물론 3명 모두 유태인이다. 더불어 세상에서 가장 유명한 유태인인 예수 그리스도까지 보탠다면 유태인이 돈과 무관한 방법으로 세계에 얼마나 큰 영향력을 끼쳐왔는지 상상할 수 있을 것이다.

노벨상은 2003년에 창립 100주년을 맞이했다. 노벨상의 100년 역사 가운데 수상자는 약 600명, 그중 유태인이 22%를 차지하고 있다. 경제학, 의학, 물리학으로 분야를 좁혀보면 아마도 이 비율은 좀 더 늘어날 것이다. (노벨 경제학상에 한해서 본다면 수상자의 40%가 유태인이다. 그러나 이 상은 역사가 30년으로 무척 짧다.)

30년 전 내가 하버드대학에 입학했을 때, 하버드대학 교수의 35%와 학생의 25%가 유태인이었다. 현재는 전 미국에 걸쳐 교수와 학생 가운데 아시아인의 비율이 높아지고 있기 때문에 아마도 하버드대학의 유태인 교수 비율은 20~25%쯤이 아닐까 한다. 그렇다 하더라도 이 수치는 미국 내 유태인 비율의 10배 이상에 달한다.

지배보다 자아실현

이와 같은 성공 사례는 얼마든지 더 있다. 그리고 유태인의 수가 아주 적다는 것을 생각하면 두뇌 노동 분야의 성공은 매우 특이한 현상이라고 할 수 있다. 여기서 아주 중요한 점을 기억해두기 바란다. 그것은 지배와 자아실현의 차이이다.

비즈니스나 금융업계에서 유태인이 눈부신 성과를 올리고 있다는 사실에 관해서는 의심의 여지가 없다. 더구나 유태인의 인구가 적다는 사실을 생각하면 더더욱 그렇다. 그러나 미국과 세계 여러 나라들을 지배하고 있는 것은 유태인이 아니다. 더욱이 당신보다 훨씬 가난한 유태인도 세상에 수없이 존재하고 있다.

내가 말하고 싶은 것은 '자아실현'은 '지배'와 동의어가 아니라는 점이다. 자아실현이란 개인의 목표에 도달함과 동시에 사회에 이익을 가져다주는 것을 말한다. 정당하게 이익을 얻으며 자아실현을 한 사람들을 자아실현을 하지 못한 사람들이 질투하기도 한다. 역사적으로 이 '자아실현에 대한 질투'가 가공의 '유태인의 세계지배설'을 만들어왔다. 자아실현 자체는 순수한 것임에도 불구하고 그것을 질투한 수많은 사람들에 의해 사실이 왜곡되어 근거 없는 미스터리가 확산되었다.

이 유태인의 세계지배설이 만들어진 배경을 한 마디로 말하기는 복잡하다. 이것의 근원은 역사 속에 있는 것이지 논리적인 것은 아니다. 그러나 역사 해설이 이 책의 주제는 아니다. 주제는 보다 행복에 관련된 것, '어떻게 하면 성공할 수 있을까?'이다.

유전자가 성공요인인가

그러면 '머리를 써야 하는 일에서의 성공'에서 중요한 것은 무엇일까? 유전적인 것인가? 혹은 전통적, 문화적인 것인가? 아니면 둘 모두인가? 이 주제만으로도 책을 한 권 쓸 수 있겠지만, 여기서는 짧게 과학적으로 점검해보기로 한다.

지금은 말 그대로 과학의 시대이다. 사람의 생명조차 유전자 코드로 다뤄지고 있다. 그러나 실제로는 당신의 신체적 특징(즉 외모)도

DNA만으로는 완전하게 규정되지 않는다. 정자와 난자가 만나 수정이 되고 신체적인 특징을 만들기 위해 DNA가 해독되어 각 기능에 지령이 전달된 후, DNA와는 관계없는 수많은 과정을 거쳐서 실제의 신체적 특징이 나타나게 된다. 예를 들어, 어머니가 임신 중에 즐기던 식사, 흡연이나 음주, 스트레스의 정도 등 당신이 태어나기까지 발생한 다양한 외적 요인에 큰 영향을 받는다.

외적인 특징조차 이렇게 복잡할진대 개인의 지능을 규정하는 DNA를 찾아내기란 아주 어려운 일이다. 지능이나 특정 분야의 재능은 가족이 공통적으로 지니고 있는 특징으로 보이는 경우가 많다. 그러나 가족도 하나의 '환경'이다. 즉 가족은 유전자뿐 아니라 문화나 전통까지도 계승해가는 집단이다.

일란성 쌍둥이가 어떤 사정 때문에 각기 다른 가정에서 양육된 사례에 대해 들어본 적이 있을 것이다. 많은 사례를 통해 볼 때, 쌍둥이는 대체로 IQ가 비슷하다. 그렇다면 역시 유전이 지능을 결정하는 것일까?

대답은 NO이다. 여기에는 몇 가지 이유가 있다.

우선 사회적, 경제적 환경이 지능에 영향을 미칠 가능성이 충분한데도 이들 쌍둥이 사례에서는 그런 요소가 배제되어 있다.

다른 한 가지 이유는 떨어져 살게 된 쌍둥이가 함께 자란 쌍둥이보다 다른 점이 많다는 사실이다. 그럼에도 불구하고 IQ는 유전에 의해 결정된다고 단정 지을 수는 없다.

이 연구는 일란성 쌍둥이의 IQ 차이에만 주목하고 있다. 보통 그 차이는 확실히 존재한다. IQ에 차이가 있다는 사실만으로도 IQ를 결정짓는 것은 유전자만이 아니라는 근거가 된다. 일란성 쌍둥이는 같은 유전자를 갖고 있는데 IQ가 다르다는 것은 모순되기 때문이다.

또 다른 근거도 있다. 예를 들어, 환경이 IQ와 관계가 없다고 가정해보자. 이 경우 함께 자라든 따로 자라든 일란성 쌍둥이의 IQ는 같은 수치를 나타내야 한다. 그러나 실제 조사 결과를 보면 함께 자란 쌍둥이도 IQ 차이가 있다.

즉 이러한 연구로는 유전자와 IQ 사이의 관련성을 확실하게 증명할 수 없다는 의미이다. 또한 유전자와 IQ가 관련 없다는 사실도 도출할 수 없었다. 단 한 가지 증명이 가능했던 것은, 'IQ에는 성장 환경이 영향을 미치고 있는 것 같다'는 것뿐이었다.

예를 들어, 함께 자란 쌍둥이의 IQ 차이가 따로 자란 쌍둥이의 차이보다 더 큰 경우도 있을 것이다. 게다가 원래 쌍둥이라는 경우 자체를 그리 흔히 볼 수는 없다. 그리고 어떤 대상을 선정했는지도 애매하다는 사실을 잊어서는 안 된다.

결국 이들 연구는 IQ가 유전될 가능성이 있다는 사실과, 동시에 외적 요인에 의해 영향을 받을 가능성이 있다는 사실 두 가지만을 결론으로 내놓을 뿐이다.

IQ라는 말이 과연 '지능'과 동의어일까? 대답은 아마도 NO일 것이다. '정서 지능Emotional Intelligence' 혹은 '감성지수Emotional Quotient'라고 불리는 수치를 들어본 적이 있을 것이다.

학교성적은 아주 뛰어나지만 타인과 좀처럼 조화를 이루지 못하는 사람이 있다고 가정하자. 이 사람은 IQ는 높을지 모르지만 EQ는 낮다고 할 수 있다. 즉 IQ는 지능을 구성하는 요소 중 하나에 지나지 않는다. 한편 EQ는 학습에 의해 개선된다고 알려져 있지만, 얼마만큼 유전과 관계가 있는지는 아직 밝혀지지 않았다.

높은 IQ가 인생의 성공을 약속해줄까? 이 대답 역시 NO이다. 주변을 돌아보라. 머리가 좋은데도 좀처럼 생각대로 출세하지 못해 고민하고 있는 사람이 있는 반면, 별다른 능력이 없는 것처럼 보이는데도 성공한 사람이 한두 사람이 아닐 것이다. (당신의 상사도 그런 사람일지 모른다!) 이와 같이 유전자와 지능을 특정 집단에 적용시키는 것은 서투른 발상이다.

유태인에 관해서도 마찬가지이다.

애초에 이 세상에는 '순수 유태인 혈통(혹은 유전자)'이라는 것은 존재하지 않았다. 유태인은 전 세계에 흩어져서 각각 그 정착지의 이민족과 피를 섞어왔다. 이민족과 결혼하거나 때로는 강간 등도 일어났다.

수많은 유럽 유태인들이 약 1,200년 전에 유태교로 개종한 터키계 민족 카잘인과 똑같은 유전자를 지니고 있다는 연구 결과도 있다. 유태인의 혈액형 분포를 분석한 연구에서는 유태인의 혈액형은 같은 지역에 사는 비유태인들의 혈액형 분포와 비슷하다는 결과가 나왔다. 다시 말하면 유럽계 유태인의 혈액형 분포는 다른 유럽 민족의 혈액형 분포와 유사하며, 모로코계 유태인은 모로코인들과 유사하다는 말이다.

한편 아홉 가지 항목의 특징을 선택하여 각 민족을 비교 검토한 연구에서는, 동유럽계 유태인은 이웃 제국의 가톨릭계 민족보다도 오히려 이란, 이라크와 같은 중동계 민족과 더 비슷하다는 결과가 나왔다. 그리고 중동계 유태인은 아랍인들보다도 오히려 쿠르드족 사람들에 가깝다는 연구도 있었다.

결국 현시점의 생물학적 조사 결과에 따르면 유전과 IQ 사이의 관련성은 발견되지 않았다. 즉 유태인들에 관해서도 유전과 IQ를 관련 짓지 않는 편이 나은 것이다. 가령 관련성이 있다는 근거가 발견되더라도 IQ가 지능을 구성하는 유일한 요소가 아니라는 점은 이미 밝혀진 셈이다.

정리해보면,

- 지능은 유전자뿐만 아니라 환경과도 관련이 있다.
- 지능이나 성공을 평가하는 것은 IQ를 측정하는 것보다 훨씬 복잡하다.
- 유전학적 조사는 유태인 사이의 수많은 유전적 차이점은 물론이고, 비유태인과 유태인 사이의 수많은 유전적 유사성까지 밝히고 있다.
- 유태인의 두뇌 노동 능력의 탁월함은 유전자적인 요인만으로는 설명할 수 없다.

유태인의 눈부신 성공을 설명하는 데 나는 '문화 요소'를 가장 중요하다고 보는 입장이다. 이 책에서는 상당 부분을 할애하여 유태인이 머리를 쓰는 분야에서 성공하는 데 유태 문화의 어떤 특징이 어떻게 공헌했는지 자세히 설명할 것이다. 더 나아가 이러한 문화적 특징을 비유태인이 활용할 수 있는지 검증해볼 것이다. 그렇더라도 유태 문화를 이해하려면 먼저 그 역사를 알아야 한다.

미국 정부를 움직이는 것이 유태인일까?

앞서 말했듯이 미국 바깥에 살고 있는 많은 사람들은 유태인이 미국 정부를 움직이고 있다고 믿어 의심치 않는다. 그렇지 않다면 미국이 그토록 강력하게 이스라엘을 지원할 리가 없다고 생각한다.

하지만 미국의 유권자들 중 유태인은 겨우 2%에 불과하다. 역사적으로 미국의 유태인은 민주당을 지지해왔다. 예를 들어, 2000년의 대통령 선거에서 조지 부시에게 표를 던진 유태인은 19%에 지나지 않는다. 미국 정부의 고위 관료나 주의원에 당선된 유태인의 대부분이 민주당 출신이다.

물론 공화당을 지지하는 유태인도 없지는 않다. 또한 공화당 성향의 사상가나 작가들 중에도 일부 유태인이 있다. 그들은 경우에 따라 네오콘이라 불린다. 그러나 그들이 유태인들의 투표 성향을 바꿀 정도는 아니다. 실제로 일부 유태인들은 그들을 창피하게 여기고 있다. 유태인 사상가나 작가들 중 많은 사람들이 좌파이다. 공화당을 지지하는 유태인들 중에는 이러한 상황들을 보고 '유태인의 다양화'라고 부르는 사람들도 있지만, 원래 '통일된 유태인의 생각' 같은 것은 세상에 존재하지 않았다.

과거 50년간 공화당과 민주당은 각각 30년과 20년 동안 백악관을 지배해왔다. 그러나 유태인 대통령이 취임한 일은 한 번도 없었다. 물론

부통령조차 없었다. 나치는 프랭클린 루즈벨트 대통령이 유태인인 줄 알고 공격한 것 같은데 유감스럽게도 그는 네덜란드계 기독교도였다.

그러면 국회는 어떤가? 2004년 현재, 유태인 하원의원은 26명, 유태인 상원의원은 9명이다. 이것은 각각 하원의 6%, 상원의 9%에도 미치지 못하는 숫자이다. 미국 역사상 가장 높은 수치이기는 하나, 미국의 정치를 지배하기에는 너무나 부족하다. 이 유태인 의원들은 1명의 하원의원을 제외하고는 모두가 민주당에 속해 있다. 과거 25년 동안 한 정당이 상하원을 지배하면 다른 정당이 대통령을 배출해왔다. 민주당이 상하원을 지배하는 동시에 대통령을 낼 수 있었던 때는 1993년부터 1994년까지의 기간뿐이며, 2003년 이후에는 공화당이 이 모두를 지배하고 있다. 유태인의 투표나 캠페인이 전체에 미치는 영향은 매우 적었다는 사실을 알 수 있다. 특히 민주당을 지지하는 유권자들 중 90% 이상은 유태인이 아니었다는 사실도 잊어서는 안 된다.

그러면 관료들은 어떨까? 역대 대통령들 중에서 유태인 관료를 가장 많이 뽑은 사람은 클린턴 대통령이었지만, 15~20명에 이르는 모든 각료들 중에서 재임 기간 중 그가 선택한 유태인 각료의 수는 불과 5명이었다. 공화당은 1977년 이래 유태인 각료를 단 한 번도 뽑은 적이 없었다. 있다면 각료 밑에서 일하는 사람들뿐이었다.

공화당은 자신들이 유태인들의 지지나 금전적인 지원을 받을 수 없으며 받을 필요도 없다는 사실을 잘 알고 있다. 그들은 유태인의 지원 없이 권력을 손에 넣어왔다. 리처드 닉슨이나 부시의 고문이었던 전 국무

장관 제임스 베이커 등은 공공연하게 이러한 견해를 밝혀왔다.

그러면 어째서 미국은 이스라엘을 지원하고 있는가? 그 이유 가운데는 유태인과 관련이 없는 몇 가지가 포함되어 있다. 첫째, 이스라엘이 중동 지역에서 유일한 민주주의 국가라는 점. 두 번째, 지리적으로 볼 때 이스라엘은 미국이나 일본을 위협할 가능성이 있는 이슬람 과격파의 중심지로부터 멀리 떨어져 있어서 그들의 침략을 받기 어렵다는 점을 들 수 있다. (미국은 이스라엘과 마찬가지로 이집트 정부에도 무기와 금전적인 지원을 하고 있다. 그리고 팔레스타인 사람들에 대해서도 이스라엘과의 화평을 조건으로 막대한 자금 원조를 제안하고 있다.) 세 번째 이유는 미국 내 종교적 압력, 즉 기독교 세력에 의한 지원이다.

많은 기독교 우파가 신약성서에 기초하여 이스라엘을 특별한 땅이라고 믿고 있다. 기독교도, 특히 기독교 근본주의자는 공화당의 최대 지원 조직이다. 그리고 미국에서 가장 유명한 기독교 근본주의자는 조지 부시이다.

제2장
짓밟아도 다시 피는 꽃

유태교와 유태 문화는 역사와 관련이 깊다. 그러므로 유태인의 역사를 어느 정도 알고 있지 않으면 유태 문화를 이해하기가 매우 어려워진다.

아마도 당신은 빨리 실천적인 도움말을 얻고 싶다는 생각으로 꽉 차 있을 것이다. 하지만 유태인의 역사를 모른다면 이 책에서 얻을 수 있는 것은 반으로 줄어든다.

유태인의 역사는 무척 길다. 자그마치 4,000년이나 된다. 그중 2,000년 동안 유태인들은 세계 각지에 흩어져 살아왔으므로 역사의 내용도 매우 복잡하다. 이 책에서는 우선 이 복잡한 역사를 잰걸음으로 살펴보려고 한다. 이를 통해서 유태인의 바탕에 흐르는 정신을 파악할 수 있을 것이다.

그들 앞에선 역경도 숨을 죽인다

유태 역사의 여명기를 아는 데는 성경이 주된 참고 서적으로 이용된다. 기원전 1000년 이전의 역사에 관해서는 고고학적인 자료가 별로 없기 때문이다. 실제로 성서조차 기원전 400년까지는 문서화되지 않았던 탓에 내용이 모두 정확하다고 단언할 수 없다. 그러나 성서에 유태 문화의 태동기가 기록되어 있으므로 여기서는 너무 진위에 관해 따지지는 않기로 하겠다.

　내가 이 책에서 '성경'이라고 말하는 경우 구약성서를 가리킨다. 기원전은 BCE Before the Common Era라고 표기한다. BCE는 항간에 사용되는 BC Before Christ와 같은 뜻이지만, 유태인은 기독교도가 아니기 때문에 날짜를 적는 데 예수의 탄생일을 기준으로 삼지 않는다.

　최초의 유태인의 이름은 아브람이었다. 그는 기원전 1800년경 지금의 이라크에 살았다. 후일 그는 2,000킬로미터가 넘는 사막을 건너 가족과 함께 현재의 이스라엘 부근으로 이주한다.

　당시의 종교는 다신교를 기반으로 한 우상 숭배였다. 아브람의 부친 조차도 우상의 형상을 만들어 팔아 생계를 꾸려갔다. 아브람이 세계 문화에 미친 가장 큰 영향은 그때까지 성행하던 우상 숭배로부터 벗어나 눈에 보이지 않는 절대 신을 숭배의 대상으로 삼았다는 점이다.

　성경에 기록된 것은 아니지만 아브람이 자신의 논리적 사고를 통해 절대 신앙에 도달했다는 이야기가 있다. 이에 관해서는 제6장에서 자세히 살펴보도록 하겠다.

　한 남자의 논리적 사고가 유태교를 탄생시켰다

절대 신은 아브람이 충성을 맹세하자 매우 기뻐하며 아브람에게 몇 가지 약속을 했다. 우선 신은 아브람의 이름을 아브라함으로 바꾸었다. 아브라함. 이 이름은 어디선가 들어본 적이 있을 것이다. 그렇다. 아브라함은 유태교의 아버지인 동시에 기독교의 아버지이기도 하다.

아브라함에게는 2명의 아들이 있었다. 유태인은 그중 한 사람인 이삭을 선조로 여긴다. (한편 이슬람교도는 다른 아들인 이스마엘을 선조로 삼는다.) 이삭은 12명이나 되는 아들을 두게 되었고 그렇게 몇 세대가 지나자 유태인의 수는 상당히 불어났다. 아들들은 각각 부족(지파)을 이루었는데, 당시 유태인들은 '이스라엘의 12지파'로 알려져 있었다.

큰 가뭄이 발생하자 유태인들은 비옥한 땅 '이집트'로 대거 이주했다. 처음에 이집트인들은 그들을 환영했지만 이주 인구가 수십만 명에 이르자 반감을 갖게 되었고, 결국 모든 유태인들을 노예로 만들어 버렸다.

이에 유태인들은 모세의 지도 아래 반란을 일으킨다. 모세가 어떻게 유태인들을 이집트로부터 탈출시켰는지에 대해서는 아주 역동적인 이야기가 전해지지만 여기서는 다루지 않겠다. 어쨌든 모세는 이집트를 탈출한 후 유태인들과 함께 40년 동안 사막을 방황한다. 이것이 기원전 1450년부터 기원전 1220년 사이의 일이다.

성경에는 이 기간 중 모세가 어느 산꼭대기에서 신과 대면하는 장면이 그려져 있다. 이때 신은 모세에게 십계명이 새겨진 돌판을 넘겨준다. 이것이 유태 문화를 이해하는 핵심 포인트이다. 유태교는 여명

기부터 문서로 된 법전에 따랐던 것이다. 또한 전설에 따르면 신은 모세에게 돌판을 준 것 외에도 직접 수많은 계율을 들려주었다고 한다. 여기서부터 사정이 복잡해진다.

이 구전에 의한 계율은 후에 성경의 처음 다섯 권이 된다. 이 다섯 권을 유태인들은 '토라Torah(히브리어로 '계율'이라는 뜻)'라고 부른다. 성경의 이 부분은 기원전 400년경 문서화가 시작되었다. 그 때문에 당초 모세가 구전에 의해 신탁을 받았음에도 불구하고 이 계율들은 '문서판 토라'라고 불렸다.

일부러 문서판이라고 구별한 이유는 무엇일까? 전설에 따르면 모세는 이 외에도 다수의 계율을 신으로부터 받았으며 그것들은 토라가 문서화된 후에도 몇 세기에 걸쳐 구전을 통해 따로 전해내려왔기 때문이다. 오랫동안 문서화되지 않았던 계율은 '구전 토라'라고 불린다. 구전 토라는 서기 200년경부터 문서화가 시작된다. 이것들이 유태인들이 '탈무드'라고 부르는 문서의 기본이 되었다.

모세는 유태인들에게 있어 최고의 두뇌파 영웅이다. 유태인들을 노예 상태에서 구원한 것은 물론, 문화의 기본이 되는 계율을 사람들에게 전했기 때문이다. 다시 말하면 문서판 토라에는 그 유명한 '십계'를 포함한 613개의 계율이 기록되어 있다.

유태교의 바탕은 문서화된 계율집이다(십계와 토라)

모세가 죽은 후 유태인들은 현재의 이스라엘에 해당하는 가나안 지방에 정착한다. 그들이 이 땅을 확보하기까지는 수백 년이 걸렸다. 그 후 유태인들은 왕국을 건설하여 이스라엘이라고 이름붙였다. 기원전 1000년경, 다윗 왕 시대에 이스라엘 왕국은 예루살렘을 점령하고 수도로 삼게 된다.

이스라엘 왕국이 번영을 이룩한 것은 기원전 970년부터 기원전 933년 솔로몬 왕의 치세 때였다. 그는 예루살렘에서 가장 높은 언덕 위에 유태교 최초의 성전을 건립한다.

이 성전(제1성전)은 유태교의 중심이 되었다. 동물을 제물로 바치는 것을 포함한 모든 기도 의식이 토라에 따라 제사장들에 의해 이 성전에서 이루어졌다. 제사장 직분은 세습을 통해 남자들에게 주어졌다.

그런데 유감스럽게도 솔로몬의 아들은 역량이 부족했다. 결국 내란이 일어났고 그는 왕국을 유지하지 못하게 되었다. 이스라엘 왕국은 이 내란에 의해 2개의 왕국으로 분리된다. 그중 하나가 풍요롭고 거대한 국가인 북쪽의 이스라엘 왕국이었다. 여기에 12지파 중 10지파가 속해 있었다. 그런데 이 왕국의 국민 대부분은 유태교를 버리고 우상 숭배로 되돌아간다.

그리고 다른 한 왕국은 작고 가난하지만 예루살렘 제1성전을 지닌 국가인 남쪽의 유다 왕국이다. 유다 왕국에는 12지파 중에 2지파가 속해 있었다.

이스라엘 왕국은 그 후 자취를 감춘다. 내부의 격한 정치 항쟁과 이집트 및 아시리아의 공격 때문이었다. 왕국은 기원전 730년경에 붕괴

되었다고 전해진다. 그로 인해 '이스라엘의 잃어버린 10지파' 이야기가 생겨났다. 이 사라진 10지파에 관해서는 아무도 모른다. 심지어 사라진 지파 중에서 일본인이 유래했다고 주장하는 사람조차 있다. 그러나 그들은 아시리아와 이집트로 흡수되었다고 생각하는 편이 현실적으로 훨씬 합당할 것이다.

그로부터 약 130년 후, 유다 왕국도 이웃 나라 바빌로니아에 점령당하게 된다. 당시 바빌로니아인들은 유다 왕국의 국민들에게 관대한 편이었다. 그들은 유다 왕국을 통치하기 위해 꼭두각시 왕을 세워 성전에서 유태교 의식을 행하도록 허락했지만, 그 대가로 무거운 세금을 요구했다. 이에 대항해 솔로몬 왕의 아들보다도 형편없었던 꼭두각시 왕은 바빌로니아에 대해 반란을 꾀한다. 기원전 589년의 일이었다.

바빌로니아는 이번에는 용서하지 않았다. 기원전 587년, 그들은 제1성전을 파괴하고 수많은 유태인들을 바빌로니아로 생포해 간다. 흥미로운 것은 그들이 사람들을 엄격히 가려서 귀족, 공장 노동자, 상인을 바빌로니아로 데려갔다는 점이다. 이를 일반적으로 '바빌론 유수 Babylonian Captivity'라고 부른다.

바빌론 유수 시대는 50년 정도 지속되었다. 바빌로니아인들은 실제로는 유태인들에 대해 우호적이었다. 그들은 유태인들에게 유태교 신앙을 허락하고 폭넓은 직업에 종사할 수 있게 했다. 바빌로니아는 유다 왕국에 비해 훨씬 풍요로운 국가였기 때문에 수많은 유태인들이 자진해서 사회에 융화되어갔다.

그러나 바빌론 유수는 유태교에 막대한 영향을 미친다. 바빌로니아에는 성전이 없었기 때문에 필연적으로 신앙의 '중앙집권화'가 약화되어갔다. 의식은 성전을 대신하여 '시나고그'라 불리는 유태인 교회에서 이루어졌다. 그리고 제물로 바쳐지는 동물의 희생 대신, 기도가 종교 의식의 중심이 되어갔다. 또한 제사장이 아닌 랍비라고 불리는 사람들이 의식을 집행하게 되었다. 랍비는 세습제를 통해 지명받은 사람이 아니라 높은 수준의 교육을 받은 사람들이었다. 이에 따라 혈통보다 교육 수준이 더 중요하게 여겨졌다.

그러나 당시 수많은 유태인들이 이런 식의 개혁을 불만으로 여기고 바빌로니아 포로 생활을 비극이라고 생각했다. 그리고 그들은 신이 유태인들이 하는 일에 불만을 가졌기 때문에 이런 비극이 일어났다고 생각했다. 유태인들이 역사적인 사건에 종교적인 의미를 결부시켜 생각하는 버릇은 여기서부터 생겨난 셈이다.

유태인들의 일부는 메시아가 강림할 것이라는 환상을 갖기 시작한다. 유태인들은 메시아가 최악의 시기에 강림하여 세상의 모든 종교를 하나로 모을 것이라고 생각했다. 그리고 수많은 유태인들에게 메시아가 강림하는 날이 역사의 '목표'가 되었다. 물론 아무나 메시아가 될 수 있는 것은 아니었다. 메시아로 보이는 인물이 나타났을 때를 대비하여 메시아인지 아닌지 판단하기 위한 상세한 확인 목록도 만들어졌다.

그 후 바빌로니아는 페르시아에 점령된다. 페르시아인들은 동시에 유다 왕국 영토도 점령하고, 포로였던 유태인들을 조국으로 돌아가도록 허락한다. 기원전 538년경의 일이었다. 이때 유태인들의 일부는 귀환을 거부하고 바빌로니아에 남는 쪽을 선택한다. 이것이 유태인 최초의 지리적 분산인 '디아스포라'의 시작이었다.

페르시아는 또한 유태인들이 성전을 재건할 수 있도록 허락한다. 이때 세운 성전은 '제2성전'이라고 불렸다. 바빌론 유수 시대에 싹튼 다양한 유태교의 개혁도 동시에 발전해간다. 그리고 제사장들이 이끌던 사람들과 마찬가지로, 시나고그에서 랍비와 함께 기도 중심의 신앙을 행하던 사람들도 정치적인 세력을 형성하게 된다.

이 외에 바빌론 유수 이후 두 가지 중요한 유태교 개혁이 일어났다.

하나는 선지자(예언자)의 등장이었다. 유태의 선지자란, 특히 윤리를 저버린 행동에 대해 비판을 하는 사람을 가리킨다. 선지자들은 윤리에 반하는 행동을 한 사람이 왕이나 왕족일지라도 비판을 서슴지 않았다.

다른 하나는 문서판 토라에 대한 의존도가 커졌다는 점이다. 모세가 기록했다고 알려진 일련의 두루마리들이 수 세기에 걸쳐 발견되어 기원전 440년경에 이것들을 편집한 최초의 문서판 토라가 탄생했다. 이 문서판 토라는 랍비를 중심으로 한 개별적 신앙을 중시하는 사람들에게 중요하게 여겨졌다. 왜냐하면 종교를 배우는 데 토라라는 교과서가 있다면 제사장은 딱히 필요 없기 때문이다.

기원전 600년부터 기원전 440년까지 불과 160년 동안 유태교와 유태 문화는 크게 변화한다. 선지자를 제외하면 다음과 같은 점들이 지금도 유태인들에게 이어져 내려오고 있다.

- 비중앙집권화 : 하나의 성전이 아닌 다수의 시나고그
- 세습제 제사장이 아닌 랍비에 의한 기도 중심의 신앙
- 역사적인 사건에 종교적인 의미가 있다는 생각의 정착
- 메시아 사상의 발생, 메시아 강림기를 역사 종착점으로 봄
- 문서판 토라에 대한 의존도 상승
- 유태 사회의 지리적 분산(디아스포라) 발생
- 선지자가 왕이나 다른 유태인들의 윤리 문제를 비판

이후 몇 세기 동안 유다 왕국은 신흥 제국들에게 시달린다. 최초로 찾아든 것은 기원전 331년, 페르시아를 침략한 그리스가 유다 왕국을 지배하기 시작했다. 수많은 그리스인들이 유다 왕국과 주변 지역을 통치하기 위해 파견되었다. 그리고 그리스 제국의 영토 내에 유태인 거주지역이 확산되어갔다.

대체로 그리스인들은 유태 신앙에 관대했다. 기원전 168년에 한 차례 유태교 배척을 시도했지만 반란에 막혀 무산되고 만다.

그리스 다음은 로마 제국이었다. 그들은 기원전 63년에 예루살렘을 점령하고 유다 왕국을 유데아로 개명한다. 그리스인들과 달리 로마인들은 유태인들에 대해 우호적이지 않았다. 그들은 유태인들에게 과중한 세금을 부과하고 유태교 신앙을 규제했다.

유데아에서 로마의 학정에 시달린 사람들은 이것이 바로 메시아 강림의 조건, 즉 '세상의 종말'이라고 생각했다. 바로 그 무렵인 기원전 30년경, 예수라는 이름의 젊은 유태인이 주목을 받게 된다. 그의 신봉자들 중 많은 사람들은 유태인이었지만 비유태인도 섞여 있었다.

예수에게는 수많은 적들이 있었다. 그는 성전이 부패했다고 비판함으로써 제사장들을 화나게 했으며, 전혀 요건을 갖추지 못했음에도 불구하고 자신을 메시아라고 칭하여 랍비들을 화나게 했다. 게다가 로마 제국은 그를 정치적인 문제라고 생각했다. 로마 제국은 당시 지상에서 가장 강력한 국가였다.

로마 제국은 예수를 기원전 30년에서 기원전 36년 사이에 처형했다. 그 직후에 예수의 신봉자들이 예수를 '메시아'라고 선언했다. 한편 유태교도들은 이미 예수가 메시아가 아니라고 믿고 있었고, 그의 죽음에 의해 그 믿음은 확고해졌다. 왜냐하면 유태교에 따르면 메시아란 죽지 않는 존재이기 때문이다.

예수가 죽고 나서 35~40년이 지난 후 그의 신봉자들이 신약성서를 쓰게 된다. 이 책은 새로운 종교인 '기독교'로 개종할 것을 권유하는 일종의 마케팅 서적이었다. 이 책에는 유태인들에 관한 부정적인 기록이 수없이 많으며, 그 가운데는 예수의 죽음에 대한 책임이 로마 제국이 아니라 유태인들에게 있다고 비난하는 내용도 있었다. 신약은 기독교의 성경이었지만 그 후 2,000년에 걸쳐 유태 역사에 그림자를 드리우는 원인이 된다.

- 예수 사후 상당한 시간이 흘러 작성된 기독교의 성경이 예수의 죽음에 대한 책임은 유태인에게 있다고 비난한다
- 그러한 비난은 그 후 몇 세기에 걸쳐 유태인의 사고방식에 장애물이 되었다

문화의 중심에 서다

로마 제국에 의해 지배받고 있던 기간 중 수많은 유태인들이 제국 내에 흩어져갔다. 왜냐하면 유데아보다 신앙의 규제가 덜한 곳이 제국 내에 많이 있었기 때문이다. 한편 유데아에서는 예수가 죽은 후 상황이 더 악화되어갔다.

서기 1세기와 2세기 사이 유태인들은 로마에서 몇 번의 반란을 일으켰다. 최초의 반란이 일어났을 때 로마는 제2성전을 파괴(서기 70년)했는데, 그 후에도 성전은 결국 재건되지 못했다. 전쟁의 불길 속에 10만 명이 넘는 유태인이 노예가 되어 로마 제국으로 팔려갔다.

제2성전이 파괴되기 한두 해 전에 이미 몇몇 랍비들은 유태인들이 반란에 실패하리라는 것과, 그 후 유태인들이 뿔뿔이 흩어지리라는 것을 예견하고 있었다. 그래서 그들은 로마와 협상하여 예루살렘 밖

에 학교를 열게 된다. 사실 그들의 진짜 목적은 제사장 중심이 아닌 랍비 중심의 유태교를 이어가는 것이었다.

이를 위해서는 무엇보다도 구전 토라를 문서화하는 작업이 필요했다. 서기 200년, 1단계 작업의 필사가 끝났고 완성물은 '미슈나'라고 불리게 되었다. 2단계는 '게마라'라고 불리는 미슈나에 관한 주석의 집대성으로, 서기 400~500년경에 완성된다. 이 미슈나와 게마라를 합친 것이 '탈무드'이다. 이에 관해서는 제6장과 제7장에서 자세히 다루도록 하겠다.

탈무드는 유태교의 계율에 관해 자세하게 기술함으로써 성경보다 훨씬 시대를 잘 반영했다. 계율은 말이 아닌 문서의 형태로 자리잡으면서 전 세계의 유태인 사회로 퍼져갔다. 단 멀리 떨어진 유태인 사회에 도달하기까지는 몇 세기라는 시간이 필요했지만 말이다.

탈무드는 유태교의 계율을 상세하게 기술한 문서로서
고대 유태 사회에서 종교와 문화의 중심으로 자리잡았다

탈무드가 편집되는 동안 로마 제국에서는 수많은 변화가 일어났다. 서기 325년, 기독교가 국교로 지정되었고 수도가 콘스탄티노플(오늘날의 이스탄불)로 옮겨졌다. 이와 함께 콘스탄티노플에 기독교 중앙교회가 건설된다. 서기 390년, 로마 제국은 동서로 분리되어 제2의 중앙교회가 로마에 건설되었다. 그리고 서기 1050년, 로마의 교회는 가톨릭교회로, 콘스탄티노플의 교회는 정교회로 분리된다.

최대의 변화는 서기 410년에 일어났다. 게르만 민족이 밀라노와 로마를 점령했고, 서로마 제국은 결국 멸망하게 된다. 이에 따라 서유럽은 게르만 민족에 의한 소국들이 난립하는 형국이 되었다.

게르만 민족의 대부분이 기독교로 개종했기 때문에 로마 교회는 게르만 민족의 여러 왕국에 대해 어느 정도 영향력을 지니게 되었다. 또한 대부분의 지역에서 그 후 약 6세기에 걸쳐 기독교도와 유태교도는 비교적 좋은 관계를 유지했다. 이 시기에 유태인 사회는 영국, 스페인, 포르투갈, 프랑스, 독일의 일부 그리고 보헤미아와 모라비아(오늘날의 체코)로 퍼져나간다.

한편 아라비아에서는 새로운 종교가 탄생했다. 바로 이슬람교였다. 이슬람교도의 세력은 순식간에 아프리카 대륙의 지중해 연안을 정복하고, 711년에는 이베리아 반도로 침략해갔다.

아랍의 권력자들은 유태인들의 그리스어 능력과 폭넓은 국제 인맥을 높이 평가했다. 그 후 약 400년에 걸쳐 유태인과 아랍인은 스페인과 북아프리카에서 우호적인 관계를 이어간다. 이 기간은 유태 문화에 있어 최고의 시대였다. 디아스포라의 과정에서 처음으로 유태인의 능력이 발현되었기 때문이다.

이 시기부터 유태인 내부에 문화의 차이가 생겨난다. 이베리아 반도, 북아프리카 그리고 중동에 사는 유태인들은 '세파딕'이라 불리게 된다. 세파딕이란 '스페인'을 의미하는 히브리어 '세파라드'에서 유래했다. 한편 북유럽에 사는 유태인은 히브리어로 '독일'을 의미하는 '아슈케나즈'에서 유래한 '아슈케나지크'로 불리게 되었다. 1700년 이전에는 세파딕 인구가 아슈케나지크 인구를 상회하고 있었다고 전해진다.

문화적으로는 차이가 있었지만 세파딕계와 아슈케나즈계는 공통의 성경과 탈무드를 갖고 있었으며 서로 대화를 할 때는 성경의 언어인 히브리어를 사용했다. 이렇게 탄생한 세파딕과 아슈케나즈라는 용어는 지금도 사용되고 있다.

기독교가 득세한 유럽에서는 11세기 이후 유태인들에 대한 태도가 급속히 냉각되어간다. 그리고 예수의 죽음을 초래했다며 유태인을 비난하는 일이 가톨릭과 정교회 양쪽의 정책이 되어갔다. (가톨릭교회가 이 정책을 변경한 것은 1965년의 일이다.) 이러한 가톨릭교회의 태도에 대해서는 이 장 마지막 부분에 있는 '왜 유태인을 차별했을까?'를 읽어보기 바란다.

그리고 유태인들은 기독교교회에 매우 무거운 세금을 내야만 했다. 동시에 수많은 나라에서 유태인들로 하여금 거의 대부분의 직업에 종사하지 못하도록 가로막는 법이 생겼다. 법이 없는 경우라도 민간에서는 이미 유태인에 대한 차별이 일어나고 있었다. 예를 들어, 대부분의 공장 노동자들은 길드라고 불리는 집단에 의해 통제되고 있었는데 이 길드에 가입하려면 기독교도여야 했다.

유태인이 종사할 수 있는 일은 필연적으로 대금업에 국한되었다.

왜냐하면 1189년, 가톨릭교회는 기독교도가 같은 기독교도에게 돈을 빌려준 후 이자를 붙이는 것을 금지하는 법률을 반포했기 때문이다. 따라서 수많은 기독교도들은 한동안 다른 형태로 이자를 받는 방법을 사용했다.

그 방법은 가지각색이었는데, 빌려주는 원금을 서류에는 실제 액수보다 부풀리고, 그 부풀린 금액을 모두 회수하여 이자 명목의 이익을 취하는 등의 방법이 이용되었다. 그러나 대금업에 대한 수요가 여전히 높았음에도 불구하고 수많은 기독교도 대금업자들은 폐업을 하게 된다.

유태교 역시 원래는 돈을 빌려주고 이자를 받는 것을 인정하지 않았다. 그러나 교회가 제정한 법률이나 여러 가지 기독교 관련 규칙들 때문에 수많은 유태인들의 선택은 대금업자가 되거나, 기독교도가 되거나, 아니면 굶어 죽는 세 가지 길밖에 없는 상황이 되었다. 많은 유태인들이 기독교로 개종하기보다는 죽음을 선택했기 때문에 랍비들은 유태교 계율의 해석을 '유태인이 아닌 자들에 대해서라면 대금에 이자를 붙여도 무관하다'고 했다.

이런 상황에도 불구하고 왕족 등 부유층에 대한 대금업은 비유태인들이 독점했다. 결과적으로 유태인은 1400년경까지 전당포나 대금업 등 위험도가 높은 개인 상대 대금업에 종사할 수밖에 없었다. 그리고 이 분야에서 부유해지는 것은 그렇게 쉬운 일이 아니었다.

다른 문제도 있었다. 그것은 유태인이 서유럽의 어떤 나라에서도 '살 권리'를 가질 수 없었다는 점이다. 유태인들은 그들이 살고 있는 토지의 소유자에게 속한 자산으로 여겨졌다. 유태인들이 토지를 보유하는 것은 불가능했으며 어디서 살든지 반드시 허가를 얻어야 했다. 즉 왕이나 귀족은 유태인들을 자신의 땅에서 추방하는 일이 언제라도 가능했다.

실제로 유태인은 유럽의 수많은 나라들로부터 추방을 당하게 된다. 추방의 전형적인 이유는 유태인 대금업자들로부터 돈을 빌린 기독교도들이 돈을 갚지 않기 위함이었다. 그중에는 훗날 유태인을 다시 불러들인 국가도 있었지만 국가에 따라서 그 대응의 차이가 컸다.

세월이 지남에 따라 유태인을 추방하는 이유는 순수하게 종교적인 내용으로 변해갔다. 유태인들은 기독교로 개종하거나 혹은 즉각 나라를 떠나야 하는 선택의 기로에 섰다. 이런 가운데 눈에 띄는 비극적인 사건은 1492년 스페인, 그리고 1497년의 포르투갈에서 일어났던 세파딕계 유태인들의 국외 추방이다. 개종한 유태인들은 생활 속에 조금이라도 유태교의 요소를 가지고 있지 않은지 엄격하게 감시받았으며, 만일 조그만 징후라도 발견되면 잔혹한 방법으로 고문을 당했다. 그리고 포르투갈로 도망간 스페인계 유태인들 역시 매우 교활한 방법으로 개종을 강요당했다. 놀랄 만한 일은 개종을 강요받은 유태인의 자손들 중 상당수가 그 후 100년 이상에 걸쳐 네덜란드로 도망가 또다시 유태교 신앙을 갖기 시작했다는 사실이다.

그 후 1800년대에 이르기까지 서유럽 대부분의 국가에서 이와 비슷한 유태인 박해가 계속된다. 16세기 개신교도들에 의한 종교개혁이 일어나면서, 영국이나 네덜란드 등 몇몇 국가는 유태인들에 대해서 우호적인 태도를 갖게 되었다. 그러나 그 외의 나라들에서는 오히려 사태가 심각해져갔다.

16세기 이후 대부분의 가톨릭 국가 그리고 개신교 계통의 독일 지방에서는 유태인의 거주를 '게토'라고 불리는 특정 지역 내로 제한한다. 게토의 주위를 벽으로 둘러싸고 밤에는 밖에서 자물쇠를 채웠다. 이 지역에서 유태인들이 밖으로 나갈 수 있는 경우는 정해진 요일의 정해진 횟수뿐이었다. 이러한 구조가 유태인의 문화를 매우 편협하고 고립되게 만들어갔다.

동유럽의 유태인들은 당초 비교적 운이 좋은 상황에 있었다. 예를 들어, 폴란드 왕국은 1200년대부터 적극적으로 유태인의 이주를 받아들이기 시작했다. 이주자들의 대부분은 아슈케나즈계였다. 폴란드 내에서는 직업 선택의 자유도 어느 정도까지 인정받아 상업이나 상점 경영, 공장 노동 그리고 은행업을 하는 유태인들도 나타났다. 단 서유럽에서와 달리 돈을 빌려주는 대상은 주로 유태인 기업가들이었다. 말하자면 자본이 아닌 대금을 이용한 일종의 벤처캐피털과 같은 기능을 담당했다.

따라서 각국에서 추방된 유태인들은 폴란드로 몰려들었다. 그러한 과정에서 유태인 인구는 급속히 늘어나 1648년에는 45만 명에 이른다. 또한 폴란드 내에서는 다른 나라들처럼 혹독한 유태인 격리 정책이 없었기 때문에 기독교도들과 가깝게 지낼 수 있었던 반면에 물리적인 공격을 당하기 쉬웠다.

1648년부터 유태계 폴란드인들의 상황은 급속히 악화된다. 이 해를 기점으로 폴란드에 대한 코사크의 반란이 시작되었다. 코사크는 우크라이나의 농병이지만 국경이 변경되면서 폴란드의 지배를 받고 있었다. 그들의 표적이 된 것이 유태인들이었다. 왜냐하면 당시 일부 유태인들이 세금 징수원으로 귀족들에게 고용되어 있었기 때문이다. 코사크의 공격은 '포그롬'이라 불렸으며 가옥이나 상점의 파괴, 강간, 학살 등이 일어났다. 이 공격으로 유태계 폴란드인의 25%가 목숨을 잃었다.

이후 70년간 폴란드 왕국은 국내 경제를 뒤흔드는 일련의 쟁란에 휩싸인다. 경제가 악화됨에 따라 대출을 이용하고 있던 유태인들은 변제 불능에 빠졌다. 이 때문에 유태인들을 상대로 대부사업을 하던 측과 빌려 쓰고 있던 측 모두가 함께 쓰러져갔다. 이에 반해 폴란드 귀족들과 가톨릭교회는 유태인 사회 전체에 대부를 주어 변제 불능이었던 유태인 사회로부터 자산을 몰수해갔다. 그 결과 유태계 폴란드인의 대부분이 바닥을 모르는 빈곤에 빠져들게 되었다.

유태인들은 어디에서도 땅을 소유할 수 없었다. 그들이 그 땅에 살 수 있는지의 여부는 토지를 관리하는 왕족이나 귀족의 마음에 달려 있었다.

때로는 무자비한 공격으로부터 생명을 지키기 위해 주변에 있는 비유태인들의 도움이 필요했다. 그 때문에 권력자나 이웃 사람들과 같은 타인의 생각을 헤아리는 것이 유태인들에게는 매우 중요한 생존 기술이 되었다.

서유럽의 유태인들에게는 직업 선택의 자유도 거의 없었다. 유태인끼리의 생존 경쟁도 치열했으며, 그 경쟁에는 비유태인들도 가담하곤 했다. 그 결과 유태인들은 오직 살아남기 위해서 고객 제일주의를 철저히 실천해야만 했다.

> 중세부터 르네상스 시대에 이르는 동안 유태인들은
> 생존을 위해 타인의 생각을 헤아리는 능력을 갖추어야 했다

차별 속 성공 본능

중세가 끝날 무렵, 현대 유태인의 성공적인 특성은 이미 갖추어지고 있었다. 그러나 실제로 유태인들이 성공 가도를 달리게 된 것은 몇 세기가 지난 후였다. 어째서 그렇게 긴 시간이 필요했을까? 그것은 주로 종교적, 정치적인 탄압 때문이었다.

1700년대에 들어서자 심한 탄압은 서서히 줄어간다. 단 그 속도는 나라마다 달랐으며 순조롭게 진행된 것은 아니었다. 더욱이 20세기에 들어선 후에도 나치에 의한 홀로코스트 등 시대를 단번에 되돌려놓은 듯한 사건도 발생했다.

1700년대, 대부분의 유태인들은 게토에 격리되어 있었지만 일부 국가, 특히 독일 등에서는 극히 소수의 유태인들을 특별히 지원하는

등 상당한 자유를 부여하는 경우도 있었다. (독일은 1870년 통일이 되기까지 소국들이 난립하는 상황이었다.) 그들의 일이라고 해봐야 주로 왕족을 포함한 권력자들을 위해 재정적인 서비스를 하는 것이 대부분이었지만, 이 부류에 포함된 유태인들은 매우 운이 좋다고 할 수밖에 없었다.

예를 들어, 1750년에 프로이센 왕국에 의해 선별된 운 좋은 유태인은 겨우 268명이었다. 이 특별한 사람들 중에는 훗날 억만장자로 유명해진 로스차일드 가문은 아직 포함되어 있지도 않았다. 그들조차 당시에는 게토에 살고 있었다.

1789년에 발발한 프랑스 대혁명은 서유럽 유태인 해방에 선구적인 사건이 된다. 다른 가톨릭 국가들과 다름없이 프랑스도 그때까지는 유태인들을 게토에 격리하고 여러 가지 제약을 가하고 있었다. 그러나 혁명 후 가톨릭교회의 권력이 현저히 쇠약해진 점과 혁명의 깃발이 '자유, 평등, 박애'였다는 사실이 유태인 박해의 기반을 흔들었다.

1790년대 후반 나폴레옹 군대가 유럽 전역을 정복하기 시작하면서 그가 가는 곳마다 게토의 벽이 제거되고 유태인들에게 완전한 시민권이 부여되었다. 그런데 1815년, 나폴레옹 패배 후 각국에서 보수파가 또 다시 권력을 되찾게 되고, 개중에는 게토를 재건하여 유태인 박해를 재개한 나라들도 있었다. 그러나 많은 나라에서는 적어도 1870년대까지는 유태인들에게 완전히 평등한 권리가 주어졌다. 그 원동력이 된 것이 민족주의의 대두였다.

민족주의는 원래 유태인들에게 있어 위험한 사상이었다. 특히 프랑스, 독일, 체코슬로바키아와 같은 나라에서는 많은 사람들이 유태인은 자신들이 유태인이라는 것을 무엇보다 중시하기 때문에 조국에 대한 애국심이 없다고 생각했다. 그들은 유태인들이 '국가 내부에 또 다른 국가를 만들고 있다'고 의심했다.

그렇기 때문에 많은 유태인들은 조국에 대한 충성을 소리 높여 선언해야만 했다. 그 방법 중 하나가 자신들을 '유태인'이라고 부르지 않고 '모세를 믿는 프랑스인', '모세를 믿는 독일인'과 같은 우회적인 말로 표현하는 것이었다. 그리고 많은 유태인들이 기독교로 개종하기도 했다. 이것은 생각해보면 놀라운 일이었다. 혹독한 박해를 당하던 시대에도 절대로 개종하지 않았는데 자유가 부여되고 나자 개종을 시작했으니 말이다.

하지만 법적인 자유를 얻었다고 해서 인심마저 바뀌는 것은 아니었다. 법적인 평등이 보장되고 나서도 유태인에 대한 수많은 차별은 남아 있었다. 여전히 유태인에게는 다양한 직업의 기회가 열려 있지 않았다. 고용주 측에서 기독교도를 뽑는 일이 많았기 때문이다.

그런데 유태교 역시 유태인이 주위와 조화를 이루는 데 장애물로 작용했다. 1800년대까지 유태교는 유태인의 생활 자체였다. 해마다 몇 번쯤 종교 행사에 참석하면 되는 정도가 아니었기 때문이다. 그들이 전통적인 방식대로 유태교에 순종하고자 한다면 일상생활 전반에 걸쳐 있는 613개의 계율을 지켜야 한다. 먹어도 되는 것, 일해도 되는 날, 입거나 걸쳐도 되는 것에서부터 극단적인 예로는 헤어스타일에 이르기까지 세세하게 규정되어 있다. 동시에 모든 지적 활동도 유태교에 기반한 것이어야 했다.

이를 근절하여 유태인이 사회에 쉽게 적응하도록 돕기 위한 종교 개혁 운동이 일어난다. 시작은 독일에서였다. 몇 명의 랍비가 '현대 사회에서 모든 계율을 지킬 필요는 없다'고 선언했다. 이 운동은 1810년부터 1820년 사이에 일어났으며, 운동가들은 자신을 '개혁파'라고 불렀다.

이에 반해 일부 보수적인 랍비들은 '종래의 계율을 지켜야 하지만 종교와 관계없는 일들, 예를 들어, 과학을 배우고 익히는 것 등은 계율을 지키지 않아도 문제가 없다'고 했다. 그들은 자신들을 '정통파'라고 불렀다. 그리고 얼마 후 개혁파와 정통파의 중간적인 입장을 취하는 사람들도 출현했다. 그들은 자신들을 '보수파'라고 불렀다. 이들 세 종파는 지금까지도 유태교의 중요한 분파로 남아 있다. 미국에 사는 유태인들의 약 90%가 자신을 개혁파 혹은 보수파라고 여기고 있다.

19세기 후반, 유태인들은 유럽 사회에서 눈부신 실적을 올리게 된다. 19세기는 또한 로스차일드, 바르부르크, 브라이히레더 등 독일계 유태인 은행가들의 황금시대이기도 했다. (이 억만장자들의 집안도 불과 3세대 전만 해도 게토에서 살고 있었다.) 그러나 그들의 영향력은 제1차 세계대전 후에 급속히 약화된다.

예술이나 과학 분야에서도 명성을 얻는 유태인들이 다수 출현했다. 작곡가(구스타프 말러), 과학자(폴 에리히), 철학자(카를 마르크스)뿐 아니라 정치가(영국 수상인 벤자민 디즈레일리)로 이름을 떨친 인물까지 등장한다. 그러나 중요한 것은 유명인사뿐 아니라 수많은 의사, 법률가, 교수, 기업가들이 출현했다는 점이다. 그들의 성공은 당시 유태인의 상황을 잘 보여준다.

이런 움직임은 20세기 초까지 계속된다. 1901년에 노벨상이 창설된 이후 1905년에는 독일계 유태인이, 이듬해에는 프랑스계 유태인이 이 상을 받았다. 1911년에는 5개의 노벨상 모두에 유태인의 이름이 기록되었다. 또한 1930년대 프랑스에서는 처음으로 유태인 수상이 취임했다. 대부분의 유럽 도시에서 법률가, 의사, 교수 그리고 기술자 가운데 유태인이 차지하는 비율이 현저히 높아갔다. 그 비율은 유태인이 전 인구에서 차지하는 비율에 비하면 엄청난 것이었다.

1930년대 초, 나치가 독일에서 권력을 장악한 뒤, 유태인들의 성공을 방해하기 위해 새로운 법을 시행한다. 처음에는 유태인이 특정 직업을 갖지 못하게 했고, 몇 년 후에는 유태인을 다시 게토에 격리시키는 법률을 통과시켰다.

이 게토는 200년 전의 그것과는 전혀 달랐다. 왜냐하면 이것은 나치가 유럽 유태인을 학살하기 위한 시스템의 일부였기 때문이다. 홀로코스트는 유태인의 성공과는 정반대의 위치에 있다고 할 수 있다. 그러므로 이 사건은 역사적으로는 매우 중요하지만 이 책에서는 다루지 않으려고 한다.

한편 1948년 이스라엘의 건국은 유태인에게는 매우 긍정적인 사건이었다. 가장 먼저 이스라엘로 이주한 것은 유럽의 유태인들로 그들 가운데는 수많은 우수한 과학자나 기업가들이 포함되어 있었다. 그러나 유태인의 성공을 이해하는 데 이스라엘 건국은 그렇게 중요하지 않다. 그러므로 홀로코스트와 마찬가지로 이 항목도 여기에서는 상세히 언급하지 않겠다.

제2차 세계대전 후, 유럽에서는 유태인의 성공 시대가 계속된다. 인구비를 훨씬 뛰어넘는 비율로 예술과 학술 분야에서 유태인의 활약이 두드러졌다. (유태인 인구 비율은 전 유럽에서 0.2%, 가장 높은 프랑스에서도 0.8%였다.)

능멸을 이겨낸 사람들

동유럽의 유태인들은 서유럽의 유태인들과는 전혀 다른 입장에 있었다. 가령 폴란드의 유태인들은 서유럽의 유태인들이 게토에 격리되어 있는 동안 어느 정도 이미 경제적인 성공을 달성하고 있었다.

당시 폴란드는 러시아에 버금가는 유럽 제2의 대제국인 동시에 유태인이 가장 많이 사는 나라였다. 폴란드의 유태인이 비극에 빠진 1648년, 전 유태인의 60%가 폴란드에 살고 있었다. 문화적으로 분류하면 그들은 아슈케나즈계로 대부분이 이디쉬어Yiddish를 사용했다.

이디쉬어는 독일어와 같은 계통의 언어로 히브리어를 이용하여 표기한다.

1700년대까지 폴란드의 유태인들은 대부분 극빈층으로 전락했다. 그 후 200년이 넘도록 이 상황은 나아지지 않았다. 폴란드는 거듭되는 전쟁으로 약화되어가다가 결국 18세기 프로이센, 오스트리아-헝가리, 러시아 등 세 나라에 의해 분단되고 만다. 당시 폴란드의 영역

안에는 120만 명이 넘는 유태인이 있었지만 폴란드가 분할됨에 따라 그 중 13%가 프로이센에, 21%가 오스트리아 – 헝가리 제국에, 그리고 약 66%가 러시아에 속하게 된다.

이중에서 프로이센과 오스트리아 – 헝가리로 넘어간 땅에 살고 있던 유태인들은 앞서 언급한 것처럼 1870년까지는 법적으로 비유태인과 동등한 권리를 갖고 있었다. 그 지역 사람들의 생각과는 달리 당시의 권력자들은 특별히 유태인들에 대해 혐오감을 갖고 있지 않았다.

그러나 러시아로 넘어간 유태인들은 매우 곤란한 시대를 살아가게 된다. 그들은 정해진 거주 지역 밖에서 사는 것이 금지되고 생활에 다양한 규제를 받았다. 유태인들에 대한 규제를 기록한 자료가 1,000페이지에 이르렀다.

게다가 러시아 황제는 아주 지독한 유태인 혐오주의자였다. 예수를 죽인 자들이 유태인이라는 생각 때문이었다. 그 때문에 유태인을 표적으로 삼은 수많은 악법들이 생겨났다. 또한 황제나 그의 직속 비밀경찰은 코사크에 의한 포그롬Pogrom(유태인에 대한 조직적인 약탈과 학살)을 빈번히 지원했고 그 결과 수천 명이나 되는 유태인이 학살되고 가옥이나 상점 등이 파괴되었다. 더 나아가서 러시아의 비밀경찰은 '유태인이 금융 산업을 좌지우지하며 볼셰비키 혁명을 추진하고 있다'는 내용의 날조 문서를 작성한다. 유태인과는 관계가 없는 자료들에서 추출하여 작성된 것이었음에도 불구하고 이 문서는 많은 사람들에게 진실처럼 받아들여지며 히틀러에게 유태인 학살의 구실을 제공했다.

구 폴란드에 살고 있던 유태인들은 대부분이 극빈층이었으며, 시내 혹은 이디쉬어로 '슈테틀'이라고 불리는 작은 마을에 살고 있었다. 이들의 전형적인 직업은 상점주인 혹은 공장 노동자였다. 그리고 슈테틀에 사는 성인 남자의 40%는 실업자였다.

그럼에도 불구하고 당시의 비유태인들과는 달리 유태인들의 대부분은 글을 쓰고 읽을 줄 알았다. 실제로는 탈무드나 기타 종교 법전을 읽는 것이 대부분이었지만 문자 능력 덕분에 유태 사회는 지적 활동이 활발했다. 독일에서 시작된 '개혁파'를 추종하는 시나고그도 등장했지만 일반적인 현상은 아니었다.

다음은 1700년대부터 1900년대까지 동유럽에서 발생한 유태교와 유태 사회에 관한 움직임들이다.

■ **경건하고 무미건조한 지적 활동보다는 쾌락, 동정, 감정의 움직임, 신비주의에 초점을 두는 하시디즘 발생** 하시디즘Hasidism은 가리치아 남부의 유태인 거주 지역에서 보편화되었다. 훗날 하시디즘을 추종하는 수많은 유태인이 홀로코스트에 희생되었다. 운동 자체의 규모는 작았지만, 이 종파는 오늘날 전 세계로 퍼져 유태교 분파 중에서도 가장 성장이 눈에 띄는 종파이다.

■ **초정통파 비르나 학교 창설** 매우 경건하며 지적활동에 초점을 맞추고 있는 종파이다. 가리치아의 남부, 현재의 리투아니아에 본거지를 두었다. 이 학교의 지도자가 편집한 탈무드는 현재도 유태인들 사

이에서 널리 활용되고 있다. 서유럽의 정통파와는 달리 비르나 학교는 당초 유태인들에게 모든 비종교적 학문을 금지하고 있었다.

■ **분도의 발생** 분도란 비종교적인 유태인 문화에 바탕을 둔 사회주의자들의 노동운동이었다. 분도는 공장에 경제적으로 의존하고 있던 슈테틀로 퍼져나갔다. 통상적인 사회주의는 사회가 지닌 고유의 문화적 특징을 배제하려고 하는 데 반해, 분도는 유태 문화를 유지하기 위해 힘썼다. 이 운동에 참가한 사람들은 사회정의에 매우 강한 관심을 나타냈다.

■ **시오니즘의 탄생** 시오니즘은 고대 이스라엘의 땅에 유태인 국가를 건설하려는 운동이다. 이 운동은 종교적인 색채를 배제하고 있었기 때문에 19세기 유럽에서 퍼져가던 다른 민족주의들과 어울릴 수 있었다. 반면 당초 하시디즘 계열이나 비르나 학교 측으로부터는 반발을 샀다. 그러나 결국 이 운동이 기초가 되어 1948년, 이스라엘이 건국되었다.

1880년 이후 수백만 명에 이르는 가리치아나 러시아의 유태인이 타국으로 이주하기 시작한다. 그들 중 대부분이 미국으로 향했지만 일부는 중동, 캐나다, 호주, 남미로 건너갔다. 가리치아나 러시아에 남은 유태인들의 활동은 제한될 수밖에 없었다. 가리치아에서는 빈곤 때문에, 그리고 러시아에서는 빈곤뿐 아니라 반유태주의 때문에 대학에 진학할 수 있었던 유태인의 수는 지극히 적었다. 제1차 세계대전 후 폴란드가 재건되어 유태인은 직업 선택의 폭을 넓혔지만, 그 후 곧 바로 발생한 홀로코스트로 폴란드에 살던 유태인의 약 85%인 수백만 명이 희생되어버렸다.

러시아에서 유태인에 대한 차별적인 법률은 러시아 혁명이 발생하는 1917년까지 이어졌다. 그러나 혁명 후 소비에트 연방 정부에 의해 모든 종교가 금지되고 법률적으로는 차별이 금지되어 있었음에도 불구하고 여전히 유태인들은 반유태주의의 표적이 된다.

예를 들어, 레닌은 유태인을 높이 평가했지만 그가 죽은 후 정권을 잡은 스탈린은 노골적인 반유태주의자였기 때문에 수많은 유태계 공산당원을 죽이거나 강제수용소로 보냈다. 더불어 독일군의 러시아 서부 점령으로 100만 명이 넘는 유태인이 홀로코스트에 희생되었다. 유태인들에 대한 대학입학 규제와 같은 차별정책은 1970년대 브레즈네프 시대까지 이어진다. 소련의 붕괴와 함께 유태인 차별은 공식적으로는 없어졌지만 오늘날에 이르기까지 러시아와 우크라이나는 반유태주의적인 국가로 알려져 있다.

마침내 달성한 황금기

미국은 현재 가장 많은 유태인이 사는 나라이다. 미국의 유태인 인구는 570만 명에서 610만 명이라고 한다. 미국에서 유태인은 역사상 최고의 성공을 이룩해왔다.

유태인이 미국 대륙에 처음 발을 내디딘 것은 15세기 신대륙 발견 시대였다. 1776년에 미국이 독립을 선언했을 때는 이미 미국 내에 몇몇 유태인 사회가 존재하고 있었다. 그 가운데서도 뉴욕의 유태인 공동체가 눈에 띄었는데, 오늘날에도 미국 최대의 유태인 사회로 남아 있다. 1798년에 미국 헌법이 반포된 이후 유태인은 완전히 평등한 권리를 누려왔다.

1820년 이전, 미국에 사는 유태인의 대부분은 세파딕계였다. 1820년부터 1880년 사이에는 약 30만 명이나 되는 독일계 유태인이 상륙한다. 그들의 대부분은 작은 상점을 경영하는 상인이나 상품을 짊어지고 돌아다니는 행상이었으며 가난했다. 메이시즈, 삭스피프스에비뉴, 시어즈 등 대형 소매업체들은 그 행상들의 손으로 설립되었거나 혹은 그들이 합병하여 커진 회사들이다.

한편 독일계 유태인 이민자들은 발명에 뛰어났다. 재봉틀을 발명한 엠마뉴엘 싱거, 청바지 회사의 설립자 리바이 스트라우스 등이 그 대표적인 예이다.

1880년이 되자 동유럽의 유태인들이 대거 미국으로 이민을 시작한다. 1924년까지 유태인 이민자의 10%에 이르는 약 200만 명의 유태인들이 이민을 마쳤다. 이들 유태인의 대부분이 러시아나 가리치아로부터 온 이민자들이었다.

이들은 모두 극빈층이었고 문맹률이 높았으며 이디쉬어밖에 몰랐다. 위생 상태가 최악인 긴 항해 끝에 상륙한 이민자들 대부분이 무일푼이었다. 50달러 이상의 현금을 지니고 있었던 사람들은 전체의 7%뿐이었다. 상륙 후 그들 대부분은 결핵이 만연한 슬럼 지역으로 직행했다.

그러나 1910년쯤에는 이민자들과 그들의 자식들 대부분이 영어를 익히게 되고, 들어가기 힘든 대학에도 입학을 하게 된다. 뉴욕 이외의 교육기관에서는 종교적인 차별이 여전히 장애가 되었지만, 대학 특히 의과대학에서는 유태인 구성 비율이 상당히 높아졌다.

의료품 업계의 하층 노동계급에서 두각을 나타낸 유태인 이민자도 많이 출현했다. (나의 할아버지도 이들 중 한 사람인데, 이에 관해서는 다음 장에서 다루겠다.) 이 이민자들과 그들의 자녀들 중에서 브로드웨이 뮤지컬이나 할리우드의 주요 영화사, 그리고 패션 업계나 화장품 업계에서 성공한 인물이 속출했다. 예를 들어, 화장품 업계에서는 에스티 로더와 찰스 레브론('레브론'의 창설자), 패션 업계에서는 랄프 로렌, 더너

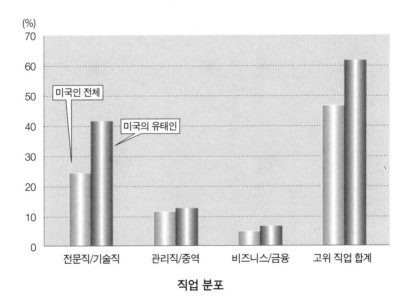

직업 분포

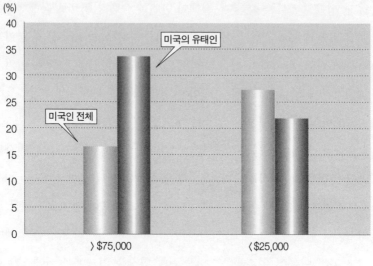

세대 소득

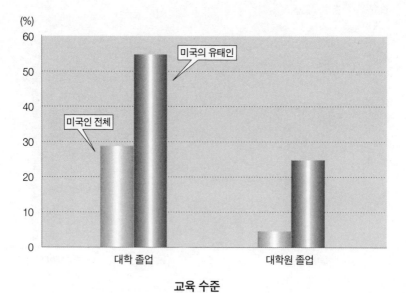

교육 수준

캐서린, 캘빈 클라인 등이 유명하다. 그들은 유태인 이민자 2세이다.

오늘날 유태인 인구는 미국 인구의 2%에 지나지 않는다. 2000~2001년에 이루어진 조사에 따르면 피고용자로 일하고 있는 유태인의 41%가 전문직 혹은 기술직에 종사하고 있다. 미국 전체의 전문직, 기술직 종사자 평균은 약 26%이다.

세대 소득 평균은 미국 평균의 2배인 약 7만 5,000달러(약 8,000만 원)로, 유태인의 34%가 그 이상의 수입을 얻고 있다는 조사결과가 나왔다. (미국인 전체에서 17%이다.) 즉 이것을 거꾸로 풀어보면 미국의 유태인 3분의 2가 연간 수입 7만 5,000달러 이하의 중산층 이하 계층인 셈이다. 즉 부자가 아니다.

그러나 미국 유태인의 56%가 대졸자이며(미국 전체에서는 29%), 25%가 대학원 졸업이다. 이는 미국인 전체의 대학원 졸업자 수치인 6%의 4배가 넘는 수치이다.

유태인들은 단기간에 어떻게 이처럼 눈부신 성공을 거둘 수 있었을까? 바로 이것이 이 책의 남은 부분에서 설명할 요점이다.

역사를 통해 발전한 유태인의 기질

역사적 배경지식을 설명한 데에는 몇 가지 이유가 있다. 한 가지는 앞으로 다룰 장에서 자주 예로 들 것이다. 다른 한 가지 이유는 유태인의 성공에 바탕이 된 유태 문화를 이해하려면 역사를 이해하는 것이 큰 도움이 되기 때문이다.

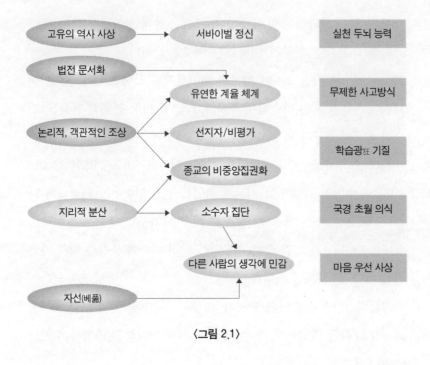

<그림 2.1>

그러면 이제까지 본문 가운데 자주 등장했던 핵심 요소들을 조금 다른 형태로 정리해보자.

<그림 2.1>의 항목들은 모두 유태인들이 과거의 역사를 살아오면서 다져온 부와 생존의 불문율이다.

유태 문화 가운데 '고유의 역사 사상'은 두 가지 요소로부터 생겨났다. 하나는 '신이 아브라함에게 밝은 미래를 약속했다'고 하는 것, 그리고 또 하나는 '바빌론의 포로' 경험이다. 바빌론 유수 시대에 이르러 유태인들은 모든 것에 종교적인 의미를 부여해 이해하려는 습관이 생겼다. 그래서 메시아 사상이 생겨났다.

신이 밝고 행복한 미래를 약속했다는 종교적 사상은 유태 문화에 강력한 서바이벌 정신을 심어주었다. 유태인은 행복한 미래가 도래했을 때 꼭 살아남아서 그 역사적 순간에 존재하고 싶다고 생각했다.

그러면 이어지는 항목은 무엇을 의미할까? 이제까지 살펴본 바와 같이 유태교는 역사의 초기부터 문서화된 법전을 갖고 있었다. 그 역사는 매우 오래되었고 모세의 시대까지 거슬러 올라간다. 그리고 아브라함은 매우 논리적인 선조였다.

이 두 가지 요소는 후세에 수많은 랍비들이 유태교를 시대에 맞는 합리적인 형태로 해석해가는 데 도움을 준다. 즉 '유연한 계율 체계'를 가능하게 해준다. 만일 구전의 전통만을 지키고 있었다면 법전이지닌 진정한 의미를 유지해가는 일도 곤란했을 것이다. 그렇기 때문에 랍비들은 탈무드를 문서화했다. 그리고 논리적인 사고력이 없었다면 법전을 새로운 환경에 적응시켜가는 일은 불가능했을 것이다.

또한 선지자가 왕족들까지 비판해온 사실은 지금까지 살펴본 그대로이다. 그들과 같은 존재가 용인되고, 후에는 존경까지 받게 되었던 것은 유태교가 논리적인 면을 지니고 있었기 때문이라고 생각된다. 실제로 유태교는 아브라함의 '아버지에 대한 비판'에서 시작되었다. 이에 관해서는 제6장에서 좀 더 자세히 이야기하겠다.

앞에서 유태인이 전 유럽, 나아가서 전 세계로 퍼져갔다는 것을 설명했기 때문에 '지리적 분산'에 관해서는 더 설명할 필요가 없을 것이다.

한편 '종교의 비중앙집권화'란 무엇을 말하는가? 유태교에서는 본래 제사장이 성전 안에서 의식을 행하는 것이 신앙의 중심이었다. 그러나 거듭되는 성전의 파괴와 그에 따른 유태인의 지리적 분산에 따라 신앙의 존속을 위해 종교의 형식을 바꿀 수밖에 없었다.

유태교는 생존을 걸고 신앙 방식을 크게 변화시킨다. 그때까지의 제사장과 성전 중심의 형식에서 벗어나 랍비에 의한 시나고그에서의 기도 중심 형식으로 변모했다. 시나고그는 성전처럼 일부러 건설할 필요도 없고, 빈 방만 있으면 충분했다. 제사장은 세습제였기 때문에 아버지가 제사장이 아니면 제사장이 될 수 없었지만, 랍비가 되는 것은 전문적인 교육을 받으면 누구나 가능했다. 유태 문화에서는 개인의 논리성과 능력이 매우 중요하며 이것이 곧 존경의 이유였기 때문에 세습제 제사장 제도를 쉽게 버릴 수 있었다.

지리적 분산과 동시에 유태인은 가는 곳마다 항상 '소수자 집단'이었다.

또한 중세 이래 유태인은 어디에 살더라도 생존을 위해 주위 사람들(특히 비유태인)의 평판에 민감할 수밖에 없었다.

그리고 지금까지 단 한 번도 설명하지 않았던 항목이 그림에 있다. 그것은 '자선charity'이다. 이것은 유태교의 근본을 이루는 사상에서 생겨난 것이지만, 달리 설명할 기회가 없으므로 여기서 간단하게 설명해두고자 한다.

유태교의 자선(베풂, 상호부조)에 대한 기본 이념은 수천 년의 역사를 가지고 있다. 이는 유태 문화의 바탕을 이루는 사상이기 때문에 유태교를 믿지 않는 유태인들에게도 막대한 영향을 끼치고 있다고 할 수 있다. 이에 관해서는 제9장에서 상세하게 설명하겠다. 우선은 유태의 이 전통적인 사고방식이 유태인으로 하여금 다른 사람의 생각에 민감한 태도를 지니게 한 하나의 바탕이 되었다고 이해하면 충분할 것이다.

〈그림 2.1〉에서 왜 이러한 항목들을 열거했는지 잘 모르겠다면 맨 오른쪽의 네모들을 보라. 실천 두뇌 능력, 무제한 사고방식, 학습광 기질, 국경 초월 의식, 마음 우선 사상 등 이들이 앞으로 이 책의 자기계발 주제(제5장~제9장)가 된다.

이 다섯 가지 요소들은 유태인들이 부를 쌓고 생존하기 위해 이제까지 이용해온 도구들이다. 왼쪽의 타원은 이 도구들이 수천 년의 세월에 걸쳐서 어떻게 만들어져왔는지 설명하고 있다.

그러면 이 도구는 도대체 어떤 것들일까? 이 모든 도구들을 총칭하는 이디쉬어 단어가 있다. 그것은 '이디쉬 코프Yiddishe Kop', 직역하면 '유태인의 머리'이다. 그러나 이 말에는 더 깊은 의미가 있다. 다음 장에서 자세히 살펴보기로 하자.

왜 유태인을 차별했을까?

누구나 유태인이 역사적으로 수많은 어려움에 직면해왔다는 사실 정도는 알고 있다. 그러나 도대체 왜 그렇게도 많은 사람들이 유태인들을 괴롭히고 때로는 증오했던 것일까?

이 질문에 답하려면 뉴욕도서관 절반 분량의 자료가 필요하다. 그러므로 여기서는 그 윤곽만을 전하고자 한다. 하지만 이것만은 기억하길 바란다. 혐오나 차별과 같은 감정에는 애당초 윤리적인 설명이 불가능하다는 사실 말이다.

서유럽의 반유태주의 역사의 뿌리는 역시 기독교의 신약성서로 거슬러 올라간다. 신약성서가 집필되던 당시 기독교는 아직 역사가 짧은 종교로서 개종자를 모으는 것이 급선무였다. 유태교는 그들의 경쟁 상대였다. 신약성서의 작가들은 성서에 유태인들에 대한 부정적인 기록을 포함시켰다. 그 대표적인 것이 예수 죽음의 책임이 유태인들에게 있다는 기록이다.

기독교는 생겨난 지 300년만에 종교의 최정상에 서게 된다. 그러자 경쟁의 투지를 불태울 필요성이 줄어들고, 몇 세기에 걸쳐 기독교도와 유태교도의 비교적 평화로운 시대가 이어졌다. 기독교는 유태교도들 중 일부가 기독교로 개종할 것으로 기대했다.

서기 1100년경이 되자 기독교 지도자는 유태교도들이 완고하여 좀처럼 개종하지 않는다는 사실에 분개하기 시작했다. 당시 기독교는 이슬람교라는 새로운 적의 위협을 받고 있었던 데다, 정교회와 가톨릭의 두 종파로 분리되는 어려움을 겪고 있었다. 이러한 상황이 유태교도들에 대한 보다 강한 박해를 부추겼다. 가톨릭교회는 '유태교도는 나약하고 기독교도보다 열등하다'고 선언했다.

그 후 일어난 십자군전쟁은 성지 예루살렘을 점거한 이슬람교를 공격 목표로 삼은 것이었지만, 모든 비기독교도들에 대한 탄압도 동시에 가속화시켰다. 그중에서도 유태인은 기독교도들로부터 '그리스도를 죽인 장본인'이라고 불렸기 때문에 보다 가혹한 탄압에 직면했다. 이 시기 '유태인이 종교 의식에 기독교도의 피를 사용한다'는 근거 없는 공격이 시작되었다. (실제로는 종교의식에 피를 연관 짓는 것은 기독교도의 전통이지 유태교도의 것이 아니다. 유태교에서는 피를 부정한 것으로 여기므로 종교 의식에 사용할 이유가 없다.) 이로 인해 20세기 초엽에 이르기까지 수많은 유태인이 죽임을 당했다. 가톨릭교회가 '유태인은 예수의 죽음에 대해 죄가 없다'고 선언한 것은 1965년의 일이며, 교황 요한 바오로 2세가 1986년에 다시 선언한 바 있다.

1800년대에 유태인이 게토에서 해방되었을 때 반유태주의는 주제를 바꾼다. 갑자기 유태인은 '나약한 존재'가 아니라 '너무 강력한 존재'의 탈을 쓰기 시작한다. 사람들은 유태인의 성공을 질투했다. 이 질투의 감정은 순식간에 퍼져나갔고, 과학적인 것 같지만 사실은 비과학적인 민족주의와 결합했다. 그 결과 나타난 것이 나치이다.

한편 이슬람 세계에서 반유태주의는 전혀 다른 역사를 지닌다. 이슬람의 성전인 코란에는 유태교와 기독교 양쪽 모두에 대해 부정적인 기술이 있다. 비이슬람교도는 모두 열등한 존재지만, 유태인은 그것보다도 못하다는 내용이다. (유태인은 개와 동등하다는 대목도 있다.) 그래도 유태인과 이슬람교도는 오랫동안 공존해왔다.

사태가 변한 것은 1800년대 아랍의 기독교도가 서유럽의 반유태주의를 중동으로 가져간 데서 발단이 되었다. 제1차 세계대전 후 아랍인과 유태인은 중동에서 경쟁 관계에 놓이게 된다. 이 사실이 아랍인과 이슬람교도들로 하여금 반유태 감정을 자극했다. 이 정치적인 긴장은 오늘날까지 크게 영향을 미치고 있다.

나는 유태인들이 모두 천사 같은 사람들이라고 주장하는 것이 아니다. 어느 인종에나 반드시 있을 법한, 편견으로 가득 찬 유태인도 있다. 다행스럽게도 기독교 사회와 이슬람교 사회에도 그런 편견으로 가득 찬 사람이 소수였던 것처럼 유태교도들 중에도 그러한 사람들은 소수에 불과하다.

'베니스의 상인' 속 유태인

셰익스피어의 희극 '베니스의 상인'은 어릴 적 누구나 한 번쯤 읽었던 책이다. 셰익스피어는 위대한 작가임이 틀림없다. 하지만 이 희극은 유태인의 특성을 그다지 정확하게 묘사하고 있지는 못하다.

첫째로 '베니스의 상인'은 본래 희극이었다. 이야기의 결말은 해피엔딩이다. 게다가 어느 정도 낭만적인 요소도 들어 있다. 샤일록의 딸과 유태인 청년의 사랑이 그 예이다.

원래 이 이야기는 셰익스피어 사후 7년이 지난 1623년에 그의 희곡 전집 중 한 편으로 발표되었다.

1600년대의 대중은 이 이야기의 등장인물인 유태인 대금업자 샤일록의 성격을 즐겼다. 그가 이야기에 등장한 데는 이유가 있었다. 과장된 성격을 지닌 인물을 등장시킴으로써 이야기의 오락성을 높이기 위함이었다. 그러나 셰익스피어 본인조차 등장인물 샤일록이 과연 현실적인 유태인상인지는 생각해보지 않았던 것으로 보인다.

실제로 셰익스피어에게 있어서 현실적인 유태인상을 묘사하는 것은 불가능에 가까웠다. 왜냐하면 그가 살던 시대, 영국에는 단 한 사람의 유태인도 없었기 때문이다. 유태인은 1290년에 국외로 추방된 후 셰익스피어 사후 50년이 지날 때까지 영국에의 입국이 금지되어 있었다.

그의 독자들도 유태인에 관해서는 아무것도 몰랐다. 그러나 유태인이 아닌 대금업자에게 빚이 있는 사람은 많았다. 특히 당시 런던에서는 수많은 대금업자들이 영업을 하고 있었다.

이 이야기의 출처는 이탈리아의 옛날이야기인데, 그 배경은 더욱 복잡하다. 기원전 454년에 반포된 고대 로마법에는 빌려준 돈을 돌려받지 못하는 경우 대금업자는 돈을 빌린 사람의 몸의 일부를 잘라내도 된다는 규정이 있었다. 중세 독일과 시칠리아 섬에서는 빚을 갚지 않는 경우 코를 잘랐다고 한다. (때로는 목숨 자체를 빼앗은 경우도 있었다.) 물론 비유태인인 대금업자들의 경우였다.

이런 정황 속에서 '이탈리아에서 유태인 대부업자가 이자로 살아 있는 사람의 인육 1파운드를 요구했다'고 하는 이야기가 떠돌았다. (유태인에게 원죄를 뒤집어씌워 박해의 이유로 삼은 것이다.) 이 소문을 바탕으로 쓰인 이탈리아의 이야기는 1378년에 출판되었고, 그로부터 200년 후에 영국에서 '베니스의 상인'으로 재탄생한다. 그런데 이 이탈리아의 이야기도 사실은 희극이었다.

셰익스피어의 희극에서와 같은 상거래는 유태의 계율상 엄격히 금지된다. 게다가 유태인 사회에서도 유태인이 그러한 일을 비유태인에게 자행한 경우 엄히 벌하고 있었다. 왜냐하면 계율 위반일 뿐 아니라 선량한 다른 유태인들을 증오의 대상으로 만들어 복수를 당하게 만들 가능성이 있었기 때문이다.

제3장
미지를 딛고 선 개척 정신

내가 이 책을 쓰려고 마음먹은 이유는 많은 사람들이 유태인을 신비스러운 존재라고 생각하는 것 같았기 때문이다. 나는 이 책을 통해 유태인은 매우 흥미로운 독자적 문화를 지니고 있지만 다른 사람들과 다르지 않은 그저 평범한 사람들이라는 점을 보여주고 싶었다.

그러나 나 역시 책을 써가면서 분명히 유태인에게는 수수께끼 같은 부분이 있음을 느끼기 시작했다. 그것은 다음 두 가지 의문에서 시작되었다.

유태인이란 도대체 누구인가?
유태인들은 무엇을 통해 자신을 유태인으로 인식하는가?

몇 세기 전까지만 해도 이러한 물음에 대답하는 일은 간단했을 것이다. 그러나 현대사회에서는 이러한 의문에 답변하기가 점점 어려워지고 있다.

여러분은 자신이 어느 나라 사람인지 잘 알고 있을 것이다. 옛날에는 유태인들이 그들 자신을 유태인이라고 인지하는 일이 어렵지 않았다. 유태인은 모두 같은 종교를 믿고, 대개의 경우 한 곳에 모여서 살며, 보통 그 가운데서 혼인 관계를 맺었기 때문이다.

물론 그 시대에는 유태인이 유태인 공동체를 떠나서 성공하는 것은 매우 어려운 일이었다. 또한 그때의 성공은 종교적인 지도자가 되는 것을 뜻했다. 그러나 오늘날의 유태인들에게는 상황이 그렇게 단순하지 않다. 어째서 상황이 변해버린 것일까? 나는 현대 유태인들의 성공을 가능하게 한 사회적 변화와 더불어 유태인의 정체성이 퇴색한 것은 원인과 결과 모두에 밀접하게 관련된 것이 아닐까 생각한다.

이 문제를 좀 더 사실적이고 알기 쉽게 설명해보고자 한다. 이번 장에서는 나의 가족, 특히 할아버지에 관한 이야기로 시작해서 그 후 현대 유태인들의 정체성이라는 종합적인 화제로 돌아갈까 한다.

할아버지의 삶

나의 혈통적 배경은 나와 같은 세대의 전형적인 유태계 미국인들과 비슷하다. 친가와 외가의 할아버지와 할머니 네 분은 모두 19세기에 태어났다. 그중 세 분은 동유럽 출신이었고, 나머지 한 분은 미국 출신이었다. 모두 아슈케나즈계 출신으로 이디쉬어를 쓰고 뉴욕에 살고 있었다.

조부모님은 지금은 루마니아 영토인 오스트리아 – 헝가리 제국 내에 있었던 트랜실베니아 지방 출신이었다. 그들은 가족들과 함께 어릴 적에 미국으로 이민을 왔다. 생계수단으로 여성용 의료품 가게를 열었다고 하는데, 내가 태어나기 전에 돌아가셨기 때문에 더 이상 자세한 것은 모른다.

외조부모님도 오스트리아-헝가리 제국 내에 있는 가리치아 출신이었다. 오늘날 구 가리치아의 서부는 폴란드에, 동부는 우크라이나에 속해 있다. 가리치아는 떠나고 싶은 땅이었던 것 같다. 1881년부터 1900년까지 미국으로 이민을 떠난 유태인 28만 1,150명 중 85%나 되는 사람들이 가리치아 출신이었다.

나의 외할머니는 일곱 명의 자녀들 중 막내였으며 형제자매들 중 유일하게 미국에서 태어났다. 그녀의 아버지는 양복점을 경영했으며 2명의 형제들은 의사가 되었다. 당시 유태인 양복점 주인의 자식이 의사가 되는 것은 그리 쉬운 일이 아니었다. 그 삼촌 중 한 분인 조셉 사포는 컬럼비아대학 의학부에 입학한 최초의 유태인이었고 또 한 분의 삼촌 시드니 사포 역시 뉴욕대학 의학부에 입학한 최초의 유태인 학생이었다.

이 두 삼촌에 관한 내용은 우리 집안의 전설이라 얼마나 정확한 것인지는 모른다. 그럴 수도 있고 아닐 수도 있는 이야기이다. 하지만 현재 컬럼비아대학에는 삼촌의 이름을 딴 장학금이 남아 있다.

우리 집안에는 개성적인 일화가 많이 있다. 조셉이 집안에 크리스마스트리를 장식해서 가족 모두에게 엄청난 충격을 선사했다는 이야기라든가(크리스마스는 기독교의 축일이다.), 시드니가 가톨릭교도인 여성과 결혼하여 가족들 사이에서 엄청난 스캔들의 주범이 되었다는 이야기, 그리고 그 여성이 음식을 만들 때 코셔Kosher(유태교의 율법을 따르는 음식) 방식을 엄격하게 지켰다는 이야기 등이 있다. 그러나 이 책의 취지와는 맞지 않기 때문에 이 정도로 해두겠다. 대신 이 책과 관련하여 가장 중요한 인물에게 초점을 맞추려 한다. 그 사람은 어머니의 아버지, 즉 외할아버지인 '루이겔라'이다.

외할아버지 루이겔라

나의 외할아버지는 1884년, 4남매 중 차남으로 태어났다. 외할아버지는 '슈테틀'에서 어린 시절을 보냈다. 그 마을은 가리치아 남부에 있었는데 지금은 우크라이나에 속해 있다. 마을의 중앙에는 지금도 1648년에 발생한 피비린내 나는 반유태 포그롬의 우크라이나 지도자였던 보그던 후메리니츠키의 동상이 서 있다.

슈테틀은 늘 가난한 마을이었다. 외할아버지가 태어나기 약 100년 전에 저명한 하시디즘의 랍비를 배출했지만, 그 외에는 아무 것도 없는 마을이었다. 외할아버지가 태어날 당시 마을 인구는 1만 명이었으며, 그중 3,000명이 유태인이었다. 모든 유태인들은 마을 중앙에 정해진 작은 구역 속에서만 살아야 했다.

그리고 대부분의 유태인이 완전한 시민권을 갖지 못했다. 그럼에도 불구하고 그들은 자주 징병을 당했다. 가리치아의 통치권이 오스트리아로 넘어가자마자 정부는 유태인 징병을 개시했다. 물론 그들은 장교는 될 수 없었고 군대에서 가장 궂은 일을 담당했다.

때로는 특별 세금을 내는 것으로 잠시 동안 병역을 피할 수 있었지만, 대부분의 가리치아 유태인은 너무나 가난해서 이 세금을 낼 수 없었다.

나의 증조할아버지에게는 4명의 자식이 있었다. 만일 그가 징병되어버린다면 일가는 집안 기둥이 없어져 생활할 수 없는 상태였다. 이때 그는 문득 훌륭한 아이디어를 생각해낸다. 병이 든다면 징병을 면할 수 있다!

어느 추운 겨울 날, 그는 가족들에게 인사를 하고 가까운 저수지로 갔다. 그리고 저수지에서 수영을 하고는 밤새도록 바깥에서 지냈다. 곧바로 감기에만 걸린다면 징병을 피하기에는 이 방법이 제일이라고 생각했던 것이다.

그 방법은 정답이었다. 그러나 그 후 그는 폐렴에 걸렸다. 그리고 나서 죽어버렸다.

오늘날 우리 가족은 이 우스꽝스러운 결말을 이야기할 때마다 웃음을 터뜨리고 만다. 나의 증조할아버지는 정말 어리석었다. 그러나 물론 당시에 이 일은 엄청난 비극이었을 것이다. 가족들은 말 그대로 집안의 기둥을 잃었고, 먹고살 방도를 마련해야만 했다.

상식적으로 생각한다면 죽은 부친 대신 장남이 집안을 먹여 살려야 했을 것이다. 그러나 그렇게 되지는 못했다. 대신 나의 할아버지, 즉 차남이 그 무거운 짐을 지게 되었다. 가족회의의 결정에 따라 나의 할아버지가 미국으로 건너가 돈을 벌어 일가를 미국으로 불러들이기로 했다.

당시 할아버지의 나이는 13살이었다.

이 시기 수많은 가리치아 유태인들이 미국으로 향했다. 할아버지의 먼 친척도 이미 미국으로 건너가 뉴욕의 어딘가에서 살고 있었다. 할아버지는 이 친척들에게 전할 소개장을 지니고 떠났다. 그리고 미국으로 건너가면 소개장을 친척에게 보이라는 말을 들었다. 아마도 주위 사람들은 미국으로 먼저 건너가 있던 친척들이 할아버지를 돌봐줄 거라고 기대했을 것이다.

할아버지는 홀로 육로와 선박을 이용한 긴 여행에 올랐다. 그리고 뉴욕에 도착하자 친척 집을 찾아갔다. 겨우 13살의 나이로 대견스러운 일을 해냈다.

그러나 더 놀랄 만한 일이 그의 앞에 기다리고 있었다. 기대와 달리 그의 친척은 그를 집 안에 들어가지도 못하게 했다. 할아버지는 이국 땅에 홀로 남겨지게 되었다.

그 후 할아버지는 다른 영리한 이민자들이 그러했듯이 의류 관련 일자리를 구했다. 당시 남성들은 모두 상하의와 조끼로 이루어진 양복을 입고 있었는데, 할아버지의 첫 일은 이 양복을 다림질하는 일이었다. 밤이 되면 그는 다림질대를 침대 삼아 잠을 잤다고 한다.

그러나 할아버지는 밤에 잠만 자지는 않았다. 그는 밤에 공부를 시작했다. 처음에는 영어를 익혔다. 그리고 고교졸업 자격을 취득하고 대학을 졸업했다. 할아버지의 공부는 13살 때부터 32살에 대학 졸업증을 딸 때까지 계속되었다.

이 무렵 그는 더 이상 다림질 따위는 하지 않았다. 할아버지는 아주 사교적이며 누구와도 곧 친해지는 성격을 지니고 있었다. 어느 날 그는 같은 고향에서 온 친구들을 모아, 갓 이민 온 사람들을 돌보는 조직을 만든다. 마침 이 시기에 그는 보험 외판원 일을 시작했다. 이리하여 그는 이민자들을 최초의 고객으로 확보했다.

할아버지의 비즈니스는 아주 잘 되었다. 그는 고향에 남겨두었던 가족들 모두, 즉 어머니와 형제자매 그리고 여동생의 남편을 미국으로 부른다. 이 무렵인 1909년에 촬영한 것으로 보이는 그의 사진이 내게 있다. 할아버지는 미국 스타일을 아주 좋아했다. 당시 정통파 유태인은 면도를 해서는 안 되고 머리에는 최소한 일부를 가리는 모자를 써야 했다. 그러나 당시 할아버지의 사진에는 수염을 깨끗하게 깎고 모자도 쓰지 않은, 25살 정도의 젊은이 모습이 찍혀 있다. 그는 현대적인 '미국인 여성'과 결혼하고 싶어 했다. 그리하여 그의 아내가 된 사람이 미국에서 태어나고 미국에서 성장한 여성 로즈, 즉 나의 할머니였다.

결혼 후 할아버지는 차를 구입해서 브롱크스로 이사를 간다. 자동차와 브롱크스는 당시 성공한 유태인들만이 손에 넣을 수 있는 행운이었다. 그들은 사내아이와 여자아이, 2명의 자식을 두게 된다. 그리고 그 여자아이가 나의 어머니이다.

할아버지는 이미 언급했듯이 그다지 열성적인 유태교 신자는 아니었다. 수염을 깎는 일도 그렇고, 정통파 유태인이 하는 일들을 대부분 지키지 않았다. 정통파 유태교의 시나고그에 다닌 것 같긴 하다.

할머니는 코셔 방식으로 가정을 경영했다. 그러나 어머니의 말에 따르면 어머니가 결혼한 이튿날 할아버지는 베이컨과 달걀을 먹이려고 어머니와 아버지를 불러냈다고 한다. (유태교에서는 돼지고기를 먹는 것을 엄하게 금하고 있다.) 그러나 할머니는 할아버지가 가족 중에서 가장 신앙심이 깊다고 믿고 있었다. 할아버지의 꿈은 법률가가 되는 것이었지만 일가의 생계를 꾸려가는 그에게는 법대에 다닐 시간이 없었다. 그래도 그는 평생 공부를 계속했다. 그는 항상 머리맡에 그리스어와 프랑스 철학책을 두고 읽으며, 책 속의 말들을 일상에서 인용했다고 한다.

할아버지는 내가 9살이던 해에 80살의 나이로 돌아가셨는데 그의 침상 곁 작은 테이블에 있었던 두꺼운 책이 나의 기억에 지금도 선명하게 남아 있다.

프리 씽킹Free Thinking의 소유자들

나의 할아버지 루이겔라를 포함한 그 시대의 이민자들은 모두 개척자들이었다. 그들은 능력을 펼치기 위해, 충분한 돈을 위해, 그리고 좁은 유태교 신앙의 세계로부터 벗어나 문화와 지식을 얻기 위해 미국 대륙으로 건너갔다. 그 과정에서 그들은 유태인의 몸에 배어 있던 외적인 특징들을 벗어던진다. 남자라면 긴 수염을 기른다든지, 코셔식 음식만을 먹는다든지, 유태인끼리만 결혼한다든지 하는 것들 말이다.

사실은 같은 일이 나폴레옹 시대의 프랑스에서도 일어났으며, 독일과 오스트리아에서도 일어났다. 유태인에게 보다 많은 것을 허용하는 '법률'을 얻는 대신, 몇 가지 전통적인 습관을 털어버렸던 것이다. 때로는 이런 교환이 필수적이었다. 예를 들어, 프랑스에서 나폴레옹은 유태인에게 보다 큰 권리를 부여하는 법률을 적용하기 전에 프랑스에 대한 충성을 맹세하게 했다. 당시 유태인은 자신들을 유태인이라 부르는 것조차 금지당했다. 대신 자신들을 '모세를 믿는 프랑스인'이라 불렀다.

그것은 개인의 선택이었다. 할아버지는 자신의 이미지를 '미국인'으로 정했으며, 다른 이민자들 가운데는 정통파를 고집하는 사람들도 있었다.

시간이 지남에 따라 유태인은 큰 사회 구조의 일부분으로 편입되어 갔다. 이에 따라 많은 가정에서 유태의 전통이 사라져갔다. 그러나 재미있는 것은 사라진 전통이 집집마다 달랐다는 점이다. 그렇기 때문에 무엇으로 유태인을 규정해야 하는지가 어려워졌다.

성경을 읽는 일이 하나의 예이다. 최근 출간된 어떤 유태인 관련 책을 보니 '대부분의 유태인은 매일 성경을 읽고 있다'고 쓰여 있었다. 저자는 놀랍게도 유태인이자 랍비였다.

하지만 이것은 완전히 사실과 다른 설명이다. 물론 랍비인 그 저자는 매일 성경을 읽을지도 모른다. 그러나 나의 부모나 형제자매들이 매일 성경을 읽는 모습을 나는 한 번도 본 적이 없다. 나 자신도 성경을 매일 읽지는 않는다.

게다가 상당히 경건하게 신앙생활을 하는 친구들조차 일상적으로 기도하는 특수한 지위에 있는 사람들을 제외하면 매일 성경을 읽지는 않는다. (아마도 탈무드를 읽는 비율이 이보다는 더 높을 것이다.)

나의 가족에 대해 조금만 더 설명하겠다. 한때는 가족 모두가 시나고그에 다닌 적도 있었다. 처음에는 보수파의 시나고그에 다녔고, 그 후에는 개혁파 시나고그에 다녔다. 어렸을 때 나는 동네의 시나고그가 종교적인 장소라기보다는 주민들의 사교 장소라는 느낌을 받았다. 또한 히브리어 학교에서는 히브리어 독해 수업을 받았던 기억이 있다. 단 의미는 모른 채로 말이다.

내가 12살이었을 때 우리 가족은 시나고그를 탈퇴했다. 시나고그에 가지 않더라도 가족 모두가 유태인이라는 강한 긍지를 갖고 있었다. 사람들은 이것을 문화적 정체성이라고 부르는 것 같다. 내가 어렸을 때 문화적 정체성을 크게 느낀 일이 두 번 있었다.

첫 번째는 1967년 이스라엘이 '6일 전쟁'(1967년에 발발한 이스라엘과 아랍 제국들과의 전쟁. 이 전쟁에서 승리함으로서 이스라엘은 요르단 일부 등을 확보했다. 이스라엘군을 이끈 것은 애꾸눈을 한 모쉐 다얀 장군이었는데, 죽은 지 오래되었지만 지금도 유태인들의 영웅으로 남아 있다.)에서 아랍 국가들을 격파했을 때의 일이다. 나의 가족 중에는 어느 누구도 이스라엘로 가고 싶다는 사람이 없었다. 당시 이스라엘로 돌아간다는 것은 너무 위험해 보였다. 그러나 우리는 모두 이스라엘이 6일 전쟁에서 승리한 것을 진심으로 자랑스럽게 생각했다.

겨우 6일간의 전쟁으로 공격해온 사람들을 격파하고 그들로부터 광대한 토지를 빼앗았다. 그때 나는 이런 일을 할 수 있는 것은 이 넓은 세상에서 우리 유태인들밖에 없다고 생각했다. (유감스럽게도 바보 같은 유태인도 있다는 사실을 알기까지 그리 오랜 시간이 걸리지는 않았다.)

다른 하나는 이스라엘의 6일 전쟁보다 이전에 일어났으며 스포츠와 관련된 일이었다. 그때까지 우리 가족 중 어느 누구도 스포츠에 흥미를 갖고 있지 않았다.

1965년, 미국 메이저리그의 월드시리즈 첫 날은 유태교의 축일 중 가장 중요한 욤 키푸르(대속죄일)였다. 교도들은 이날 종일 단식을 하고 시나고그에서 하루를 보내야 한다. 이날 노동을 하는 것은 금지되어 있다.

그런데 월드시리즈 첫 게임이라는 중요한 날에 다저스의 선발투수로 지명된 선수는 당시 최고의 투수로 알려진 유태인 투수 샌디 코팩스였다. 그러나 놀랍게도 샌디는 이 명예로운 시합에 출전하지 않고 그날은 시나고그에서 하루를 보낼 것이라고 발표했다.

당시 나는 야구에 관해서는 조금도 몰랐고 시나고그에도 전혀 관심이 없었다. 그러나 자기 자신이 유태인이라는 사실을 당당하게 전 세계에 알리고, 그로 인해 월드시리즈의 첫 선발투수라는 명예를 포기한 남자가 있다는 사실에 놀랐다.

1940년에 나의 아버지와 삼촌은 유태인이라는 사실을 숨기기 위해 성마저 바꿨다. 그러나 바로 그 20년 뒤 샌디 코팩스는 미국에 사는 수백만 유태인들에게 자신이 유태인이라는 사실을 자랑스럽게 여기도록 해주었다.

그 후 40년이 지난 지금도 나는 이 사건을 생각할 때면 깊은 감명을 받곤 한다. 샌디 코팩스는 1967년에 은퇴한 뒤 미디어에 모습을 드러내길 삼갔지만, 지금까지도 미국의 유태인 어린이들은 예외 없이 샌디 코팩스에 대해 배우고 있다.

정체성은 생각보다 복잡하다. 나를 포함한 나의 형제들 모두 비유태인과 결혼했다. 큰형은 가톨릭교도인 아내를 위해 개종까지 했다. 그러나 결국 그는 가톨릭 신앙생활을 그만두었다. 한 번 유태인은 평생 유태인이라고 생각했던 것 같다. 그의 이런 감정이 과연 문화적인 것인지, 아니면 보다 정신적인 것이었는지는 알 도리가 없다.

한편 나의 여동생은 유태인 남성과 두 차례 결혼했지만 어째서인지 자신은 유태교에서 개신교로, 개신교에서 가톨릭으로 두 번 개종했다. 그러나 개종을 거듭하는 동안에도 유태인이라는 정체성은 여전히 남아 있었던 것 같다. 스스로를 '메시아를 믿는 유태인'이라고 불렀고, 가톨릭으로 개종한 후에는 '히브리계 가톨릭교도'로 부르는 등 복잡하기 짝이 없었다.

이런 이야기를 듣고 있자면 혼란스러울지 모르겠지만, 사람들은 종교에 관한 한 그다지 논리적 태도를 보이기가 쉽지 않은 것 같다. 종교 문제는 머리로 생각하는 것이 아니라 마음에서 나오는 것이기 때문이다.

나 자신의 종교 이력을 보아도 좀 어지러운 편이다. 20살을 넘겼을 때 나는 갑자기 신앙심이 뜨거워졌고 동시에 유태인이라는 것을 의식하기 시작했다. 하지만 그 두 가지가 반드시 연관된 것은 아니었다.

어쨌든 대학에 입학한 후 나는 더 이상 무신론자가 아니었다. 어째서인지 정확한 경위는 모르지만 우주에는 자비로우신 신이 존재한다는 확신 같은 것이 생겼다. 그렇다고 해서 특정 종교를 갑자기 믿기 시작한 것은 아니었고 유태교를 믿기 시작한 것도 아니었다. 아시아의 종교를 포함하여 손에 잡히는 대로 종교에 관한 책을 읽었다. 나는 개인적으로 영적인 존재를 받들기 위해서 특정한 종교적 계율을 따라야만 하는 것은 아니라고 생각한다. 그 위대한 힘을 신이라고 부르든 부처로 여기든 그것은 각자의 자유라고 생각한다.

또한 신은 특정한 종교만을 올바른 종교로 지정해두었을 리가 없다고 생각한다. 그럼에도 불구하고 20대를 거치면서 나는 자연스럽게 그리고 조금씩 유태교 신앙에 복귀하게 되었다. 실제로 지킨 계율은 얼마 되지 않지만 말이다.

우선 유태교에서 가장 중요시하는 축일인 로슈 하샤나와 욤 키푸르에는 시나고그에 가기로 했다. 그리고 나는 정통파 유태인이 아닌데도 불구하고 의식의 분위기가 마음에 들어 정통 하시디즘 계열의 기도회에 참석하게 되었다.

나는 코셔식이 아닌 음식 중에 햄이나 베이컨은 오래 전부터 먹지 않았지만 새우만은 좋아하고 있었다.

그리하여 새우 먹는 것을 그만두면 코셔식 식단을 지킬 수 있다는 것을 깨달은 나는 더 이상 새우를 먹지 않았다. (하지만 우유와 고기에 관한 수칙은 너무 복잡하기 때문에 계율에 따르지 않는다. 시도한 일조차 없다.)

즉 나는 종교적인 입장에서 음식을 제한하기 시작한 것은 아닌 셈이다. 가령 새우를 먹더라도 신이 나를 벌할 것이라고는 생각하지 않는다. 그러므로 이러한 식사 습관은 스스로 유태인의 정체성을 고양하기 위해 시작했다고 하는 것이 맞겠다. 나는 나 자신이 유태인이라는 사실을 기억해두고 싶었다.

이런 식으로 나름의 신앙 방법을 발견했지만 이것이 전형적인 방식이라고 말하는 것은 아니다. 다만 내가 찾은 방법에는 한 가지 전형적인 유태인의 방식이 있다. 그것은 내가 유태인의 정체성을 찾아가는 데 그 방법을 스스로 선택할 자유가 있었다는 점이다. 이 '선택의 자유'라는 점이 바로 서양의 나라들에 사는 유태인들의 전형적인 모습이다.

현재 미국 유태인의 과반수인 약 70%에서 80%에 이르는 사람들이 그들 자신을 '개혁파'라고 부르고 있다. 앞서 말했듯이 이 개혁파는 정통파보다 계율이 훨씬 덜 엄격한 파벌이다.

그리고 약 14%는 스스로를 유태인인데 아무런 종교 활동에도 참가하지 않는 '무신론자'라고 여기고 있다.

현재 미국의 정통파 유태인은 유태인 전체의 10% 정도에 그친다. 불과 250년 전까지만 해도 전 세계 100%의 유태인이 이 정통파에 속해 있었다는 사실이 믿기지 않는다.

무정체성이 곧 정체성이다

지난 수 세기 동안 유태인이 유태인으로서 생각을 표현하는 방법은 많이 변해왔다. 그렇지만 도대체 유태인이라는 자각은 어디에서 나오는 것일까? 나의 경우, 어릴 때보다는 지금이 더 신앙심이 두터

워지기는 했지만 어려서부터 줄곧 유태인이라는 생각은 갖고 있었다. 나보다 신앙심이 적은 사람들도 나와 비슷하게 느낄 것이라고 생각한다.

〈표 3.1〉을 보자.

그룹 A	그룹 B
부모 중 한 쪽 혹은 양쪽이 유태인이다	유태교를 어느 정도 믿고 있다
	신의 존재는 믿지는 않지만 유태교 신앙을 실천하고 있다
유태교 전통을 존중하는 가정에서 자랐다	이스라엘을 지지하고 있다
	유태교 문화에 강한 정신적 유대감을 느낀다
유태교로 개종했다	유태인이라고 자각하는 다른 이유가 있다

〈표 3.1〉

즉 자신을 유태인이라고 느끼려면 그룹 B의 조건 중 하나에 해당하면 된다. 보통 자신을 유태인이라고 여기는 사람들은 그룹 A의 조건을 하나 혹은 두 가지 만족시킨다. 그러나 자신이 유태인이라고 느끼기 위해서 그룹 A의 조건이 절대적으로 필요하지는 않다고 생각한다. 그룹 A는 그룹 B의 조건을 만족시키는 배경일 뿐이다.

예를 들어, 나는 유태교를 어느 정도 믿고 있거나 그 밖에도 그룹 B의 조건을 만족시키면서 그룹 A의 조건은 하나도 만족시키지 못하는 사람들을 알고 있다.

이런 상황은 유태인과 비유태인 사이의 결혼에서 발생하는 경우가 많다. 개종하지 않더라도 유태인의 배우자가 됨으로써 유태인이라는 느낌을 갖기 시작할 수 있다.

한편 그룹 A의 조건을 한 가지 혹은 경우에 따라 두 가지 만족시킴에도 불구하고 유태인이라는 자각을 갖고 있지 않은 사람들도 많이 있다. 그들 중에는 종교 신앙을 방치하거나 다른 종교로 개종해버리는 사람들도 있다.

미국에 사는 유태인들에 관한 2000~2001년의 인구조사 결과는 이 분석과 일치한다. 조사에 따르면 신앙을 엄격히 지키고 있는 사람들은 소수에 불과하다는 사실이 드러났다. 약 46%만이 정기적으로 시나고그에 나가며, 코셔식 관습을 지키는 것은 불과 21%뿐이었다.

그리고 52%의 사람들이 '유태인이라는 것에 자부심을 느낀다'고 대답하고 있는데, 이 가운데는 일 년에 몇 번 형식적으로 축일을 지키거나 유태인 문화에 관한 책을 가끔 읽는 정도의 사람들이 섞여 있다. 그러므로 유태인이라는 자각을 불러일으키는 것이 무엇인지 찾는 것은 아주 어려운 일이다.

참으로 복잡하기 짝이 없는 민족이라고 할 만하다. 하지만 이 복잡함이 유태인에게 있어 반드시 나쁘지만은 않다는 것이 이 책의 요점 가운데 하나이다.

이제까지 무엇이 유태인을 유태인이라고 느끼게 하는지에 대해 이야기했지만, 유태인이 자기 자신을 어떻게 생각하고 있는지가 그들을 유태인답게 만드는 유일한 조건은 아니다.

환경 조건	비유태인의 견해		유태인의 견해			A씨 본인
	대부분의 사람	반유태주의자	정통파	보수파	미국 개혁파	
조부모 가운데 유태인이 1명 이상 있는 경우	△	◎	×	×	×	△
유태인 아버지와 비유태인 어머니를 가진 경우	△	◎	×	×	◎유태인으로 자란 경우 ×그외	△
유태인 어머니와 비유태인 아버지를 가진 경우	△	◎	◎	◎	◎유태인으로 자란 경우 ×그외	△
양친 모두 유태인인 경우	△	◎	◎	◎	◎	△
유태교로 개종한 경우	△혹은○	◎	◎정통파 방식에 따르는 경우 ×그외	◎정통파와 보수파 방식에 따르는 경우 ×그외	◎	△
자신을 비유태인이라 부르는 경우	△혹은○	△	△	△	△	×
자신을 유태인이라 부르는 경우	○	△	×	×	×	◎

◎= 유태인으로 부를 수 있는 충분조건   ○= 유태인으로 부르는 필요조건
△= 반반의 가능성   X= 유태인으로 부를 수 없는 경우

〈표 3.2〉

여기에서 〈표 3.2〉를 보자. 왼쪽은 A씨가 놓일 가능성 있는 환경 조건들이다. 각각의 조건은 A씨를 유태인이라고 판단할 수 있는지 그 기준을 나타내고 있다. 그리고 이러한 조건들에 관해서 사람들이 대답할 것이라고 추측되는 각각의 의견을 기호로 표기했다.

표에서 나타나듯이 반유태주의자들은 보통 더 넓게 생각하고 있다.

지나치게 넓은 경우도 있다.

원래 나치는 유태인 차별법에서 '조부모 가운데 한 사람만이라도 유태인이면 그 사람은 유태인이다'라고 정의했다. 그러나 이대로라면 너무나도 많은 독일인들을 죽여야 했기 때문에 나중에 정의를 변경한다. 바뀐 법에서는 조부모 가운데 한 사람만 유태인이라면 아리아인으로 간주했다.

만일 4명의 조부모들 가운데 2명의 유태인이 있다면 판단은 상황에 따라 달라질 것이다. 하지만 조부모 가운데 3명이 유태인이라면 다른 가능성이 없다. 그는 틀림없는 유태인이다. 그런데 나치는 아리아인이라도 유태교로 개종했다면 완벽한 유태인으로 보았다.

오늘날 인터넷상에서 활약하는 반유태주의자들도 이와 비슷한 견해를 지니고 있다.

'유태인 같은 이름인가?', '유태인과 닮았는가?', 혹은 '반유태주의 웹사이트 제작자와 정치적 의견이 다른가?' 이중 하나에 해당되면 '유태인'으로 간주한다. 유태인 사이에서도 정통파는 다른 견해를 지니고 있다. 정통파 논리에 따르면 유태인이기 위해서는 어머니가 유태인이어야 한다. 혹은 정통파의 가르침에 따라 개종해야만 한다. 유태인이려면 이 두 가지 방법밖에 없다. 그 밖의 경우는 모두 비유태인으로 간주한다.

정통파의 가르침에 따라 개종하는 데는 7~8년의 학습이 필요하다. 만일 당신이 남성이고 할례(포경수술)를 받지 않았다면 반드시 할례를 받아야 한다. 오늘날 할례는 깨끗한 병원에서 마취를 하고 수술을 받는 것이 일반적이지만, 이것을 150년 전에 마취도 없이 행했던 사람들은 얼마나 긴장되는 순간이었을지 상상이 갈 것이다.

정통파의 관점에서 보면 유태인으로 판정을 받은 사람은 영원히 유태인이다. 부모가 유태 전통에 관해 아무 것도 가르쳐주지 않더라도 그는 유태인이다. 스스로 가톨릭교도나 이슬람교도나 기타 다른 부류에 속한다고 주장하더라도 소용없다.

보수파도 이와 비슷한 견해를 가지고 있지만, 개종에 관해서는 좀 더 유연하다.

개혁파의 신앙은 정통파나 보수파보다는 훨씬 유연하다. 1990년대의 파벌 투쟁에 따라 부모 중 한 쪽이 유태인이면 자녀를 유태인으로 간주하기로 했지만 부모가 가정을 유태교 방식으로 운영하고 있는 경우로 한정했다.

이에 따라 수천 년 동안 계속되었던 '어머니가 유태인이면 자녀도 유태인'이라는 전통이 바뀌었을 뿐 아니라, 정통파 랍비가 될 수 있을 정도의 '유태인'이지만 개혁파의 랍비는 될 수 없는 상황도 발생할 수 있게 되었다. 이것은 유태인들에게는 아주 애매한 일이었다.

이러한 유태인에 대한 정의의 변화는 정치적으로도 큰 영향을 가져왔다. 이스라엘의 헌법에 따르면 유태인은 언제라도 이스라엘 국적을 취득할 수 있다고 되어 있다.

그러나 이스라엘 국내에서는 어떤 사람을 유태인으로 인정할지에 대해 정통파가 정치적으로 강한 발언권을 지니고 있다. 그리고 최근에는 정통파의 규칙에 맞는 유태인이 아닌 한 이스라엘로 이민할 수 없게 되었다.

그렇다면, 다른 보통 사람들은 A씨를 어떻게 생각할까?

아마도 일반인들은 A씨가 뭐라고 주장하든 그대로 믿을 것이다. 그러나 단 한 가지 예외가 있다. 그것은 A씨가 자신은 유태인이 아니라고 말해도 그의 부모가 유태인이거나 조상 중에 유태인이 있다는 사실을 알았을 경우, 사람들은 A씨를 유태인이라고 간주할 것이다. 역사적으로도 이 현상은 스페인이나 프랑스 등지에서 널리 볼 수 있었다.

그런데 누군가 중요한 인물이 빠진 듯하다. 그렇다. 바로 A씨 본인의 생각이다. 〈표 3.2〉를 보라. 많은 경우 그가 스스로를 어떻게 생각하든 주위 사람들은 크게 의식하지 않는다. 예를 들어, 그가 스스로 유태인이라고 주장해도 다른 유태인은 그 점을 부인할 수 있고, 자신이 불교도라고 주장해도 나치는 그를 유태인이라고 판정할 수 있다.

독자적 문화로 승부하다

유태인에 대해 여러 각도로 살펴보았지만, 유태인의 정체성이 여전히 의문으로 남는다. 결국 유태인이란 어떤 사람들을 가리키는가? 민족? 국가? 그것도 아니면 도대체 무엇인가?

많은 사람들은 '민족'이라고 대답할 것이다. 그러나 나는 세 가지 방법으로 이것을 부정하려 한다. 생물학적으로 민족을 분류하는 사고방식은 19세기부터 시작되었는데 당시에는 아주 과학적이라고 여겨졌던 것 같다. 생물학적 분류의 창시자는 프랑스의 고비노라는 사람으로서 그는 인간을 피부색, 두개골의 크기, 얼굴 형태나 기타 육체적인 특징으로 분류했다. 이것은 유전자가 발견되기 훨씬 전의 일이며, 인간의 개성은 두개골의 요철에 따라 판단할 수 있다고 믿던 시대였다.

고비노가 보기에 최고의 민족은 아리아인이었다. 그는 이 민족의 신체적 특징을 금발에 푸른 눈을 가진 백인이라고 정의했다.

실제로 아리아인이라는 민족은 존재한다. 고비노가 태어나기 수세기 전에 아리아인들은 페르시아와 인도 북부 등지를 침략하여 점령했다. 그러나 그때 그들의 머리카락과 눈은 검은색이었다고 한다. 이 사실은 고비노의 민족 분류 방법 자체가 신빙성이 없다는 것을 보여주는 좋은 증거이다.

그러나 나치는 이 사실을 모르고 있었던 듯하다. 나치는 고비노의 민족 분류를 매우 과학적이라고 오해했다. 그들은 한 발 더 나아가 고비노의 이론과 반유태주의를 결합시켰다. 그리고 민족별로 상세한 차이를 기술하고 코와 턱의 형태에 따른 부차적인 분류들까지 덧붙여 상세한 분류표를 출간했다.

어쨌든 현대의 유전자 연구를 통해 볼 때 이 세상에는 '인류'라는 단 하나의 민족 외에는 존재하지 않는다는 결론이 나와 있다. 그러므로 생물학적으로 볼 때 '민족'이라는 개념은 없는 것이다.

이렇게 설명해도 다음과 같은 의견이 나올 것이다.

"잠깐만, 잘 봐요! 무하마드 알리는 조지 부시와 전혀 다르게 생겼잖아요? 민족이라는 사고방식이 과학적이지 않다고 인정하더라도 인간의 눈에는 분명히 차이가 있는데, 이것을 민족이라고 부른다고 해서 뭐가 문제라는 거죠?"

하지만 이런 외견상의 분류는 매우 불완전하다. 특히 유태인을 구별하는 데 있어서 말이다. 사실 일부의 유태인과 이탈리아인을 구별하기는 아주 어렵다. 내가 유럽이나 남미를 여행할 때 자주 이탈리아인이나 브라질인, 프랑스인, 때로는 네덜란드인으로 오인되곤 하는데, 스스로 유태인이라고 말하지 않는 한 아무도 내가 유태인이라고는 생각하지 않는다.

더 나아가 유럽형 외모를 지닌 백인 유태인이 있는가 하면, 에티오피아계 유태인은 흑인의 외모를 하고 있으며, 중국계 유태인은 완전히 아시아계 외모를 갖고 있다. 외견상으로 민족을 분류하는 방법은 유태인에게는 해당하지 않는다.

민족이라는 개념을 혈연관계에 바탕을 둔 것으로 보고, 혈연관계에 있으면 어느 정도 공통의 이해가 생겨날 것이라고 생각하는 경향도 있다. 그러나 정직하게 말하자면 나는 이 생각도 유태인에게는 해당하지 않는다고 본다.

물론 유태인도 어느 정도는 이 사고방식에 동감할 것이고 때로는 강한 혈연관계를 의식한다. 예를 들어, 유태인끼리 대화할 때 자주 사용되는 '미슈폿하mishpocha'라는 이디쉬 단어가 있다. 이 미슈폿하는 말 그대로 '가족'이라는 의미이다.

그러나 상대가 유태인의 피를 이어받지 않아도 가깝게 느껴지는 경우도 있다. 요즘 미국의 유태인들은 유태교로 개종한 2명의 유명인에게 특히 강한 친근감을 지니고 있다. 그중 한 사람은 엘리자베스 테일러이다. 그녀는 1950년대에 했던 첫 번째 결혼을 계기로 유태교로 개종했다. 50년이 지난 지금도 그녀는 활발하게 유태계 자선 조직에서 활동하고 있으며, 인터뷰를 할 때에도 언제나 "나는 유태인이다."라고 공언하고 있다.

또 한 사람은 가수이며 배우였던 사미 데이비스 주니어이다. 사미는 검은 피부를 지닌 완전한 흑인이다. 그는 엘리자베스 테일러와 마찬가지로 1950년대에 유태교로 개종했다. 내가 알고 있는 한 미국의 유태인은 지금도 그를 '가족의 일원'으로 아주 자랑스럽게 생각하고 있다. 1960년대 미국인은 흑인에 대해 지금보다 훨씬 강한 차별의식을 지니고 있었다.

그러므로 혈연을 중시하는 민족 개념으로도 유태인을 정의할 수는 없다. 더 나아가 유태인은 나치 사건이 있은 후로는 민족이라는 말로 구별되는 데 매우 민감해졌다. 그러므로 좀 더 적절한 말을 찾아보아야 할 것이다.

그러면 '국가'는 어떨까? 이것도 맞지 않다.

국가라는 개념이 인기를 얻게 된 것은 19세기 초였다. 그러나 그것은 애매한 개념으로서 언어나 문화, 종교를 바탕으로 한 것이라는 의미를 강하게 내포하고 있었다.

이러한 풍조 속에서 사람들은 유태인이 유태인에 대해서만 충실할 것이라고 생각하고 있었다. 앞서 살펴본 대로 사람들은 유태인이 '국가 속의 국가'를 만들고 있다고 생각했다. 이 문제를 나폴레옹은 매우 현명한 방법으로 해소시킨다. 유태인에게 평등한 권리를 부여하기 전에 그는 유태인의 대표자들을 불러서 한 가지 질문을 던졌다. 그리고 그 질문에 대답할 수 없는 유태인에게는 시민권을 부여하지 않기로 했다.

"프랑스를 지키기 위해서 싸울 것인가?"

이에 대한 유태인들의 대답은

"죽을 때까지 프랑스를 위해서 싸우겠다!"

였다. 나 또한 그들과 같은 감정을 갖고 있다. 나는 미국 시민이지 이스라엘 혹은 '유태인 국가'의 국민이 아니다. 영국이나 캐나다, 브라질 등 다른 국가에 살고 있는 유태인들도 많이 있다. 나는 이스라엘을 자랑스럽게 생각하고 있지만 그 나라에 대해 어떤 의무나 책임이 있다고는 생각하지 않는다. 하지만 미국에 대해서는 의무나 책임이 있다고 강하게 느끼고 있다.

종교에 관해서는 어떨까? 물론 유태인이 믿는 종교, 유태교라는 존재는 인정해야 할 것이다. 실제로는 지금까지 살펴본 것처럼 유태교 중에서도 정통파, 개혁파, 보수파 등의 종파가 있으며, 각각의 종파에 속해 신앙생활을 하는 사람들이 모두 스스로를 유태인이라고 부르고 있다.

그러나 조금 전에 다뤘던 것처럼 이는 그렇게 단순한 문제가 아니다. 유태교에서 다른 종교로 개종해도 비유태인들로부터는 여전히 유태인이라고 간주되는 경우가 많기 때문이다. 게다가 개종은 하지 않더라도 유태교 신앙에는 거의 관심이 없는 사람들도 그들 자신을 유태인이라고 부르고 있다. 〈표 3.1〉의 그룹 B에 들어 있던 내용을 기억하는가? 그 안에는 종교와 관계없는 사항들이 열거되어 있다.

이상의 내용을 정리하면 유태교를 믿는다는 사실이 그 사람을 유태인이라고 부를 수 있는 근거가 되지 않음을 알 수 있다.

그러면 '사람'은 어떨까? 나는 개인적으로 이 말이 가장 마음에 든다. 아주 애매한 표현이지만 원래 애매한 것이니 어쩔 수 없다. 이 밖에 개인 차원의 자기인식 현상까지 포함하면서 적절히 표현할 수 있는 말은 없을 것이다. 그렇지 않으면 비유태인에 의한 판단이 유태인을 규정해버리는 셈이 된다.

언뜻 통일성이 없어 보이지만 유태인들의 공통점은 유태 문화이다. 유태 문화라고 해도 그 요소는 다양하다. 왜냐하면 유태인은 세계 각국에 흩어져 있기 때문이다.

그러면 그들이 공통적으로 지니고 있는 문화란 도대체 무엇일까? 그것은 사고방식이다. 이 사고방식은 앞에서 살펴본 대로 유태인들이 걸어온 험난한 역사 속에서 축적되며 다져졌다. 이 사고방식이야말로 이 책의 남은 부분에서 설명할 내용이다.

유태인 의식의 기반은 민족도, 국가도, 종교도 아니다
그것은 사고방식을 포함하는 유태의 독자적 문화이다

유태인의 식사, 코셔 음식

유태교는 음식에 대해 아주 엄격하다. 음식에 관한 계율은 '카슈르트Kashurt'라고 불리는데 이것은 히브리어로 '허락된 것'이라는 의미이다. 현재 먹어도 되는 음식을 히브리어로 '코세르Kosher'라고 하는데 이 단어는 카슈르트가 변한 말이다.

이 계율이 돼지고기나 돼지고기로 만든 것을 금한다는 점은 잘 알려져 있다. (이슬람교는 카슈르트로부터 이 계율을 포함한 몇 가지 계율을 받아들여 '카라루'라는 독자적인 체계에 포함시켰다.) 하지만 '돼지고기 금지', 이것은 빙산의 일각에 지나지 않는다. 유태인이 먹지 못하는 것은 이보다 훨씬 많다.

해산물을 예로 들어보자. 먹어도 되는 음식이 되려면 비늘과 지느러미가 모두 붙어 있어야 한다. 그러면 새우는? 코셔식이 아니다. 성게나 조개류는? 안 된다. 상어지느러미 스프는? 안 된다. 상어에는 지느러미가 있지만 비늘이 없다. 붕장어는? 좀 애매하다. 뱀장어는? 일단 외견상 안 된다. 그렇지만 치어 시절에는 비늘이 있다고 하니, 정말 뱀장어를 좋아하는 사람은 먹어도 된다고 주장할 수도 있겠다.

그러면 실제로 먹어도 되는 것들은 뭐가 남아 있을까? 물론 많이 있다. 소, 염소, 양, 닭, 새, 칠면조는 코셔식이다. 그러나 조류 중에도 먹어서는 안 되는 것들이 있다.

일반적으로 지느러미와 비늘이 있는 한, 어류는 모두 먹을 수 있다. 과일과 야채도 모두 코셔이다. 그러나 한 가지 더 미묘한 점이 있다. 계율을 충실하게 지키는 유태인이라면 식사할 때 한 번에 우유와 고기를 동시에 먹어서는 안 된다. 이것은 구약성서에 나오는 '어린 양을 그 어미의 젖으로 삶아서는 안 된다'는 말에서 유래한다.

'우유'와 '고기'와 '섞는다'는 말은 도대체 무엇을 의미할까? 알 수 없는 점이 많다. 예를 들어, 닭고기가 주 메뉴이고 식사 후에 디저트로 아이스크림을 먹는다면 고기와 우유를 함께 먹는 것이니까 금지 식단이라고 주장할 수 있을 것이다. 하지만 사실 '병아리를 그 어미의 젖으로 삶는 것'은 불가능하다. 또한 우유와 육류를 먹는 사이에 6시간 이상의 간격을 두지 않으면 섞은 셈이 된다고 하는 사람도 있다. (물고기, 과일, 채소는 우유와 고기의 '중간'이라고 여겨지기 때문에 언제 먹어도 상관없고 아무것이나 섞어도 된다.)

만일 당신이 '코셔식 식단'을 완전히 지키려고 한다면 주방은 아주 복잡한 곳이 될 것이다. 우선 '우유' 관련 음식과 '고기' 관련 음식용으로 구분하기 위하여 모든 식기와 나이프, 포크들이 두 세트씩 필요하게 된다. 신앙심이 두터운 집의 주방에는 우유용과 고기용의 두 가지 싱크대와 냉장고가 있을 정도다. 따라서 그런 가정은 외식이 거의 불가능해진다. 참고로 코셔 전문 음식점에서는 메뉴가 '우유 계열', '고기 계열', '중간 계열'로 나뉘어 기재되어 있다.

이 계율은 도대체 어디서 유래한 것인가? 어떤 부분은 구약성서에서, 어떤 부분은 탈무드에서, 그리고 어떤 것은 단순히 지방의 식습관에서 유래한 것이다. 세파딕계는 아슈케나즈계보다도 유연한 경향이 있다. 그러면 이 계율이 어째서 지금까지 살아 있는 것인가? 이에 관해 중세의 위대한 랍비인 마이모니데즈 등은 '갑각류나 충분히 가열되지 않은 돼지고기로 인해 병에 걸리기 쉬웠기 때문'이라고 분석하고 있다.

혹은 어떤 사람들은 의학적인 이유 따위는 없고, 단지 신이 그렇게 하라고 했기 때문에 따를 뿐이라고 한다. 현대의 유태인은 할아버지, 할머니의 시대에 비하면 신앙에 대한 의존도가 낮다. 이스라엘에 사는 사람들을 포함하는 많은 유태인들이 이 카슈르트의 계율을 지키지 않고 있다. 또한 집에서는 코셔식 식단을 지키고 있지만, 외식 때는 아무것이나 먹는 사람들도 많다. 금지 음식 가운데 몇 가지를 골라서 먹지 않으려 노력하는 것으로 자신들의 뿌리를 잊지 않으려는 사람들도 있다.

많은 사람들이 카슈르트를 무시하고 있지만 '코셔Kosher'라는 말은 미국에서 음식에만 국한되지 않는 넓은 의미로 사용되고 있다. 법률, 윤리, 수학 등 다양한 분야에서 '적법하다'는 의미로 쓰인다.

유태인과 비유태인의 결혼

많은 사람들이 유태인은 언제나 유태인과 결혼한다고 생각한다. 예전에는 그랬다. 그러나 세계 곳곳에 유태인들이 정착하여 몇 세대를 거치며 사회의 구성원으로 동화되어감에 따라 비유태인과의 결혼이 일반적인 것이 되어갔다. 이러한 현상은 어느 나라에서나 마찬가지이다.

예를 들어, 미국의 베이비붐 세대(1946년생에서 1966년생까지) 유태인들 중, 48~53%가 비유태인과 결혼했다. 이 비율은 이들의 종교적 성향에 따라 크게 차이가 난다.

정통파에서는 비유태인과의 결혼 비율이 5%이지만, 보수파에서는 훨씬 높은 37%, 최대 종파인 개혁파에서는 이것이 53%까지 올라간다. 종교를 가지고 있지 않은 유태인들의 경우 놀랍게도 73%나 된다.

그런데 유태인과 결혼히고 싶어 하는 비유태인들이 많다고 생각하는 사람들이 있는데 그것은 오해이다. 유태인들은 언제 어디서나 소수자 집단이다. 그러므로 아주 소수의 비유태인들이 유태인과의 결혼을 원할 경우에도 유태인과 비유태인의 결혼 비율은 크게 높아지는 셈이다. 일부 유태인 작가들 가운데는 이런 사실을 비극으로 여기는 사람들도 있다. 비유태인과의 결혼을 통해 결과적으로 유태인의 출생률이 저하되고, 보다 적은 수의 아이들이 유태인으로 자라게 될 가능성이 높아지기 때문이다. 어떤 작가는 이런 풍조를 걱정하여 『사라져가는 미국의 유태인들』이라는 책을 쓰기도 했다.

그들 가운데는 출생률의 저하를 한탄하는 사람도 있다. 2000년의 조사에 따르면 유태계 미국인들의 평균 출생률은 1.8이었다. (이것은 미국 전체 평균과 거의 같다.) 출생률이 2.0을 밑돈다는 것은 전체 인구가 줄어간다는 뜻이다. 그런데 정통파에 국한시키면 출생률은 4.0이다. 따라서 일부 사람들은 수 세대를 거치면 유태인 전체가 정통파가 되어버릴 것이라고 걱정한다. 대부분의 정통파 사람들은 종파 내에서 결혼하기를 선호하고 비유태인들과는 접촉조차 꺼려한다. 만일 실제로 이런 일이 일어난다면 유태교의 상황은 시계를 100년 정도 거꾸로 돌린 것처럼 될 것이다. 물론 이번에는 외부의 강제가 아니라 유태인 스스로의 선택에 의한 것이기는 하지만 말이다. 이러한 추측이 맞을지 나로서는 잘 모르겠다.

비유태인과의 사이에서 태어난 아이들도 유태인으로서 정체성을 갖는 경우가 있을 것이며, 정통파의 자녀들이 그대로 계속 정통파로 남아 있을지도 모르기 때문이다. 그런데 이러한 인구 감소가 문화의 쇠퇴를 의미하는 것일까? 반드시 그런 것은 아니다. 유태 문화의 중요한 요소는 유태인 인구가 가장 적었던 시기에 구축되었다. 그러므로 유태 문화의 미래도 긴 안목으로 본다면 사람들이 예측하는 것보다는 더 밝을 것이다.

제2부

3천 년을 이어온
성공의 불문율

제4장
혀끝에서 세계가 펼쳐진다

유태인 관련 비즈니스 서적을 읽어본 적이 있는가? 혹은 유태인들이 유태인 이외의 사람들에 대해 매우 배타적이라는 내용의 책을 본 적은 없는가? 아니면 '유태인의 비밀을 벗긴다'는 식의 비즈니스 서적을 본 적이 있지는 않은가?

만일 그러한 경험이 있다면 여기서 그 '비밀'을 밝혀주겠다.

최대의 비밀은 '비밀 따위는 없다'는 것이다!

유태인이라고 해서 모두 부자가 아니라는 사실은 이미 제1장에서 설명했다. 세간에 넘치는 '유태인 억만장자'라는 식의 서적에 쓰여 있는 '비밀'은 단순한 상식이거나 혹은 억만장자 자신이 개인적으로 배운 것, 혹은 공허한 단어의 나열에 불과하다. (게다가 유태인이 아닌 저자가 마음내로 가공의 이야기를 만들어내는 경우도 있다.) 만일 이런 책에 정말 배울 가치가 있다면 유태인조차도 그 책을 읽고 도움을 받을 수 있을 것이다.

그러면 '탈무드의 비즈니스 비법'이나 '카발라의 비즈니스 비법' 같은 종교적 비즈니스 비법에 관한 책은 어떨까? 탈무드나 카발라는 비밀도 아니고 비법도 아니다. 만일 당신이 영어를 읽을 수 있다면 언제라도 쉽게 영어판을 입수하여 읽어볼 수 있다. 상세한 해설까지 붙어 있는 것을 말이다.

게다가 최근에는 유태인들조차 그러한 책을 읽지 않게 되었다. 그러므로 탈무드나 카발라의 내용은 사실 유태인에게도 이제 '비밀'이라고 할 수 있다. 그러나 이런 종교적인 고전이 비즈니스에 무슨 쓸모가 있을까?

카발라에 대해 먼저 설명해보자. 이 책은 약 1,000년 전에 세파딕계 신비주의자가 쓴 것이다. 최근에는 마돈나 등 비유태계를 포함하는 할리우드 영화 관계자들 사이에서 카발라 연구가 일종의 유행이 된 듯하다.

카발라는 누가 읽더라도 어려운 책이다. 왜냐하면 독자가 유태인에 국한될 것이라고 가정한 상태에서 저자가 의도적으로 신비스럽게 썼기 때문이다.

예전에는 '40살이 되기 전까지 카발라를 읽어서는 안 된다. 왜냐하면 영혼을 빼앗기기 때문이다'라는 식의 그럴싸한 광고 문구까지 붙어 있었다. 이것은 저작물의 신비감을 높이기 위한 일종의 마케팅 수법이라고 생각된다.

대부분의 유태인들은 40살 이전에 가족을 거느리고 생활의 양식을 벌어야 했기 때문에 카발라는 그들의 비즈니스에 아무런 도움도 되지 않았다. 더욱이 카발라는 순전히 종교적인 저작물이고 힌두 법전이나 불교 법전 가운데 명상하는 방법에 관한 기술이 그러하듯이 비즈니스에는 그다지 쓸모가 없다.

즉 카발라 연구는, 불교도가 불교의 가르침에 따라 명상을 하거나 수련을 함으로써 비즈니스에 필요한 힘을 키우는 것과 비슷한 역할밖에 하지 못한다. 만일 당신이 명상 등을 통해 정신 수준을 높인다면 당신의 인생 전반이 개선될 것이고, 이미 그 단계에서는 비즈니스가 인생의 가장 중요한 과제로 여겨지지는 않을 것이다.

그러면 탈무드는 어떨까? 탈무드의 주요 내용은 종교 계율이다. 예를 들어, '몇 시에 어떤 기도문을 읊어야 하는가?', '결혼이나 이혼이 계율상 유효하게 간주되는 것은 어떤 경우인가?', '특정 축일에 먹는 고추냉이의 크기는 어느 정도이어야 하는가?' 등이다.

탈무드와 경제적인 성공 사이에 어떤 관계가 있을까? 오늘날 탈무드를 가장 깊이 연구하고 있는 사람들은 하시디즘 쪽의 유태인들인데, 그들의 공동체는 뉴욕에서도 가장 가난한 지역 한가운데에 있다. 이 사실을 통해 뭔가 깨달을 수 있지 않은가?

탈무드 속에는 비즈니스 관련 토픽, 특히 비즈니스 윤리를 다룬 부분이 있다. 그렇지만 구체적으로 비즈니스에 관련해 조언한 부분은 탈무드 전체에서 미미한 부분에 지나지 않는다.

나는 '세파루 핫 아가데'라는 제목이 붙은 탈무드로부터 종교 계율 이외의 주제를 발췌하여 편집한 책을 갖고 있다. 이 책은 매우 폭넓고 다양한 인생의 주제를 다루고 있으며, 수많은 조언과 이야기로 구성되어 있다. 영어판으로 822페이지나 되는 큰 책이지만, 그중에서 비즈니스와 관련된 부분은 겨우 3페이지이며 그 대부분이 빌려준 돈에 이자를 붙일 경우의 윤리에 관해 이야기하고 있다. 즉 비즈니스에 관련된 조언은 겨우 0.5%인 셈이다.

그리고 그런 조언조차 고리타분한 장사꾼이 아닌 한 대부분 별로 쓸모없는 내용이다. 심지어 현대의 경제 환경에 그대로 적용하면 큰일 날 소리들도 포함되어 있다. 예를 들어, 탈무드에는 '어떤 상품의 가격이 하락했다 하더라도 그 가격은 결국 원래 가격으로 회복된다'고 쓰여 있지만, 요즘 이 논리가 통할 수 있을까?

물론 탈무드와 유태인의 성공 사이에는 어떤 관계가 있다고 생각한다. 이는 탈무드의 문장 자체보다는 탈무드식 사고방식과 관련이 있다고 생각할 수 있다. 이것에 관해서는 제6장과 제7장에서 자세히 이야기하겠다.

이는 특별한 비밀도 비법도 아니다.

여기서 이런 생각을 하는 독자들도 있을 것이다.

"유태인이 비유태인을 위해 책을 쓸 때는 늘 '비밀이란 아무 것도 없다'고 말하지. 그것이 유태인의 비밀을 지키는 최고의 방법이니까 말이야."

이런 식으로 생각하는 독자들이 많지 않기를 바랄 뿐이다. 그래도 당신이 그렇게 생각하고 있다면 한 가지 더 이야기하도록 하자. 나를 포함해서 미국에 사는 유태인의 대부분은 비유태인과 결혼한다. 유태인이 아무리 비밀을 감추고 있어도 오랫동안 비밀을 지키는 것은 현실적으로 불가능하다.

　많은 사람들이 유태인의 '비밀'이라고 생각하고 있는 것은 실제로
는 그저 '문화'이다. 한 문화를 외부 사람이 완전히 이해하는 것은 매
우 어려운 일이다. 그것은 어떤 문화든 마찬가지이다. 그러므로 유태
인에게 비밀이 있다고 한다면 그것은 한국인의 비밀, 중국인의 비밀,
이탈리아인의 비밀, 그 밖의 사람들의 비밀과 같은 식으로밖에 존재
하지 않는다. 그러한 비밀은 대개 저녁 식탁이나 일상생활을 통해 세
대를 거쳐 계승되는 문화의 일부분이다.

　나 역시 저녁 식탁에서 유태인의 문화 중 하나인 '이디쉬 코프'를
배웠다.

뼛속에 새겨진 이디쉬 코프

　앞서 유태인의 역사를 살펴보면서 우리는 이디쉬어에 관해 간략하
게 알아보았다. 이디쉬어는 전 세계의 유태인 공동체가 사용하는 언
어 중 하나이다.

　"그럼 히브리어는 뭐야?"

　물론 이전에는 대부분의 유태인들이 히브리어에 관한 지식을 갖고
있었다. 왜냐하면 히브리어는 구약성서를 기록한 말이기 때문이다.
히브리어는 또한 문서용 언어로서 오랜 기간 사용되어 왔다.

　그렇지만 이미 오래 전부터 히브리어는 일상의 대화에는 쓰이지 않
고 있었다. 로마제국 지배 시대에 이미 대부분의 유태인들이 히브리

어가 아닌 그리스어, 혹은 아람어Aramaic language(히브리어와 관련이 깊은 언어)를 일상적으로 사용하게 되었다. 탈무드조차도 아람어로 쓰여 있다. 즉 현재 이스라엘에서 사용되고 있는 히브리어는 불과 100년 정도 전에 대화용 언어로 부활한 것이다.

세계 각지로 흩어지는 과정에서 유태인은 여러 언어의 영향을 받았다. 그리고 일상적으로 말하는 언어를 그들 스스로 변화시켜왔다. 기본이 된 언어는 스페인어, 이탈리아어, 독일어, 페르시아어, 아랍어 등 다양했다. 그리고 새로운 언어는 히브리어의 문자를 사용해서 표기했다.

그 가운데서도 이디쉬어는 가장 광범위하게 사용되던 대화용 언어였다. 대부분의 아슈케나즈계 유태인이 이디쉬어를 사용했으며, 전성기인 20세기 초에는 수백만 명의 유태인이 이 언어를 사용했다. 뉴욕 시내에도 최근까지 이디쉬어 신문이나 이디쉬어 전문 극장, 라디오 방송국 등이 있었다.

이디쉬어는 약 1,000년 전에 독일어의 한 방언에서 발생했다. 이디쉬라는 말은 단순히 '유태인'을 의미한다. 오늘날에는 이디쉬어 자체가 무척 개성적인 언어로 알려져 있으며 이디쉬어 방언까지 존재할 정도이다.

이디쉬어를 모국어로 쓰던 사람들 중 대부분은 홀로코스트에서 살아남지 못했다. 그리고 살아남은 사람들도 시간이 흐름에 따라 그 수가 점차 줄고 있다. 그러나 이디쉬어는 지금도 전 세계의 하시디즘 유태인들 사이에서 일상적으로 사용되고 있다. 세계 각 지역의 대학 등

교육기관에서 가르치고 있기도 하다. 그리고 나를 포함한 수많은 이민 3세들도 할머니, 할아버지로부터 이디쉬어를 배워서 이디쉬어에 대한 특별한 애정을 갖고 있다.

당신이 어떤 외국어를 아주 잘하게 되어도 그 언어로 번역하기 불가능한 자국어가 있을 것이다. 이디쉬어에도 그런 단어가 있다.

대표적인 단어가 '이디쉬 코프Yiddishe Kop'이다. 직역하자면 '유태인의 머리'이다. 이 말이 지닌 의미를 정확히 번역하기는 불가능하다. 그러나 이 말이 유태인의 사고 구조와 성공을 설명하는 데 중요한 열쇠가 되고 있는 것은 분명하다.

이디쉬 코프를 습득하기 위해 아슈케나즈계 유태인이 될 필요는 없다. 유태교를 믿을 필요도 없다. 다만 약간의 상상력이 필요하다.

이 단어는 의미가 너무 넓어서 한마디로 정의할 수 없다. 어떤 때는 '눈치가 빠른 친구'를 나타내고, 또 어떤 때는 '잘못을 회피하거나 잘못으로부터 빠져나오기 위해 미리 궁리하는 태도'를 가리키기도 한다.

경우에 따라서 이디쉬 코프는 아주 깊은 의미를 지니는 경우도 있다. 브라질의 랍비인 닐튼 본더는 이 말을 '생각해내기 불가능해보이는 아이디어를 얻으려고 하는 것'이라고 정의했다. 가령 주위 사람 모두가 절망적이라고 할 때 이를 거부하고 힘이 아닌 지혜로 상황을 일변시키는 아이디어를 생각해낸다는 뜻이다. 이것을 잘 나타내주는 일화가 있다.

아주 먼 옛날 중세시대, 어떤 유태인이 기독교도의 아이를 괴롭혔다며

죄인으로 몰렸다. 이런 종류의 모략은 당시에 아주 흔한 일이었다. 그 유태인은 물론 무죄였지만 이 상황이 절망적이라는 것을 알고 있었다.

재판관은 유태인을 매우 싫어했다. 그러나 그는 마을의 원로이며 자신의 체면을 아주 중시하는 남자였다. 그는 실제로는 그렇지 않더라도 적어도 외견상 재판이 공정하게 이루어졌다는 인상을 주어야 한다고 생각했다.

유태인 피의자는 족쇄를 찬 채 재판관 앞에 끌려나왔다. 재판관은 말했다.

"자 유태인! 네가 믿는 종교는 잘못되었다. 그러나 적어도 너는 신을 믿는다고 말하고 있다. 그러면 지금 너의 신으로 하여금 너의 운명을 정하게 하면 되지 않겠는가? 여기에 두 장의 종잇조각이 있다. 이중 하나에는 '유죄', 다른 하나에는 '무죄'라고 쓰겠다."

재판관은 사무관을 가까이 오게 했다.

"사무관, 네 모자를 이쪽으로 가져오라. 자, 이렇게 두 장의 종이를 모자 속에 넣겠다. 유태인 너는 눈을 감고 이중에서 한 장을 골라라. 무엇이 쓰여 있더라도 그것이 네 운명이다."

사실 재판관은 거짓말을 하고 있었다. 그는 두 종이에 모두 '유죄'라고 써두었던 것이다. '무죄'라고 쓴 종이를 고르는 것은 불가능했다.

피의자는 눈을 감고 생각을 집중했다. 그는 재판관이 거짓말로 그를 곤경에 빠뜨리고 있다는 것을 알고 있었다. 그는 잠시 명상을 하더니 손을 넣어 모자 속에서 종이를 한 장 뽑아들고는 다짜고짜 그것을 입에 넣고 삼켜버렸다.

재판소는 대소동이 일어났다. 특히 피의자의 가족은 더욱 절망적이었다. 이러면 그가 살지 죽을지 아무도 모르지 않겠는가?

"조용히 하라!"

재판관이 소리쳤다. 그리고 피의자를 다그쳤다.

"도대체 무슨 생각으로 이런 행동을 하는 것이냐?"

유태인은 침착하게 대답했다.

"재판관님, 부디 남은 한 장에 뭐라 쓰여 있는지 읽어주시도록 사무관님에게 명을 내려주십시오."

사무관은 모자 속의 종이를 열어보고 물론 이렇게 말했다.

"유죄!"

"재판관님, 재판관님께서는 모자 속에 두 장의 종이가 들어 있고 한 장에는 무죄, 다른 한 장에는 유죄라고 쓰여 있다고 하셨습니다. 유죄라고 쓰인 종이가 남아 있는 것을 보면 제가 뽑은 것은 무죄인 듯합니다!"

랍비 본더에게 이디쉬 코프란 단순한 물질적 성공을 거두는 일이나 생존하기 위한 도구를 가리키는 것이 아니었다. 그는 이 말을 설명할 때 동양의 '선禪'처럼 전통적인 유태교 사고에 바탕을 둔 신비로운 느낌으로 표현하기를 좋아했다.

전통적으로 유태교에서는 '세상은 눈에 보이는 것과 보이지 않는 것으로 되어 있다'고 이야기한다. 이디쉬 코프를 사용하면 '눈에 보이는 현상을 통해 눈에 보이지 않는 감추어진 것과 숨겨져 있는 것을 알 수 있다'는 의미이다. 즉, 이디쉬 코프는 실천적이면서 동시에 정신적인 측면을 함께 갖추고 있다.

그런 면에서 랍비의 의견은 옳다고 할 수 있다. 유태인은 인생이 생존이나 물질적인 성공만을 위한 것이 아니라고 생각한다. 만일 당신이 지금까지 유태 문화의 근본을 '어떻게 하면 영리하게 돈을 벌 수 있는지 가르쳐주는 것'이라고 오해하고 있었다면 상당히 서글픈 일이다. 그러나 이 책에 유태인의 인생관까지 망라하는 것은 불가능하다.

여기에서는 이디쉬 코프의 다섯 가지 핵심 요소들과 그것이 어떻게 유태인들의 성공에 공헌했는지 살펴보겠다. 이 다섯 가지 요소가 이디쉬 코프의 모든 것을 나타내고 있지는 않지만 적어도 그 대부분을 나타내고 있다고는 할 수 있다. 다섯 가지 요소들은 다음과 같다.

• 실천 두뇌 능력
• 무제한 사고방식
• 학습광狂 기질
• 국경 초월 의식
• 마음 우선 사상

이 요소들을 간단히 설명하면 이렇다.
• 환경변화에 실용주의와 적응력으로 대처한다.
• 독자적이며 독보적인 사고 능력을 단련한다.
• 독해력과 분석적 사고를 연마하고 학습의 습관을 키운다.
• 자신의 문화를 지키면서 세계로 뛰어든다.
• 개인적으로나 공동체 차원에서 타인을 배려한다.

이 요소들 중에는 다른 문화에서 볼 수 있는 것도 있지만, 유태 문화에서 더욱 두드러진다.

위의 항목들은 유태인의 사고방식과 성공에 중요한 역할을 해왔으며, 그중 몇 가지는 당신의 사고와 성공에도 큰 도움이 될 수 있다.

할아버지가 들려준 세상 이야기

본론으로 들어가기 전에 할아버지로부터 물려받은 말을 이야기하고 싶다. 이 이디쉬어 격언은 나의 이미니가 어렸을 때 할아버지로부터 배운 것이다. 그리고 나 역시 어렸을 때, 아마도 대여섯 살 쯤 되었을 때 어머니로부터 배운 말이다.

Af shpitzn tzinge ligt di gantze velt.

아흐 슈핏츤 츠잉게 릭구트 디 간쩨 벨트.

문자 그대로 번역하면 '혀끝에서 세계가 펼쳐진다'이다. 이 말에 대해 어렸을 때 나는 '모르면 질문하라'는 뜻으로 이해했다. 그러나 성장하면서 이 말에는 너무도 깊은 의미가 스며있음을 알게 되었다. 이 격언은 인생의 모든 상황에서 나를 인도해주는 많은 의미를 지닌 말이라는 점을 깨달았다.

앞으로 내가 이 격언이 얼마나 의미심장한지 설명할 거라고 눈치챘다면, 당신은 이미 이디쉬 코프를 익히기 시작한 것이다.

제5장
두뇌를 현장에 심어라

다음 질문에서 '가장 유태인답다'고 생각하는 것을 고르시오.

1. 주말에 친구와 함께 저녁을 먹기로 약속했다. 약속을 하면서 당신은 임시로 정한 날에 동의했으나, 그날 일정이 비어 있는지 스케줄을 다시 한 번 확인해야 한다고 말했다. 이때 당신은 어떻게 하겠는가? (   )

   a. 임시로 정한 날짜를 바꿔야 할 경우에만 친구에게 전화한다.
   b. 임시로 정한 날짜가 괜찮은 경우에만 친구에게 전화한다.
   c. 친구가 확인 전화를 걸어와야 한다고 생각한다.
   d. 그날이 괜찮든 아니든 친구에게 전화한다.

2. 접대를 위해 외국인과 저녁식사를 하러 나가야 한다. 그 손님과는 몇 번인가 식사를 한 적이 있기 때문에 오늘 저녁에는 색다른 음식으로 대접하고 싶다. 마침 동료가 괜찮아 보이는 레스토랑을 추천해주었으므로 당신은 그곳에 가보기로 결정했다. 한편 당신의 손님은 특정 해산물과 육류에 알레르기가 있다. 자, 이제 레스토랑에 도착하여 메뉴를 펼치니 매우 맛있어 보이는 요리 몇 가지가 있다. 하지만 무엇이 음식 재료로 쓰였는지 잘 모르겠다. 이때 당신은 어떻게 하겠는가?

   (   )

   a. 일단 손님의 알레르기를 자극하지 않을 메뉴로 고른다.
   b. 잘 알 수 없으므로 다른 레스토랑으로 옮긴다.
   c. 무엇이 사용되었는지 모르는 메뉴에 관해 웨이터에게 질문한다.
   d. 맛있을 것이라 예상되는 요리를 주문한다. 그때 웨이터에게 손님이 먹지 못하는 재료가 사용되었을 경우에는 그것을 전부 빼고 조리하도록 부탁한다.

3. 당신은 대형 가전 업체에 근무하고 있다. 당신의 회사는 나노 테크놀로지를 이용해 새로운 부품을 만들어내고자 계획 중이다. 그러나 당신의 회사는 아직 그 기술을 보유하고 있지 않다.

일본, 미국, 유럽에 각각 관련 기술을 보유한 신흥 회사가 몇 군데 있는 것을 알았다. 경쟁 상태에 있는 국내 기업들도 이 분야에 주력하고 있다. 그 회사들 대부분이 비슷한 방법으로 기술을 완성시키려 하고 있으나 기술 자체는 서로 조금씩 다른 것 같다. 미국 신흥 기업과 경쟁하고 있는 국내 한 기업만은 다른 곳과 전혀 다른 방법을 도입하고 있다. 현 시점에서는 어떤 기업도 제품화에는 도달하지 못했다. 이때 당신은 어떻게 하겠는가? (   )

a. 가장 뛰어난 기술을 선정하여 그 기술을 가지고 있는 기업과 협력 관계를 맺는다.

b. 복수의 신흥 기업들과 함께 프로젝트를 구성한다.

c. (a)와 같이 하되 다만 경쟁 기업은 대상에서 제외한다.

d. 복수의 기업과 프로젝트를 조성한다. 신흥 기업뿐 아니라 경쟁 기업과도 프로젝트를 구성하는 것이 바람직하다.

4. (질문 3에 이어서) 당신은 대형 가전 업체에 근무하고 있다. 당신의 회사는 미국 캘리포니아 주 남부에 건물을 소유하고 있다. 그 빌딩은 1980년대에 건설되었고, 당시 건축상을 수상한 적도 있는 유명한 건물이다. 원래 2,000명 이상을 수용할 수 있는 건물이지만 현재는 고작 600명만 그 건물에서 일하고 있다.

당신의 회사는 국내 경기가 심한 불황에 허덕이던 때에도 적은 금액이나마 안정된 수익을 올릴 수 있었다. 그러나 최근 5년 동안은 심한 정리해고 등으로 수지가 적자로 전락했다. 한편 경쟁 중인 몇 개 회사는 실적을 급속히 회복해가고 있다. 그들은 불황 시 한 번에 정리해고를 단행하며 큰 적자를 보기도 했으나, 조기에

고름을 다 짜내는 방식으로 개선하여 다시 수익을 올리는 체질로 돌아갔다. 또한 그들은 일시적으로 감원했던 미국 주재 사원도 다시 증원을 시작하고 있다.

당신 회사의 미국 건물은 지금까지 회사가 미국 시장을 중시하고 있다는 것을 나타내는 상징이기도 했다. 건물에 붙어 있는 회사의 로고는 고속도로나 몇 구획 떨어진 곳에서도 선명하게 보인다. 또한 이 건물의 사진은 지금까지 12년에 걸쳐 연간보고서의 표지를 장식해왔다. 만약 이 건물을 처분한다면 큰 뉴스가 될 것이 분명하다.

그런데 이 건물의 유지비는 연간 5억 원을 웃돈다. 건물이 들어선 지역의 사무실 임대료는 크게 떨어져 있다. 그로 인해 빈 사무실을 임대해도 큰 수입이 되지 않는다.

이때 당신은 어떻게 하겠는가? (   )

a. 건물을 처분하고 직원들을 가까운 장소로 이동시킨다.

b. (a)와 같이 하되 직원들을 가능한 한 국내로 불러들인다.

c. 악평이 나는 것을 막기 위해 건물은 그대로 유지한다.

d. 건물은 그대로 유지하고, 다만 조금이라도 수입을 얻기 위해 제3자에게 빈 공간을 임대한다.

e. 건물을 처분하고 주재원을 국내로 불러들인 후, 현지 사원을 채용한다.

f. 건물을 그대로 유지하면서 아울러 회사 체면과 시설의 유효한 활용을 목적으로 더 많은 주재원을 파견한다.

[해설은 188페이지에 있다]

'실천 두뇌 능력'의 비밀

내가 어렸을 때 유태인 어른들은 이디쉬 코프를 얘기하며 "물건은 돈을 달라는 대로 다 주고 사는 게 아니야!"라고 농담처럼 말하곤 했다. 이는 당시 뉴욕의 유태인 대부분이 장사를 하는 친척이나 친구를 가지고 있었기 때문이었다.

유태인조차 '이디쉬 코프'라는 말을 들으면 어떤 실리주의나 유태인이 공유하는 상식 같은 것을 떠올리는 경우가 많다. 그러나 이는 이디쉬 코프의 지극히 일부분을 설명한 것에 지나지 않는다. 나는 이것을 '실천 두뇌 능력'이라고 정의하고자 한다.

실천 두뇌는 사업이나 인생의 다양한 국면에서 활용이 가능하다. 그렇다고 반짝이는 아이디어로 유행어를 만들어내거나 이익을 많이 얻어내는 방법만을 나타내는 것은 아니다. 그것은 20년 후에 다시 이 책을 읽는다고 해도 여전히 유익하다고 여길 만한 종류의 것들이다. 게다가 능력을 발휘하는 곳은 직장에만 국한되지는 않는다.

이디쉬 코프는 수천 년 동안 진화해온 이른바 '세상을 바라보는 방식의 집대성'으로서, 하루하루의 모든 상황마다 당장이라도 이용할 수 있다. 이디쉬 코프를 통해 얻는 결과는 큰 부자가 되는 것만이 아니다. 이디쉬 코프로 사업이나 학문, 스포츠 등 온갖 분야에서 성공한 사람들이 많이 있다. 그것도 수천 년에 걸쳐서 말이다.

경영학의 유행 용어와 달리 이디쉬 코프는 세계에서 가장 오래된 종교의 하나인 유태교에서 발생했다. 이 용어를 알기 위해 유태교를 배울 필요는 없다. 다만 유태교가 기본 바탕에 깔려 있다는 사실을 일종의 품질 보증처럼 생각하면 된다. 인생을 깊이 성찰한 사람들이 탄생시킨 이디쉬 코프는 많은 순간 당신을 도울 수 있다. 그리고 실천 두뇌 능력을 키우는 것은 이디쉬 코프에 입문하는 가장 현명한 방법이다.

실천 두뇌 능력의 뿌리

유태인의 성공에 공헌한 다른 요소들처럼 실천 두뇌 능력도 유태의 역사에 뿌리를 두고 있다. 그러면 이 요소는 애초에 어디서 온 것인지

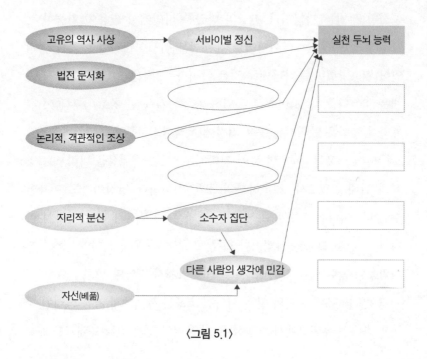

〈그림 5.1〉

그림을 보면서 이야기해보자. 〈그림 5.1〉에서 타원의 색이 옅을수록 실천 두뇌 능력과의 관련성이 별로 없음을 나타낸다.

　이번 장에서는 그림 속의 '실천 두뇌 능력'에 초점을 맞추고자 한다. 실천 두뇌 능력의 특징은 이디쉬 코프의 요소들 중에 가장 현실적일 뿐 아니라 가장 효과적이기도 하다. 그러면 자세히 설명하기 전에 화살표를 정리하는 한편, 그 특징들이 어떤 것인지, 무엇을 촉발시키는지에 관해 조금 더 상세하게 다음 그림에서 살펴보자.

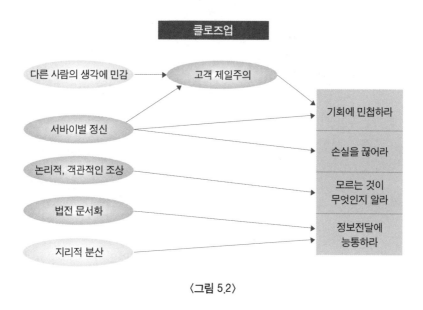

〈그림 5.2〉

〈그림 5.2〉에서도 알 수 있듯이 오른쪽 위의 두 가지 룰(기회에 민첩하라, 손실을 끊어라)의 바탕에는 '서바이벌 정신'이 있다. 물론 이 서바이벌 정신은 인간뿐 아니라 동물에게도 공통적으로 존재한다. 그러

나 유태 문화에서는 특히 이 서바이벌 정신이 매우 중요하다.

제2장의 마지막에서 유태인의 서바이벌 정신에는 종교가 바탕에 깔려 있다고 설명한 것을 기억하는가? 원래는 구약성서에 있는 아브라함에 대한 신의 약속에 기초하고 있었지만, 그 후 메시아 사상도 여기에 더해졌다. 서바이벌 정신은 역사에 대한 종교적인 사상에 기원을 둔다. 유태교는 역사가 '해피 엔드'를 향해 진행한다고 보며, 유태인은 그 해피 엔드가 왔을 때 반드시 그곳에 자신이 존재하기를 바란다.

그런데 서바이벌 정신이라고 하면 왠지 절망적인 느낌이 들기 때문에 여기서 그 의미를 명확히 짚어볼 필요가 있다.

이 말이 의미하는 것은 살아남기 위한 투쟁이나 나쁜 일이 일어나지는 않을까 하는 불안이 아니다. 유태 역사 속에서 홀로코스트 등 그런 유형의 불안을 부채질하는 사건도 분명히 있었다. 그러나 일상의 삶 속에서 그러한 불안만을 끌어안고 있으면 성공에 도달하기는 힘들 것이다. 돈을 창고 깊숙이 보관해두거나 보험을 닥치는 대로 드는 것은 성공을 위한 전략으로 충분하지 못하다.

그렇다면 서바이벌 정신의 더 중요한 요소는 무엇일까? 답은 '무엇인가 좋은 일이 반드시 일어날 거라고 믿고, 그것을 위해 살아남아야 한다고 절실하게 갈망하는 것'이다. 이 신념이 얼마나 유태인의 성공에 필요한 요소였는지 뒷부분에서 이야기하겠다. 지금은 더 현실적인 관점에서 도대체 '서바이벌'이 무엇을 가리키는지 생각해보겠다. 나는 여기서 음식이나 옷, 집 등 생명 유지에 필요한 기본적인 것들을 말하고자 하는 것이 아니다. 여기서는 비즈니스 측면에서의 서바이벌만을 생각해보기로 하자. 나의 해석은 다음의 세 가지다.

• 환경 변화와 더불어 나타나는 기회를 발견할 것
• 고객 제일의 정신으로 경쟁에서 이길 것
• 손실에 대비할 것

첫 번째와 두 번째는 〈그림 5.2〉에서 '기회에 민첩하라'에 해당하고, 세 번째는 '손실을 끊어라'에 해당된다.

"고객 제일주의? 처음 듣는 소리인데?"

이 말은 대체 어디서 온 걸까?

유태 문화는 몇 가지 조건이 기본이 되어 만들어졌다. 일단 유태인은 항상 그들을 쫓아낼 권리를 가진 당시의 권력자와 정부 그리고 그들에게 위해를 가할 가능성이 있는 주변 민중의 감정에 민감할 수밖에 없었다. 즉 사건의 발생을 사전에 감지하는 감성과, 일단 사건이 일어난 경우에는 최악의 사태에 이르기 전에 가능한 한 신속하게 수습하는 수완을 익혀야 했다.

몇 세기에 걸쳐 유럽의 유태인은 다양한 직업에 종사할 수 없는 형편이었다. 그로 인해 한정된 직종에만 유태인이 집중되었다. 그뿐만이 아니다. 대금업 등의 분야에서는 비유태인이 진입해온 경우도 있었다.

중세부터 1800년대에 이르기까지 대부분의 비유태인 상인은 점포를 열어 손님을 기다리는 형태로 장사를 했다. 한편 유태인 상인은 집집마다 방문을 하며 고객을 찾아 돌아다녔다. 스쳐가는 사람도 고객이 될 가능성이 있었다.

유태인에 의한 개인 대상 신용대부도 같은 방식이었다. 중세시대에 부유층 대상 대부나 상업 대부 등의 고급 시장은 원래 비유태인이 독점하고 있었다. 신용대부를 개인의 일상생활 용도로까지 확대한 것은 집집마다 돌아다녔던 유태인 행상과 전당포였다. 위험도가 높은 비즈니스였지만 유태인은 이 방식 덕분에 살아남을 수 있었다.

앞의 〈그림 5.2〉로 다시 돌아가보자. 세 번째 룰은 '모르는 것이 무엇인지 알라'이다. 당신이 가진 지식의 한계를 알라는 의미이다. 그것을 알면 현재의 상황을 개선하는 일이 가능해진다. 이것은 합리주의에 근거한다. 유태 사회에서는 전통적으로 아브라함이 합리적 사고에 의해 최초의 유태인이 되었다고 여겨지고 있다. 그러므로 합리적 사고는 유태 문화에서는 빼놓을 수 없는 중요한 마인드이다.

이 합리적 사고와 '실천 두뇌 능력'을 연관시키는 이유는 매우 간단하다. 당신이 어떤 상황에서 몇 가지 사실에 대해 알지 못하더라도, '모르고 있다'는 점만 알고 있다면 알아야 할 사항의 발견이 가능하며, 당신이 모든 것을 알게 될 때까지는 전부 알고 있는 것처럼 행동하지 말아야 한다는 점이다.

마지막 룰은 '정보전달에 능통하라'이다. 내가 역사학자는 아니지만, 이 특징은 유태인의 역사상 두 가지 다른 요소로부터 발생한 것이라 생각된다.

첫 번째는 유태교가 매우 이른 시기부터 문서에 의존해왔다는 점이다. 뒷부분에서도 이야기할 예정이지만 탈무드를 포함한 법전의 문서화에는 방대한 지적 에너지가 투입되었다.

랍비들이 쌓아온 기본 개념은 '법전에 포함되는 모든 단어, 모든 문자는 고유의 의미를 가지고 있다'는 것이었다. 가령 토라(구전 율법)와 미슈나(성문 율법)에 거의 똑같아 보이는 문장이 있어도 문장 속의 한 단어라도 다르다면 문장 자체의 의미가 다르며, 경우에 따라서는 전혀 다른 의미가 될 정도의 차이를 낳는다고 여겼다. 나는 앞으로 탈무드의 해석은 간단하지 않다는 점을 설명할 것이다. 실제로 탈무드는 난해하기로 유명하다. 그러나 해석이 복잡한 것은 탈무드가 그토록 난해하다기보다는, '상세'하게 쓰였다는 종교적 신념을 지니고 해석하기 때문이다.

또 하나의 역사적 요소는 2,000년 이상의 긴 기간에 걸쳐 유태인이 세계 속으로 흩어졌다는 점이다. 각자 다른 문화 속에서 살며 다양한 언어를 사용했다. 유태인에게 있어 서로를 이해하는 방법을 발견하는 일은 매우 중요했다.

이러한 역사상의 두 가지 사실이 유태인이 명쾌한 정보전달에 중점을 두게 된 이유였다. 이러한 나의 역사 해석이 정확하지 않을 수도 있지만, 명쾌하다 못해 지나치게 상세한 정보전달은 분명히 현대 유태 문화의 중요한 부분을 차지한다.

배경은 이 정도로 알아두기로 하고, 이제부터 유태인들이 어떻게 실천 두뇌 능력을 키우고 발휘해왔는지 살펴보기로 하자.

:: **Rule 1** 기회에 민첩하라

이 책을 손에 들기 전부터 이미 알고 있었던 사실에 대해 이야기해보자. 많은 유태인들이 큰 부자가 된 것은 사실이다. 2003년 「포브스」지의 '세계 억만장자 200인' 목록에 오른 인물 중 약 30%가 유태인이라는 사실은 앞에서도 이야기했다.

그러나 이 책을 여기까지 읽어오면서 그런 통계를 더 깊이 이해할 수 있게 되었을 것이다. 이런 억만장자만이 전형적인 유태인상은 아니라는 사실 말이다.

게다가 그 억만장자들이 어떻게 해서 목록에 들어갈 수 있었는지도 추측할 수 있을 것이다. 그들의 성공은 대부분은 선견지명이나 비밀결사 혹은 재산 상속에 의한 것들이 아니었다. 현재 가장 부자로 여겨지는 유태인들도 고작 1세대 전이나 2세대 전까지만 해도 극빈층에 속한 유태인이었다. 그들은 그저 자신들의 노력으로 땀 흘려 일해 큰 부를 얻었다.

마이클 델(델컴퓨터), 래리 앨리슨(오라클), 스티브 발머(마이크로소프트) 등은 신생기업을 세계적인 기업으로 키워낸 유태인들이다. 금융 및 외환 정보통신사인 블룸버그의 창업자이자 뉴욕 시장인 마이클 블룸버그의 아버지는 매사추세츠 주 낙농업 농장의 경리 담당자였다. 조지 소로스 역시 마찬가지다. 세계에서 가장 유명한 이 금융의 달인도 오직 자신의 힘으로 부를 쌓은 유태인이다.

1-1

조지 소로스

소로스는 1930년 헝가리에서 태어났다. 부친은 변호사였으나 일보다는 자식들과 놀아주거나 책을 집필하는 것을 즐겼다. 따뜻한 가정이었지만 풍족한 편은 아니었다. 소로스의 부친은 어느 자녀에게도 특정한 직업을 갖도록 강요하지 않았다. 이에 대해 소로스는 이렇게 회상한다.

아버지는 우리가 돈을 버는 길로 나갈 운명이 아니라고 분명히 말씀하셨습니다. 우리가 아버지로부터 배운 것은 돈은 목적 달성을 위한 하나의 수단에 지나지 않으며, 돈 자체에 대해 너무 심각해질 필요가 없다는 것이었습니다. 돈을 버는 것이 곧 인생은 아니라고 말입니다.

소로스 일가는 제2차 세계대전 중 부다페스트에 머물 수밖에 없었다. 그들은 부다페스트가 독일군에 점령당한 동안 뿔뿔이 흩어져 살았다. 서로 다른 기독교 종파의 신자들이라고 주장하며 가족끼리 거의 얼굴을 마주치지 않으면서 그곳에서 살아남았다. 그들에게는 일상의 식료품이나 물을 구하는 것조차 목숨의 위험을 동반하는 일이었다. 부다페스트의 길에는 총성과 폭발음이 끊이지 않았다. 게다가 만약 그들이 유태인이라는 것이 발각되면 즉시 나치 수용소로 향하게 될 것이 틀림없었다.

전쟁이 끝난 후 소로스는 영국에서 공부에 힘쓰고 싶었다. 소로스의 아버지는 항공료와 여권 발행을 기다릴 몇 주 동안의 식비밖에 건네주지 못했다. 학비까지 마련할 여유는 없었던 것이다.

영국에 도착한 소로스는 여러 아르바이트를 전전하며 근근이 생활을 이어갔다. 접시닦이, 버스안내원, 웨이터, 공장 직원(여기서는 해고당했다), 수영장 인명구조원, 페인트칠 등을 경험했다. 영어도 서툰 데다 묘한 외국 억양으로 말하는 이민자였던 그에게 이 시기는 무척 고독한 시절이었다.

그렇게 수많은 고난을 거쳐내며 두 번의 도전 끝에 그는 런던경제대학London school of economics에 입학한다.

그리고 졸업 후 얻은 첫 번째 일은 손가방과 가죽 제품을 취급하는 유통회사의 세일즈맨이었다. 그는 이 일에서 실패를 경험한다. 금융의 천재로 알려진 지금의 소로스를 생각하면 상상할 수도 없지만, 그는 정말로 '자수성가'한 사람이다. 성공에 이르는 그의 여정에는 셀 수 없을 만큼의 실패가 놓여 있다.

그러면 대체 무엇을 계기로 소로스는 성공의 궤도에 진입한 것일까? 그것은 우여곡절 끝에 발견한 기회에 걸었던 도박이었다. 1950년대에 소로스는 미국으로 건너가 투자은행에 일자리를 얻었다. 마침 같은 시기에 유럽 석탄 철강 공동체European Coal and Steel Community로 불리는 조직이 유럽에서 결성되었다. 이 조직은 훗날 EU(유럽공동체)로 성장한다. 소로스는 막 탄생을 알린 이 조직에 대한 소식을 보고 어떤 아이디어를 떠올렸다. 그것은 유럽 관련 주식의 거래와 분석이라는 완전히 새로운 사업이었다.

당시 유럽의 주식에 대한 분석은 거의 전무했다. 오늘날에는 인터넷이나 경제신문 등에서 간단히 얻을 수 있는 정보이지만 당시에는 도저히 입수할 수 없었다.

분석에 필요한 정보를 얻기 위해 소로스는 대상 회사의 세무신고서를 거꾸로 계산해가는 방법으로 사업 상황을 추측하기 시작했다. 또한 더 중요한 정보 수집 수단으로써 그는 대상 기업의 경영자를 직접 방문하기 시작했다. 소로스는 그들에게 인터뷰를 청한 최초의 애널리스트였다. 결과적으로 그는 드레스너 은행이나 알리안츠 보험 같은 우량 기업에 초기부터 투자해 수십억 원이나 되는 이익을 얻는다. 이것이 그의 인생에서 최초의 승리였다.

투자 방식이 확립되어감에 따라 소로스가 기회에 반응하는 속도도 빨라져갔다.

나는 반 농담으로 48시간만 주면 어떤 과제에 대해서라도 전문가가 되어 보이겠다고 말하곤 했다. 그 이상의 시간을 들이게 되면 알게 된 사실에 의해 판단이 둔해져버린다.

나는 또한 '첫째가 투자, 둘째가 조사'라는 방식을 만들어냈다. 나의 귀에 들어온 순간 매력적이라고 생각되는 아이디어는 다른 사람에게도 똑같이 작용하는 경우가 많기 때문이다. 만약 투자 후 조사에서 부족한 점이 발견되면, 그 정보를 들은 사람들 중 내가 마지막이 아닌 이상 재빨리 투자를 철회하고 그때까지의 이익을 챙기면 된다. 만약 나의 아이디어가 합격이라면 낮은 비용으로 투자를 개시한 셈이니 포지션을 올려도 되고 이익을 얹어 매각해도 좋다는 의미가 된다.

• • •

소로스의 탁월한 직감과 투자 심리에 대한 깊은 통찰이 위험도 높은 투자를 가능하게 만들었다. (제9장 후반에서 이 부분에 대해 좀 더 이야기하겠다.) 그러한 소로스의 투자 전략이 모든 이에게 도움이 된다고 말할 수는 없을 것이다.

그러나 기회를 잡으려는 그의 강한 의지는 그가 유태인이었기 때문에 경험한 두 가지 상황, 즉 유태 문화와 나치 점령 아래의 부다페스트 체험과 깊은 관련이 있었다.

1-2
할리우드 메이저 영화제작사의 창업자들

조지 소로스만이 민첩하게 기회를 잡은 최초의 유태인 기업가였던 것은 아니다. 그러한 기업가의 예는 할리우드에서도 많이 발견할 수 있다.

영화배우의 이야기가 아니라 '영화를 만든 사람들'에게서 발견할 수 있다. 오늘날까지 살아남은 미국의 대형 영화제작사(디즈니는 제외되는데, 디즈니는 애니메이션 제작사로 출발했다)는 사실상 모두 유태인에 의해 설립되었다. 그럼 누가 그 설립자들일까?

칼 렘리 Carl Laemmle : 유니버설 스튜디오 설립자. 독일 출신으로 영화업계에 들어오기 전에는 의류 재료용품점을 경영했다.

아돌프 주커 Adolph Zukor : 파라마운트영화사 설립자. 헝가리 출신으로 이전에는 모피 코트 세일즈맨이었다. 이민 1세로서 16살에 미국에 도착했을 때는 손에 40달러를 쥐고 있었다고 한다.

윌리엄 폭스 William Fox ： 빌헬름 프리드Wihelm Fried에서 개명. 폭스영화사(현 20세기폭스사)의 설립자. 오스트리아-헝가리 출신으로 영화업계에 들어오기 전에는 의류 재단업에 종사했다.

루이 메이어 Louis B. Mayer ： 엘리에저 마이어Eliezer Meier에서 개명. MGM 설립자. 러시아 민스크 출신. 영화업계 진입 이전에는 고철 거래를 하고 있었다.

이들은 대형 영화제작회사를 설립한 유태인 이민 1세와 2세들 중 지극히 일부이다. 그 후 자전거 수리공에서 전업한 워너브라더스나 양복점의 아들로 컬럼비아영화사(현 소니영화사)를 창업한 해리 콘Harry Cohn 등 유태인 2세대 영화인들이 다수 영화업계에 진입한다.

그러면 1세대들은 어떻게 해서 영화 산업에 뛰어들 생각을 했을까? 사실 그들은 애초에 그럴 생각은 가지고 있지도 않았다. 그들에게 영화 제작이라는 것은 극장 경영에서 파생된 또 다른 사업이었다.

1905년경까지 영화는 그다지 인기 있는 오락이 아니었다. 그런데 1906년부터 1907년에 걸쳐 고작 5센트로 영화를 보여주는 니켈로디언nickelodeon이라는 이름의 싼 극장이 생겨나자 그 즉시 엄청난 유행이 되어버렸다.

니켈로디언 극장은 부자들이 경영했을까? 전혀 그렇지 않다.

보통 니켈로디언은 허름한 상점 같은 외관으로 지금의 영화관처럼 멋진 건물이 아니었다. 아시아의 아주 가난한 나라에서 오늘날 볼 수 있는 그런 어두컴컴한 극장들을 떠올리면 된다. 더욱이 그 시절에 극장 경영은 위험도가 높은 사업이었다. 1907년 당시, 1년 이내에 극장을 닫을 가능성이 50%였다.

당시의 유태인 인구는 맨해튼 인구의 불과 25%였음에도 불구하고, 몇 년 안에 모든 니켈로디언의 60%가 유태인에 의해 운영되고 있었다. 따라서 영화 사업이 돌연 폭발적인 성장을 시작했을 때 많은 유태인들이 자연스럽게 영화에 뛰어들게 되었다.

앞에 거론한 4명은 맨해튼, 혹은 그 밖의 미국 도시에서 니켈로디언 경영부터 시작한 사람들이다. 아돌프 주커처럼 극장 경영에서부터 성공한 사람도 있는가 하면, 루이 메이어처럼 실패한 사람도 있었다.

칼 렘리는 의료품 소매업에서 극장 사업으로 전환했다. 그러나 그는 곧 극장 경영보다 필름 거래 쪽이 이익이 크다는 것을 알아차렸다. 그 계기는 어떤 필름 배급업자가 필름 배급을 못하게 되는 바람에 렘리가 마스터 테이프를 구입한 데 있었다. 그는 자신이 임시로 세운 건물에서 영화를 상영한 후, 필름을 다시 다른 극장에 내다 팔았다.

이후 렘리는 이 방법을 이용하여 새로운 사업을 시작한다. 영화 상영을 통해 어느 정도의 수입이 나오는 데다 필름 배급업자에게 지불하는 돈도 아낄 수 있었다. 이렇게 하여 필름 거래 사업이 눈

깜짝할 사이에 극장 경영보다 높은 수익을 가져오게 되었다.

성공에 고무된 렘리는 직접 영화 제작을 개시하여 더 많은 거래용 필름과 상영용 필름을 손에 넣는 데 성공한다.

같은 기간에 또 다른 극장 경영자 아돌프 주커도 영화 제작을 시작하고 있었다. 그러나 그 계기는 렘리와 전혀 달랐다.

주커를 움직인 동기는 이민 계층에 '문화'를 선사하고, 동시에 자신은 명성을 얻겠다는 계산이었다. 그는 연극이나 드라마 등을 영화로 만드는 아이디어를 떠올려낸다. 유럽에서 유태 문화는 늘 존경의 대상이었다. 주커는 문화와 자신을 밀접하게 관련시킴으로써 자신의 사회적 지위와 함께 유태인의 지위도 끌어올릴 수 있으리라 판단했다.

1911년, 주커는 동업자 렘리에게 공동으로 연극과 같은 길이의 영화를 만들자고 제안하지만 렘리는 이를 거절했다. 렘리는 짧은 영화가 가능성이 높다고 믿고 있었기 때문이다. 그래서 주커는 영화 제작을 일단 단념하고 프랑스에서 극장 영화 '엘리자베스 여왕'을 들여왔다. 당시 인기 스타였던 유태인 여배우 사라 반하트 주연의 영화였다. 1912년, 주커에 의해 뉴욕에서 상영된 이 영화는 미국 역사상 처음으로 상영된 장편 영화가 되었고 대성공을 거두었다.

그 후 주커는 극장 등의 사재를 모두 처분하고 단숨에 영화제작 사업에 진출한다. 1913년까지 그는 다섯 편의 장편 영화를 제작했고, 그때까지 해왔던 영화 수입을 중지했다. 대신 자사의 영화를 배급하기 시작했다.

· · ·

여기서 당신은 '이건 전부 기업가들 얘기 아니야? 기업가가 기회를 발견하지 못하면 끝장이라는 것쯤 누구나 알고 있어. 하지만 난 월급 쟁이고 먹여 살려야 할 가족도 있어. 내 손으로 사업을 벌이자는 생각 따위 전혀 없다고. 기회를 잡으라니, 나랑은 관계없는 내용 아니야?' 라고 물을지도 모른다. 하지만 중요한 사실은,

기회는 기업가만의 것이 아니다

라는 점이다. 이 점에 대해 매우 기초적인 수준의, 즉 나 자신의 체험 을 예로 들어 이야기하겠다.

1-3
나의 경우

나는 '기업가적 사고방식'에 대한 책은 쓸 수 있어도 딱 히 기업가 체질은 아니다. 나 자신의 기업을 만들려는 야 망은 여태까지 한 번도 가져본 적이 없다. 시간을 편하게 사용할 수 있는 환경을 바라긴 하지만, 대기업에 근무하는 것도 그렇게 나쁘지 않다고 생각한다.

나는 대형 법률회사의 변호사로 일을 시작했다. 미국에는 200명

내지 500명 혹은 1,000명이 넘는 변호사를 거느린 큰 법률회사들이 있다. 내가 지금까지 일한 곳 중에서 가장 작았던 회사에도 110명의 변호사가 근무하고 있었다. 처음 8년 동안 나는 월스트리트의 법률회사에서 회사법과 증권업법을 전문으로 다루었다. 법정에 서는 일은 없이 상거래나 주식 공개, 상장, M&A 등의 일이 나의 일상 업무였다. 나는 함께 일했던 선배 변호사들로부터 이런 분야의 업무가 가장 위험도가 높으면서도 지적인 변호사 업무라고 배웠고 순진하게 그렇게 믿고 있었다. 어떤 분야든 거의 모든 변호사들이 자신의 전문분야를 그렇게 생각하고 있을 것이다. 실제로 그 분야가 재미있고 마음에 들었기 때문에 평생 이 일을 하리라고까지 생각했다.

1990년대 초반, 나는 일본인 고객을 다수 가지고 있는 LA의 사무소로 옮겼다. 거기서 돌연 큰 변화가 찾아왔다. 일본 거품 경제의 붕괴였다. 동시에 남부 캘리포니아에도 불황의 파도가 덮쳤다. 나는 갑자기 한가해졌다. 당시 나는 이탈리아에 매우 흥미를 갖고 있었기 때문에 한가한 틈을 타서 미국의 증권업법 개정을 통해 이탈리아의 은행을 LA에 가져올 수 있을 만한 방법들을 연구했다. 당시에 나는 낡은 사고방식으로부터 벗어나지 못하고 있었던 것이다. 회사법이라는 '게토'에 갇혀 있었다 해도 좋을 것이다.

같은 시기에 내가 다니던 법률회사에서는 3명의 변호사를 새로 영입했다. 그 회사에서 최초로 뽑은 특허 변호사들이었다. 어느날, 임원 중 한 사람이 내게 다가와서 이렇게 말했다.

"앤디, 자네 많이 바쁘지 않지? 저번에 들어온 특허 변호사들이 지금 일이 너무 바쁘다네. 자네 대학에서 물리를 전공하지 않았나? 물리 관련 특허 처리에 도움이 필요하다고 하던데 도와주지 않겠나?"

당시 나는 특허 실무 업무는 굉장히 범위가 좁고 지루할 것이라는 편견을 가지고 있었다. 로스쿨에 재학 중이던 시절에 이미 재미없다고 단정지었고, 그때까지도 그런 편견을 버릴 이유가 없었기 때문이다. 게다가 이탈리아 은행을 유치하겠다는 희망도 버리지 않은 상태였다.

그러나 내가 은행을 고객으로 잡을 수 있다는 보증은 없었다. 나는 아직 풋내기였고 뉴욕의 대규모 법률회사들과 경쟁하고 있었다. 또한 불황의 영향으로 회사법 분야 업무가 줄어들더라도 내가 특허 분야 일도 할 수 있다는 것을 보여준다면 회사에서 살아남는 데 도움이 되리라는 것도 알고 있었다. 나는 순수 회사법 변호사로 일하기를 단념하고 특허 변호사들의 일을 보조하기로 마음먹었다.

그런데 시작해보니 이것이 의외로 재미있었다. 또한 대부분의 회사법 변호사가 특허에 대해, 특허 변호사는 회사법에 대해 아무것도 모른다는 사실을 알게 되었다. 변호사들은 자신의 전문 분야라는 게토에 갇혀 있었다. 나는 조만간 이 분야에서 기회가 찾아올 것임을 알아차렸다. 내 머릿속의 게토에서 빠져나와 회사법과 특허법, 두 분야의 가교가 될 수 있으리라고 말이다.

결국 내가 이탈리아 은행을 고객으로 유치하는 날은 오지 않았다. 회사의 경기도 나아지지 않았다. 나를 포함한 많은 젊은 변호사들이 회사를 떠났다. 나는 회사법과 특허법을 양 날개로 삼아 새로운 기업을 고객으로 끌어들인 덕에 살아남을 수 있었다. 또 이 시기에 특허 변호사 시험에도 합격할 수 있었다.

이 회사법과 특허법이라는 조합에 의해, 후에 나는 실리콘밸리에 있는 세계 최대 반도체 제조기기 회사인 어프라이드 머티리얼에서 일하게 되었다. 어프라이드 머티리얼에서는 특허 부문에 적을 두면서 상거래, M&A 등의 업무도 맡았다. 또 이 회사에서 일하면서 협상 업무로 일본을 방문할 최초의 기회도 얻었다.

기회를 발견하고 낡은 생각에서 탈피하자 새로운 세계로 가는 문이 열렸다. 처음부터 그렇게 계획한 것은 아니었다. 눈앞에 있는 것을 그저 쫓아갔을 뿐이다.

• • •

이 책을 읽고 있는 당신은 회사에 근무하고 있을지도 모른다. 그리고 '자신의 제국'을 구축하려는 야망이 없을지도 모른다. 그래도 괜찮다. 모든 사람에게는 성공의 기회가 반드시 찾아온다. 다만 그 기회를 붙잡겠다는 생각을 갖고 있어야 한다.

자신의 머릿속 '게토'에서 벗어나라

:: **Rule 2** 손실을 끊어라

'손실을 끊어라'는 조금씩 뉘앙스가 다른 두 가지 법칙을 의미한다.

A 시간, 돈을 잃기 전에 위험을 최소한으로 줄인다.

B 실제로 시간, 돈을 잃기 시작한 시점에서 자신의 행동을 바꾼다.

A. 사전에 위험을 최소한으로 줄이기

첫 번째 법칙은 모두에게 이미 익숙할 것이다. 위험을 좋아하는 사람은 없다. 그러나 모든 위험을 없애버린 후 기회를 찾아내기는 무척 어렵다. 그렇다면 이 법칙에서 말하는 불필요한 위험을 줄인다는 것은 실제로 무엇을 의미할까?

**2-1
영화 제작비**
영화 업계의 예를 하나 더 들어보자. 영화 제작을 위한 자금이 어떻게 조달되는지 알고 있는가? 메이저 영화사가 만든 영화가 아니라 개인이 만든 독립 영화의 경우 말이다.

한 편의 영화를 만들기 위해서는 대개의 경우 은행 대출을 받는다. 그렇다면 은행이 영화 제작의 위험을 떠안아줄까? 어림도 없다. 대형 제작사가 배급 업무를 맡는 경우에는 영화 제작이 흑자가 되는 일이 거의 없다. 은행은 담보에 한해서만 대출을 해주는 곳이다.

때로는 유럽이나 일본, 그 외 다른 지역과의 배급 계약이 담보가 되기도 한다. 배급 계약서에는 '필름이 도착한 시점에 제작자에게 비용을 지불한다'와 같은 내용이 기재되어 있다. 제작자는 대출 변제금으로 배급회사가 이 대금을 은행에 직접 지불한다는 계약에 서명한다.

하지만 은행에서는 이것으로 부족하다. 은행은 많은 경우 '완성 보증'이라 불리는 것을 제시하라고 요구한다. 이것은 대체 무엇인가? 이 완성 보증이란 일종의 보험이다. 간단히 말하면 '만약 영화 제작의 진행이 늦어질 경우, 보험 회사가 이 영화의 제작을 이어받아 납기일까지 확실하게 제작을 마쳐 배급업자에게 전달한다'는 내용이다. 이렇게 은행은 대출금의 회수를 보장받는다.

완성 보증 회사가 제작을 이어받은 다음에는 무조건 서둘러 영화를 완성시키기 위해 대본을 형편없이 바꿔버릴 수도 있다. 하지만 은행은 영화의 완성도 따위에는 관심이 없다. 이 제도는 제작자로서는 다행스러운 것이다. 적어도 은행에 돈을 반납할 방법을 궁리하지 않아도 되기 때문이다. 물론 영화 제작이 늦어지면 비난은 받겠지만, 걱정거리야 당연히 둘보다 하나인 편이 낫다.

만약 이런 제도가 비열하고 비예술적이라고 생각한다면 영화가 사업이라는 사실을 잊고 있기 때문이다.

영화 제작상의 위기관리 원리에 대해 모두 설명하려면 끝이 없다. 여기에서는 한마디로 그것을 나타내고자 한다.

언제였던가, 내가 젊었을 때 아직 LA에서 변호사로 있던 시절의 일이다. 어느 날 나는 회사의 유태인 임원과 영화 제작 자금에 대해 이야기하고 있었다. 그는 유감스럽게도 최근 세상을 떠났지만, 엔터테인먼트 업계에서는 유명한 변호사였다. 그때 그가 나에게 들려준 자극적인 충고를 나는 잊을 수 없다.

그는 빙그레 웃음을 지으며 내게 말했다.

"앤디, 바보들이나 자기 돈으로 영화를 찍으려 드는 거라네!"

. . .

위기관리의 기본 원리는 별 것 아닌 상식에 불과하다고 생각할 수도 있다. 나 역시 동감이다. 하지만 이 상식을 실제 행동에 옮기는 것은 그리 간단하지 않다.

이 장의 앞부분에 있었던 '유태인 기질 테스트' 질문 3을 다시 보자. 이 퀴즈는 기술 발전에 대한 시나리오이다. 나는 지금까지 실리콘밸리의 기업과 일본 기업 양측에서 이런 종류의 프로젝트를 지원한 경험이 있다. 두 기업의 접근법은 대개의 경우 완전히 달랐다.

한 기업은 행동을 취하기 전에, 가장 완성도가 높은 기술을 지닌 기업들 중에 제휴 회사로서 가장 이상적으로 보이는 회사를 찾아내고자 했다. 그렇지 못할 경우에는 사내의 개발 부문이 나서서 그런 기술은 제휴하지 않아도 자사에서 모두 개발이 가능하다고 참견하곤 했다. (그렇다고 해서 그들이 실제로 개발할 수 있는 것도 아니었다. 많은 경우에 이런 참견은 단지 제휴를 무산시키고자 하는 시도일 뿐이었다.) 그런데 1안이 실패했을 경우에 대비해 2안을 갖춰두는 경우는 없었고, 설사 있다 해도 최악의 경우에는 경쟁 재고를 사들인다는 정도의 계획밖에 마련되지 않았다.

또 다른 기업은 복수의 상대방 기업이나 사내의 팀들을 경쟁시키는 방법을 취했다. 그들은 사전에 어느 기업이 가장 좋은 제품을 만들어 내고 어느 기업의 기술이 가장 실용적인지 추측하는 일 따위는 하지 않았다. 복수의 기업을 경쟁시킴으로써 그들은 실패로부터 스스로를 지키려 했다. 경쟁 구조를 이용하면 적어도 한 가지, 많은 경우 그 이상의 예방책이 준비될 수 있기 때문이다.

과연 두 기업의 예에서 어디가 실리콘밸리 스타일이고 어디가 전형적인 일본 기업 스타일인지 짐작이 가는가?

감당할 수 있는 위험만을 짊어져라

B. 실제 손실이 발생한 시점에서 행동 바꾸기

또 다른 법칙으로서, 실제로 손실이 발생한 경우 그것을 처리하는 방식에 관해 생각해보자. '유태인 기질 테스트' 질문 4가 이에 관련된다.

사람들은 왜 손실이 발생하고 있음을 깨달아도 그것을 못 본 척 지나치려 하는가? 여기에는 두 가지 공통된 이유가 있다.

• 손실이 발생했음을 알아차리지 못하고 있는 경우
• 손실 발생을 막기 위한 행동을 주저하는 경우

첫 번째 경우에 관해서는 다음 장에서 좀 더 이야기하자. 여기서는 행동을 주저하는 경우에 초점을 맞추도록 하겠다.

거듭 말하지만 이것은 '마음의 게토'에 관한 문제다. 유럽의 게토는 유태인이 강제로 수용되어 살아야 하는 가혹한 장소였지만, 그 속에서 사람들은 자신이 보호받고 있다는 딱한 안도감을 지니고 있었다. 많은 사람들은 게토의 바깥세상은 무서운 곳이라고 느끼고 있었다.

우리의 마음도 똑같이 작용한다. 우리들은 쾌적한 것을 선호한다. 그러나 대개의 경우 이 '쾌적한 상황'은 순간적인 것에 불과하다. 왜냐하면 쾌적하다고 느끼고 있는 동안에도 상황은 점점 더 나빠질 수 있기 때문이다.

세상에서 가장 우수한 사람들, 예를 들어, 인텔의 회장이며 전 CEO였던 앤드류 그로브조차 때로는 이 함정에 빠져버린 적이 있었다.

2-2
앤드류 그로브

조지 소로스와 마찬가지로 앤드류 그로브도 헝가리계 유태인 이민이었다. 1956년, 그는 공산주의 국가가 된 헝가리에서 탈출하여 미국에 입국했고 뉴욕시립대학에 입학했다. 그 후 캘리포니아 버클리대학에서 물리학 박사학위를 취득했고, 1968년 32살 때 2명의 친구와 함께 인텔을 창업했다.

오늘날 인텔은 마이크로프로세서MPU같은 컴퓨터, 즉 인간의 '두뇌'에 해당하는 논리회로 제작회사로서 세계에 유통되는 개인용 컴퓨터의 약 80%가 인텔 칩을 사용하고 있다. 그러나 처음부터 인텔 칩이 사용된 것은 아니다. 인텔의 첫 제품은 메모리 칩이었다. 마이크로프로세서 생산 개시 후에도 한참 동안은 이 메모리 칩이 주요 생산품이었다. 그러나 1980년대에 들어서자 인텔의 메모리 칩 사업은 급격히 악화되었다. 일본 기업이 치고 올라왔기 때문이다.

당초 인텔은 이 대공세에 대해 품질 향상과 연구 개발에 자금을 투입하여 극복하려고 시도했다. 그러나 일본 기업의 추격은 멈출 줄을 몰랐다. 1984년, 인텔의 메모리 사업은 누가 보아도 분명할 만큼 악화되고 있었다.

그로브는 당시 인텔의 사장이었다. 그를 포함한 이사 전원은 어떻게든 이 상황을 극복해야 한다고 생각했다. 그들은 '일본 기업과 싸우기 위해 대규모 공장을 건설해 메모리 사업에 전 자산을 집중한다'는 성과 없는 계획에 1년이라는 시간을 허비했다.

그러나 해답은 발견되지 않았다. 그로브는 그의 저서 『편집광만이 살아남는다』(1996년)에서 당시의 심리 상태를 다음과 같이 적고 있다.

회사 내에는 마치 종교 교리와도 같은 강한 믿음이 몇 가지 있었다. '메모리 사업이야말로 제조 및 영업 활동의 기반이 되는 사업'이라는 생각이 바탕에 깔려 있었다. 또한 '메모리는 우리 회사 기술력의 근원'이라는 믿음도 있었다. 당시의 새로운 기술은 먼저 메모리 분야에서 개발되거나 개량되었기 때문이다. 메모리 제품은 테스트가 쉬웠다. 어느 기술이 메모리 제품 쪽에서 완성되면 마이크로프로세서나 그 밖의 제품에 응용되었다.

또 다른 믿음은 '풀 프로덕트 라인은 필수적'이라는 생각이었다. 이 신념에 의하면 세일즈맨이 고객에게 최대의 서비스를 제공하기 위해서는 관련 제품을 모두 준비해야 한다. 메모리, 마이크로프로세서, 그 밖의 제품들에 이르는 풀 라인을 보유하지 못하면 고객을 다른 경쟁 기업에 빼앗기기 때문이다.

1985년 어느 날, 그로브는 인텔의 창업자이자 CEO인 '고든 무어'에게 현재의 상황을 설명하고 있었다. 두 사람은 당연히 현재 무엇을 해야 하는지 잘 알고 있었다. 그로브는 창밖을 바라보면서 이야기를 하다가 천천히 무어를 바라보았다.

그로브가 물었다.

"만약 이사회가 우리들을 내쫓고 새로운 CEO를 영입하면 그 녀석은 맨 먼저 무엇을 할까요?"

무어가 즉시 대답했다.

"그야 당연히 메모리 사업에서 철수하겠지."

그는 놀라서 무어를 쳐다보았다. 그리고 말했다.

"저와 함께 잠깐 이 방에서 나갔다가 다시 돌아와서 우리 둘이 이 상황을 극복해보지 않으시겠습니까?"

그리고 그로브의 지휘 아래 인텔은 메모리 사업에서 철수했다.

• • •

그로브는 인텔의 상황을 설명할 때 '브레인 게토'에 빠졌다고 표현하곤 했다. 또한 '한 번 이 방을 나갔다가 다시 돌아오자'는 발상이 흥미롭다. 이것은 게토로부터 사고를 전환해 신선한 기분으로 문제를 해결하자는 뜻이다.

자신의 사고를 게토에서 꺼내어 미래에 대해 논리적으로 대처하기 위해서는 용기가 필요하다.

이번에는 앤드류 그로브보다도 더 큰 꿈을 지니고 있었던 인물을 살펴보자. 바로 미국 프로야구 명예의 전당에 입성한 명투수 샌디 코팩스이다.

2-3
샌디 코팩스

유태인 중에 스포츠 영웅은 별로 없다. 그런 가운데서도 스포츠에서 미국 최고의 영웅이 되었던 사람이 샌디 코팩스이다. 그는 LA 다저스에서 1950년대부터 1960년대까지 활약한 투수였다.

코팩스가 유태인의 영웅이 되었던 이야기는 앞에서도 언급한 바 있지만, 동시에 그는 몇 가지 이유에서 미국인들의 영웅이기도 하다. 그는 미국 야구사에 남을 위대한 투수 중 한 사람이다.

그의 선수 생활 5년 동안의 성적은 111승 34패였다. 111승 중 33승이 완봉승이었다. 평균 방어율은 1.95. 참고로 내셔널리그 투수들의 평균 방어율은 3.5였다.

이 역사에 남을 5년 동안 코팩스는 팔꿈치 통증 때문에 계속 고생을 했다. 후반에 이르러서는 이틀에 한 번 스테로이드 주사를 맞는 것을 포함해서 수많은 치료가 필요했다.

대부분의 스포츠 선수는 완전히 건강을 해쳐 더 이상 전성기와 같은 플레이를 할 수 없다고 느낄 때까지 선수 생활을 계속한다. 코팩스는 달랐다. 현역에서 은퇴하고 몇 년이 경과한 후의 인터뷰에서, "한 시즌 더 던질 수 있었다고 생각합니까?"라는 질문에 그는 "아마 던질 수 있었겠지요."라고 대답했다.

그러면 코팩스는 정확하게 언제 은퇴했을까? 그것은 1966년, 그의 야구 인생 중에서 최고의 성적을 남긴 시즌이 끝난 후였다. 「워싱턴포스트」는 이 시즌의 코팩스에 대해 이렇게 적고 있다.

"그는 정점에 있었던 것이 아니라 그것을 넘어선 선수다."

왜 코팩스는 그 정점을 넘어선 순간에 아직 현역 생활을 계속할 수 있음에도 불구하고 은퇴를 했을까? 그는 선수 생활을 계속하기에는 리스크(팔꿈치의 문제)가 너무 크다는 것을 깨달았다. 그는 은퇴에 대한 결심을 후회한 적은 한 번도 없다고 말했다.

코팩스의 한 친구는 이렇게 말했다.

"그는 인생이 무엇인지 잘 알고 있었다."

코팩스의 전기 작가와 인터뷰를 했던 팬은 이 점에 대해 이렇게 적고 있다.

"샌디 코팩스가 그답게 남아 있기 위해 야구가 절대적으로 필요한 것은 아니었다."

• • •

위의 두 사례는 모든 사람들에게 해당된다.

몸이 부서질 때까지 현역 생활을 계속하는 선수들, 거대한 메모리 칩 공장을 세워 '일본을 타도하자'고 외치던 인텔 등 이길 수 없는 상대와 막무가내로 싸우려 드는 사람들을 우리는 흔하게 볼 수 있다.

얼마 전 나온 책 중에 유태인 대부호와 나눈 이야기를 다룬 『유태인 대부호의 가르침』이라는 책이 있다. 이 책이 정말로 유태인이 이야기한 내용만을 다룬 책인지 몇 가지 이유에서 의심이 간다. 그중에 특히 '몇 번을 쓰러지더라도 일어설 수 있다'는 유태인의 가르침을 설파하는 부분에서는 적잖이 놀랐다.

나는 이런 표현을 우리 유태인으로부터 들어본 적이 한 번도 없다. 실제로 조지 소로스의 유명한 책 『금융의 연금술』에는 오히려 이와 정반대의 사고방식이 소개되어 있으며, 나 또한 소로스의 사고방식에 전적으로 찬성한다.

소로스는 펀드 투자의 이익을 위해 위험한 도박을 하는 경우는 있었지만 자본금 자체를 손해보는 일은 결코 없었다. 또한 리스크를 피하기 위해 투자 자본을 철수하는 일도 서슴지 않았다. 그는 이러한 자신의 방식에 대해 이렇게 설명했다.

"도망가서 살아남은 자에게는 또다시 싸울 기회가 찾아온다."

조지 소로스라면 다시 싸울 힘을 기르기 위해 링에 던져진 타올을 반길 것이다. 샌디 코팩스가 은퇴를 결심한 것도 그러한 이유 때문이다. 그는 진정한 이디쉬 코프를 실천했다.

화려한 비운의 투쟁, 혹은 명예를 위해 아름답게 죽어간다는 식의 사고는 유태 문화에서는 좀처럼 볼 수 없다. 이러한 사고방식은 역사적으로 극한의 공포를 경험해본 적이 없는 행운아들에게나 매력적으로 보일 것이다.

유태인의 '건배'는 '루 하임'이다. 히브리어로 '생명을 위하여!'라는 의미이다. 많은 기독교인들이 십자가 목걸이를 하고 있지만, 유태인들은 기독교인들만큼 종교적인 의미가 담긴 장신구는 하지 않는다. 가장 일반적인 유태인의 장신구는 히브리어로 '하임(생명)'이라는 글자를 조각한 것이다. 유태인이 '생명'에 강한 집착을 보이는 예는 다른 데서도 볼 수 있다.

유태 역사 중에 대량 자살 사건이 한 번 있었다. 서기 73년 유대아 왕국의 '메사다'라는 언덕 위의 마을에서 일어난 960명 남녀의 동반 자살 사건이었다.

마을은 로마군에게 포위를 당해 절벽에서 뛰어내리는 것 말고는 다른 방법이 없는 상황이었다. 따라서 이 집단 자살은 비장한 죽음을 의미하는 것이 아니라 로마군에 의한 고문이나 강간, 그리고 노예로 팔려가는 것보다는 죽음을 택하는 편이 낫다는 자각에 따른 행동이었다.

메사다 언덕 사건이 일어난 것은 유태 역사상 초기단계로 디아스포라가 발생하기 전의 일이며, 그 후 천 년에 걸쳐 생성된 이디쉬 코프의 사상을 반영하고 있지는 않다.

중세시대에 접어들자 오늘날의 유태인적인 사고방식이 나타나기 시작한다. 당시 유태인은 때로는 죽음이나 가톨릭으로의 개종이라는 극단적인 선택을 강요당했다. 신앙을 버릴 바에야 죽음을 택하겠다는 용감한 사람들도 있었다. 그리고 죽음을 선택한 사람들은 칭송을 받기도 했다. 그러나 유태인 사회는 순교 같은 것은 전혀 기대하지 않았다. 실제로 가톨릭으로 개종한 사람들이 유태인 사회로 되돌아가는 것도 언제든지 환영을 받았다.

또 한 차례 죽음을 선택한 예로는 바르샤바의 게토에서 나치에 대항한 반란 사건이다. 영화 '피아니스트'가 이 사건을 배경으로 하고 있어 기억하는 사람들이 많을 것이다. 나치에 저항하는 행동이 어리석게 보일지 모르지만, 게토에서 일어난 반란은 상징적인 의미 이상으로 명확한 목적이 있었다. 몇 명의 독일인을 죽여서 대혼란을 일으키고, 그 틈에 가능한 한 많은 사람들을 게토 밖으로 대피시킨다는 것이었다.

다행히도 현재는 유태인이든 비유태인이든 나치나 로마병사들에게 위협을 당할 일은 없다. 적어도 이스라엘 밖에서 살고 있는 한은 말이다. 우리들이 매일 직면하는 비즈니스 싸움에서 목숨을 걸 일은 거의 없다. 걱정거리라고 한다면 대개 시간이나 돈, 평판 정도이다.

그렇기 때문에 나는 '유태인 기질 테스트' 질문 4와 같은 상황에 직면하면 매우 당황한다. 이 질문에서 모 대기업이 30% 정도밖에 사용하지 않는 거대한 미국 사옥을 방치해둔다는 설정은 실제로 내가 겪었던 상황이다. 그러면 당신은 이렇게 생각할 것이다.

"이 사람 역시 전형적인 외국인의 발상밖에 할 수 없군! 기업 이미지의 중요성을 전혀 인식하지 못하고 있다니……. 자사 빌딩을 폐쇄하면 좋지 않은 인상을 남기는 건 뻔한데. 게다가 매스컴은 곧바로 이 일에 대해 부정적인 뉴스를 내보낼 테고 말이야."

아마도 이것이 솔직한 의견일 것이다.

그러나 다음 두 가지 중 어느 쪽이 이미지를 더 손상시킨다고 생각하는가?

• 오랜 시일에 걸쳐 나쁜 뉴스를 조금씩 계속 내보낸다.
• 한 번에 나쁜 뉴스를 다 내보내고 이후는 좋은 뉴스만 내보낸다.

나는 마키아벨리의 신봉자는 아니다. 왜냐하면 그의 철학이나 충고는 그가 살던 시기인 정치적 혼란기에 유효했던 것이 많기 때문이다. 그러나 그의 주장들 중 적어도 몇 가지는 오늘날에도 가치가 있다는 사실은 인정한다.

『군주론』에서 마키아벨리는 당시 피렌체의 왕에게 권력을 오랫동안 유지하는 방법을 제안한다. 마키아벨리는 흔히 권력자는 비정해야 한다고 제안했던 것으로 유명하지만, 그는 비정한 일을 하는 경우에도 올바른 방법이 있다고 지적한다.

상대방에게 손해를 끼칠 경우에는 한 번에 덮어씌워야 한다. 그러면 상대는 고통을 맛보는 일도 반항하는 일도 줄어든다. 반대로 은혜를 베풀 때는 조금씩 베풀어야 한다. 그러면 은혜에 대한 고마움이 오랫동안 지속된다.

여기에서 마키아벨리는 '맛본다'라는 감각적인 표현을 '인간의 기억'에 대한 은유로 사용했다.

이 말은 이디쉬 코프 사고에 어울리는 더 온화한 표현으로 얼마든지 바꿀 수 있다. 비정한 방식을 옹호하는 것이 아니다. 타인이 불쾌하게 생각하는 행동이 필요할 때가 있고, 좋지 않은 말을 해야 할 때가 있음을 지적하는 것이다.

이러한 마키아벨리의 충고는 질문 4의 상황이나 일상에서 예를 들어, 상사나 부인 또는 이웃 사이에서 일어나는 여러 상황에 적용될 수 있다. 이 충고가 이디쉬 코프식 사고와 이미지를 지킨다는 비유태인식 사고 사이에서 균형을 찾으면 가장 바람직할 것이다.

나쁜 소식은 한꺼번에
좋은 소식은 여러 번으로 나누어라

샌디 코팩스의 은퇴에 관한 팬의 코멘트를 기억하는가?

우리가 포기해야 할 때 주저하는 이유는 자신의 존재에 대해 혼란스럽기 때문이다. 그래서 포기해야 할 것들을 언제까지나 소중히 품안에 두고 만다.

인텔 같은 대기업조차 한동안 혼란스러워 했다. 앤드류 그로브의 말처럼 오랫동안 '인텔은 곧 메모리, 메모리는 곧 인텔'이라는 상황이었기 때문에 포기하기가 쉽지 않았다. 다행히 당시의 경영진은 더 늦기 전에 인텔이 인텔로 남기 위해서 메모리 칩 사업을 접어야 한다는 사실을 간파했다.

'자신이 누구인가?'를 안다는 것은 유태 문화에서 매우 중요한 요소이다. 유명한 유태 격언 중에 이런 말이 있다.

"당신이 죽어서 신을 만났을 때 신은 왜 당신이 생전에 모세나 다른 성자들처럼 행동하지 않았는가에 대해 묻지 않는다. 다만 왜 더 당신답게 행동하지 않았는지 물어볼 것이다."

이미지와 체면을 지키는 것은 중요하다. 체면을 중요하게 여기는 사회에서는 더욱 그러하다. 그러나 그 사회에서 벗어나 발전적으로 도약하고 싶다면 현재의 체면보다는 더 긴 안목이 필요하다.

중요한 것은 긴급히 중요한 행동을 결정해야 할 때 체면 때문에 주저하고 있다면 그것은 스스로 자신다운 삶을 포기하는 태도라는 점이다. 이러한 상황을 유태인의 말로 표현하면 이렇다.

"자신답게 살려고 하지 않고 자신을 모세로 위장하고 있다."

발전적인 포기 시점을 간파하라

:: **Rule 3** 모르는 것이 무엇인지 알라

이 책은 실천을 위한 자기계발서라고 생각했는데 너무 철학적인 이야기를 한다는 생각이 들지 않았는가? 그렇게 생각했다면 매우 정상적이다.

지금 당신은 이디쉬 코프에 대해 배우고 있다. 이디쉬 코프는 인생을 바라보는 방법이다. 그래서 여러 직업에 종사하고 있는 유태인 모두가 이디쉬 코프의 도움을 받고 있다.

그런 까닭에 좀 더 철학적인 주제를 이어가려고 한다. 나는 조금 전에 자신에게 솔직하라고 이야기했다. 만약 자신이 누구인지 모른다는 사실을 인정하려 들지 않는다면 자신에게 솔직해진다는 것은 불가능하다. 좀 더 실천적인 측면에서 이야기해보겠다. 현실적으로 만약 당신이 어떠한 사실을 모른다는 것을 인식하지 않으면 큰 실수를 저지를 수도 있다.

1999년에 실시된 화성 탐사 프로젝트를 기억하는가? 이 탐사는 약 1,300억 원이라는 엄청난 비용을 투자했으나 너무나 사소한 이유로 실패해버렸다.

이 탐사 프로젝트는 여러 팀으로 분담하여 작업을 진행했다. 그 가운데 한 팀은 기본적인 계산을 담당하는 외부 위탁 계약 팀이었는데, 부하량을 계산할 때 미터법이 아니라 야드-파운드법을 사용하고 있었다. 그들은 계산이 끝난 데이터를 항법 팀에 넘겨주었고, 항법 팀은 넘겨받은 데이터를 미터법으로 이해했다. 왜냐하면 그것이 NASA의 기준이었기 때문이다. 결과적으로 항법 팀은 로켓 발사를 위한 부하의 수치를 필요 수치의 네 배 이상으로 설정해버렸다.

사전에 이러한 실수를 방지하는 내부 규정은 있었다. 그러나 항법 팀은 그럴 필요가 없다고 생각하고 멋대로 생략해버렸다.

3-1
화성탐사
사례

당신이 외부 위탁 계산 팀과 함께 일하고 있지만 계산 실무에는 관여하지 않으면서 NASA의 항법 팀과 연계적인 일을 하고 있는 인물이라고 가정하자.

당신은 휴게실에서 커피를 마시고 좀 쉬었다가 자신의 자리로 돌아오는 중이다. 다른 층에 있는 휴게실에서 커피를 마신 뒤, 거기서 우연히 동료를 만나 이야기를 하다가 작업 시간에 늦고 말았다. 그런데 자리로 돌아오는 길에 이번에는 상사를 우연히 만나게 되었다. 상사는 항법 팀에 데이터를 보냈는지 물었다. 골치 아프게 되었다. 바로 며칠 전에 사소한 실수로 이 상사를 화나게 한 적이 있었다. 한 번만 더 실수를 하면 불호령이 떨어질 것이 분명했다. 데이터는 이미 메일 수신함에 들어와 있으니 항법 팀에 전해주기만 하면 된다. 그래서 상사에게는 사실대로 곧바로 데이터를 보내겠다고 보고한다.

급히 자리로 돌아와 메일 수신함을 열어본다. 당신이 커피를 마시러 휴게실에 가 있는 동안 계산 팀 담당자는 늦은 점심을 먹으러 갔기 때문에 지금은 자리에 없다. 그런데 NASA의 내부규정에는 데이터의 필요조건에 대해 상세한 체크리스트가 있다. 단위는 미터법을 따라야 하며 특정한 디지털 포맷으로 변환해야 한다는 내용인데, 당신이 직접 실행할 수는 없는 일들이다. 당신은 어떻게 할 것인가?

당신이라면 이러한 상황에서 누군가 당신을 도와줄 사람을 찾는 등 반드시 적절한 행동을 취했을 것이다. 혹은 휴대전화로 계산 팀에게 물어보았을 수도 있다. 그러나 여기에서 그러한 것들은 잊어버려라. 커피를 들고 있는 당신 앞에는 화가 나서 폭발하기 일보 직전인 상사가 있다.

당신이라면 이러한 상황에서 어떻게 하겠는가?

체크리스트에 기록되어 있는 부하 계산 단위 정도는 계산 팀이 알고 있을 것이다. 그들이 NASA 규정을 어긴다고 의심할 필요는 없다. 그들은 계산 팀으로서 일을 하고 있는 상태이고, 이미 몇 번이나 이런 일을 해본 경험도 있고, 게다가 상사는 인내심이 폭발하기 직전이다. 당신은 데이터를 그대로 항법 팀에게 보내도 별 문제가 없겠다고 판단하지 않겠는가? 항법 팀이 데이터를 넘겨받은 후에도 데이터 수정은 가능할 테니 말이다.

• • •

탐사 실험 실패 뒤에 실제로 이러한 일들이 일어났는지는 알 수 없다. 오히려 소문이 거짓일지도 모른다. 그러나 충분히 있을 법한 이야기라고 생각되지 않는가? 우리들은 누구나 승승장구하는 와중에 이와 같은 상황에 직면하게 된다.

이 문제에 대한 이디쉬 코프적인 대응법은 무엇일까?

그것은 당신이 모르는 사실이 무엇인지 알아야 한다는 것이다. 이 경우에 당신은 체크리스트를 확인하는 방법을 모른다는 사실을 알았어야 했다. 즉 계산 팀의 도움이 필요했다. 그렇기 때문에 데이터가 당신 손에 있다고 해도 계산 팀과 함께 모든 체크를 끝낼 때까지 커피 같은 것은 마시러 가지 말았어야 했다.

이쯤에서 또 다른 실제 사례를 이야기해보자. 화성 탐사와는 완전히 다른 좋은 결과를 낸 사례이다.

**3-2
리처드 파인만**

리처드 파인만은 유태계 미국인 물리학자이다. 그는 1965년, 양자전자역학이론 수립에 공헌하여 노벨상을 수상했다. 파인만은 같은 계통의 물리학자들 사이에서도 우수한 인물로 알려져 있다. 그는 20세기 후반의 가장 영향력 있는 물리학자라고 할 수 있다.

물리학 책이나 수학 책에는 두 가지 유형이 존재한다. 하나는 그림이나 도표가 많은 책, 그리고 다른 하나는 그림이나 도표가 없는 책이다. 이해를 돕기 위한 그림이나 도표가 필요하지 않은 사람들은 자신들의 머리가 뛰어나다는 일종의 우월 의식을 가지고 있다. 그러나 파인만은 자신이 그림을 이용하여 물리학을 이해한다는 사

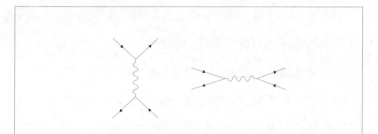

파인만 다이어그램은 입자가 서로 분산하여 에너지를 교환하는 것을 나타낸다. 각각의 화살표와 물결선은 방정식과 함께 표시하여 어떤 특정한 수학적 의미를 가진다.

실을 숨기지 않았다. 그가 발명한 '파인만 다이어그램'이라 불리는 단순한 그림은 현재 특정 물리학 분야에서 널리 사용되고 있다. 파인만은 자신이 모르는 것이 무엇인지 잘 알고 있었다. 그것이 그의 성공 열쇠였다. 사연을 소개하자면 이렇다. 1947년, 파인만이 동료에게 보낸 편지 내용이다.

나의 작업이 이렇게 늦어진 이유는 무엇이 맞는 방정식인지 몰라서가 아닙니다. 오히려 그 방정식을 가능한 한 여러 각도에서 이해하고 싶어서입니다.

나는 사람들이 그림으로 표시하는 것은 무시하고 계산식만으로 설명해야 한다고 말하는 것이 마음에 들지 않습니다. 확실히 우리는 계산을 해야 하지만, 그림은 절대적으로 편리하며 그림을 그린다고 해서 계산이 잘못될 리는 없습니다. 그리고 그림을 그림으로써 계산상으로는 맞게 보이던 사실들이 실은 근본부터 잘못되어 있었다는 사실을 증명할 가능성도 있습니다. 수학은 실로 두려운 학문입니다. 자신이 발견한 방정식의 의미를 이해하지도 못하면서 그것이 맞다고 믿어버리는 물리학자들이 너무나 많습니다. 그들은 발견한 방정식을 이해하는 것이 두려워 그것을 포기합니다. 나는 나 자신이 발견한 방정식으로 되돌아가 이해하고 싶습니다. 이해라는 것에 특별히 깊은 의미가 있는 것은 아닙니다. 꼭 완벽하게 이해해야 한다는 것도 아니며 단순히 그 방정식의 본질적인 귀결점을 파악하고 싶을 뿐입니다.

물리학자들은 그저 방정식을 증명하는 것만으로도 매우 난해하고 심오한 사실들을 알 수 있다고 생각했다. 하지만 파인만의 생각은 완전히 달랐다.

· · ·

파인만의 편지 첫 부분에 물리학자는 그림을 사용하는 사람들을 무시한다고 말한 부분이 있다. 우리는 파인만이 어느 특정 물리학 계산을 이해하지 못하고 있을 가능성이 있음에도 불구하고, 또한 다른 오만한 물리학자들은 그것을 이미 이해하고 있다고 생각했음에도 불구하고 다른 물리학자들에 대해 열등감을 느끼지 않았다는 사실에 주목해야 한다.

왜 파인만은 다른 물리학자들의 방식에 신경을 쓰지 않았을까?

그는 오만한 학자들이 사실은 그 방정식을 전혀 이해하지 못한다는 사실을 알고 있었는지도 모른다. 또한 오만한 학자들에 대한 그의 이해는 진실이었는지도 모른다. 그러나 이러한 사실들이 전부는 아니다. 실제로 파인만은 몇 명의 물리학자들을 지목하여 자신처럼 명석하거나 자신보다 우수하다며 존경심을 표시했다고 한다.

그가 다른 학자들을 신경 쓰지 않았던 가장 큰 이유는 그가 진심으로 방정식을 이해하고 싶어 했기 때문이다. 다른 학자들에 신경을 쓴다고 해서 방정식에 대한 이해가 깊어질까? 물론 그런 일은 있을 수 없다.

당신은 회의석상에서 또는 교실에서 충분히 사전 준비를 했음에도 불구하고 자신만이 지금 일어나는 일을 이해하지 못하고 있다는 생각에 불안했던 경험이 있을 것이다. 동료와 기술적인 이야기를 하고 있을 때 당신에게는 전혀 분명하지 않은 사실을 놓고 그가 당연하다는 듯이 말하는 것을 듣고 난감했던 적이 있을 것이다.

누구나 이러한 경험을 한다. 나 역시 자주 그런 경험을 한다. 솔직히 말해서 자신감을 잃을 때도 있다. 그러나 여기에서 자기혐오에 빠진 채로 방치해두는 것과, 무슨 일이 일어났는지 진정으로 이해하는 것 중 어느 쪽이 중요할까? 대답은 분명하다.

그렇다면 파인만의 사례에서 배워야 할 점은 무엇일까?

이해할 수 없다면 그저 익혀라

**3-3
변호사
1년차 시절**
내가 변호사로 처음 근무했던 곳은 뉴욕 월스트리트의 법률회사였다. 월스트리트의 법률회사는 어디를 가든 화려하기 그지없다. 내가 소속된 사무소는 회사법을 전문으로 다루는 곳이었다.

1960년대까지 뉴욕과 기타 도시의 법률회사에는 대부분 인종차별이 남아 있었다. 유태인 변호사를 고용하는 곳도 있었고 그렇지 않은 곳도 있었다. 뉴욕에서 당시 최고로 여겨지던 법률회사는 유태인에 대해 문호를 개방하지 않았다.

내가 속한 회사는 다른 곳과는 약간 차이가 있었다. 그 사무소는 뉴욕에서 가장 오래된 유태인 변호사 사무실이었다. 매우 역사가 깊었으며, 내가 직장을 얻은 1983년에 이미 창립 100주년을 맞은 터였다. 그 때문에 다른 유태계 법률회사보다 약간 사회적인 지위가 높았다. 당시에는 대부분의 법률회사가 유태인과 비유태인을 모두 고용하고 있었지만, 역사가 오래된 회사일수록 유태인 색이 강하거나 백인색이 강한 식으로 분위기의 차이는 있었다.

신참 변호사인 나의 배속은 최고경영층 직속이었다. 이것은 그다지 명예로운 일은 아닌 단순한 우연이었다. 대개 법률회사에서는 고참 변호사와 경험이 부족한 변호사들로 구성된 그룹을 짜 작업을 맡는다. 고참 변호사란 당시에는 9년차 이상을 말했다. 그래서 각각의 그룹에는 고참 외에도 1~2년차가 몇 명, 3~5년차가 몇 명, 6~8년차가 몇 명 하는 식으로 경력이 다른 변호사들이 모여 있었다.

그러나 나의 그룹은 달랐다. 2년 이상의 경험을 가진 변호사는 모두 다른 그룹으로 옮겼거나 그 회사를 떠난 상태였다. 변호사의 수도 다른 그룹에 비해 가장 적었다. 나의 상사를 포함하여 단 3명뿐이었다. 이유가 무엇이었을까? 그것은 상사(사장)의 성격 탓이었다.

그는 스트레스를 심하게 받는 성격이었다. 위궤양도 있었으며 언제나 책상 오른쪽의 손이 닿는 곳에 위장약이 놓여 있었다. 그의 책상은 거대했고 목소리도 컸다. 고함칠 때는 더욱 컸다. 그리고 그는 툭하면 소리를 질러댔다. 부하직원이 자신이 잘 모르는 사실을 보고하면 곧바로 폭발했다. 얼굴이 달아오르고 1~2분 안에 똑같은 불평이 튀어나왔다.

"왜 이런 식으로 일을 진행하지? 도무지 이해할 수가 없군!"

그가 이런 말을 끝낼 때쯤이면 보고자는 큰 문제에 휘말려 있곤 했다. 울면서 상사의 방을 나온 변호사가 수없이 많다는 이야기도 들었다.

그러나 현실적으로 볼 때 그의 밑에서 일하게 된 것이 나에게는 둘도 없는 기회였다. 사실 그곳에는 많은 업무를 배울 수 있는 기회가 있었다. 다만 그의 발작이 끔찍하게 무서웠다.

어느 날 나는 그의 방에 불려갔다. 그와 함께 한 첫 프로젝트 때문이었다. 그 일에 관해 여러 이야기가 오가던 중 그가 나에게 질문했다. 그는 우리들이 진행하는 거래에 어느 법령이 어떠한 영향을 주게 될지 알고 싶어 했다. 하지만 나는 잘 몰랐기 때문에 잠시 입을 다물었다. 그의 얼굴이 점점 달아오르는 것이 보였다. 그리고 나는 지금도 왜 그랬는지 모르겠지만 그의 눈을 똑바로 바라보며 말했다.

"솔직히 말해서 잘 모르겠습니다."

나는 그 다음에 일어난 일을 영원히 잊지 못할 것이다. 갑자기 상사는 얼굴의 긴장을 풀고는 의자 등받이에 몸을 기대더니 기분 좋은 말투로 이렇게 말했다.

"어! 그래? 그럼 좀 알아봐주겠나?"

상사와는 그 후 다른 법률회사로 옮기기 전까지 4년 동안 함께 일했다. 나에게 진정한 변호사가 되는 방법을 가르쳐준 사람은 바로 그 상사였다.

• • •

나는 단지 운이 좋았던 것뿐이었다. 적당히 무마하지 않고 정직하게 모른다고 했을 뿐이다. 상사는 나와 같은 유태인이었다. 그는 나의 정직한 대답을 받아들였다. 그래서 우리는 일을 잘 처리할 수 있었다. 나는 그에게 모른다고 정직하게 말할 수 있었던 극소수의 사람 중 하나였을 것이다.

이 이야기가 '해피 엔드'가 되기 위해서는 두 가지 요소가 필요하다.

하나는 "모릅니다."라는 대답을 두려워하지 않았던 사람, 또 다른 하나는 그것을 받아들인 사람이 있었다는 사실이다.

상사에게 자신의 무지를 밝히는 것은 두려운 일이다. 또 상사가 정직한 대답을 받아들이지 못하는 성격일 수도 있다. 혹은 당신이 상사의 입장인데 그렇게 참을성이 많지 않은 사람일 수도 있다. 이러한 경우 어떠한 상황이 벌어질까? 어느 쪽이건 부하(아마도 당신)가 엉터리 대답을 할 가능성이 높다. 왜냐하면 이러한 상황에서는 진정으로 현명한 것보다 현명한 것처럼 보여주는 것이 중요하다고 생각해버리기 때문이다.

그렇다면 당신의 상사(혹은 당신)가 엉터리 대답을 믿고 그대로 다음 행동을 취한다면 어떻게 될까? 어쩌면 복잡한 일이 발생하지 않을 수도 있다. 또는 앞서 소개한 화성 탐사선 사례처럼 몇 백억 원이라는 돈을 우주로 날려버리는 일이 발생할 수도 있다. 이 문제에 대해 이디쉬 코프에 근거해 실천 두뇌 능력을 발휘하기 위해서는 어떻게 해야 할까? 엉터리 대답은 때로 엄청난 대가를 지불해야 한다는 사실을 우리는 이미 알고 있다.

가장 유태인다운 해결법은 비용 대비 효과를 생각하는 방식이다.

상사에게 "모르겠습니다."라고 말할 용기를 가져라

부하의 "모르겠습니다."라는 답변의 정직함을 인정하라

그리고 함께 해답을 찾아라

:: Rule 4 정보전달에 능통하라

'모르는 것이 무엇인지 알라'와 '정보전달에 능통하라'는 자연스럽게 연결이 된다.

자세히 알지 못한 채 어떤 이야기를 한다면 정보는 부정확하게 전달된다. 정보전달이 부정확하면 상대방이 그 의미를 이해하기는 힘들어진다.

4-1
에스크로
계좌 사기

LA 법률회사에서 일하고 있을 때였다. 우리 사무소 옆에는 소송 전문 파트너 사무실이 있었다. 고객 중에는 회사법에 관한 문제를 안고 있는 고객이 많았기 때문에 내가 그를 도와줄 일도 많았다. 어느 날 그 파트너가 나에게 어느 미팅에 같이 참석해줄 것을 부탁했다. 그의 고객은 문제를 잘 해결하기 위해 필사적이었다.

고객은 스페인어 방송사를 소유하고 있었다. 현재 그러한 기업들은 미국에서 대성공을 거두고 있지만, 당시(1980년)에는 새로운 사업 분야였다. 고객의 회사는 어려운 상황이었고 거의 도산 직전이었다. 그래서 그는 자금을 모을 수 있는 일이라면 무슨 일이든지 하겠다고 했다. 고객의 인상도 좋았기 때문에 나는 그에게 동정심을 느꼈다.

고객은 몇 명의 남자들과 함께 나왔다. 그들은 자금 유치 전문가라고 자신들을 소개했다. 그중 한 사람은 매우 키가 컸으며 목소리도 컸다. 거의 그 혼자서 말을 계속했다.

그의 설명은 이러했다.

그들의 회사는 자금 입금만을 기다리는 '에스크로escrow(특정물을 제3자에게 기탁하고 일정한 조건이 충족된 경우에 상대방에게 지불을 약속하는 조건부 양도증서) 계좌'를 지금까지 수백 개 개설했다. 스페인어 방송사의 주식은 새롭게 설립하는 회사로 옮기고, 새로운 에스크로 계좌를 개설할 예정이었다. 이미 개설한 몇 백 개의 에스크로 계좌로부터 자금이 매월 새로운 에스크로 계좌로 들어올 것이다. 그는 이 자금이 에스크로 계좌로 들어오기만 기다리면 된다는 내용이었다.

키 큰 남자는 이렇게 몇 분 동안 이야기를 늘어놓았다. 이러한 계획을 나는 전혀 이해할 수 없었다.

당시 나는 젊은 변호사에 지나지 않았으나 에스크로 계좌가 무엇을 의미하는지 정도는 알고 있었고 대규모 자금 유치에 관한 업무 경험도 있었다. 그러나 이 남자가 설명하는 복잡하고 괴상한 내용은 들어본 적이 없었다. 무엇보다 이야기 자체를 납득할 수 없었다. 게다가 그가 수상쩍다는 느낌도 있었다.

나는 내가 모든 것을 아는 건 아니라는 사실을 잘 알고 있었기 때문에 우선 배운다는 자세로 의문점을 물어보기로 했다. 먼저 간단한 질문부터 시작했다.

"그 에스크로 계좌를 개설한 사람들은 어떤 사람들인가요?"

"왜 자금 유치를 위해서 에스크로 계좌가 필요한가요?"

"에스크로 계좌를 소유한 사람들은 이러한 시스템으로 도대체 어떠한 이익을 얻을 수 있지요?"

"그렇다 하더라도 그분들은 왜 이러한 일에 참가하겠다고 동의를 했지요?"

그러자 그 남자는 화를 참다가 내 얼굴을 바라보고는 갑자기 이렇게 물었다.

"당신 어느 대학을 나왔소?"

내가 하버드대학이라고 말하자 그는 "로스쿨은 어디지?"라고 물

었다. 내가 캘리포니아대학이라고 하자,

"아! 당신은 하버드대학 로스쿨에 가지 않았군. 그래서 이렇게 머리가 나쁜가? 그런데 당신은 변호사잖아! 당신은 공부를 더 제대로 해야 했어! 그래서는 아무것도 이해하지 못할 거야!"

아무튼 나는 질문에 대한 답은 들을 수 없었다. 그 사람들이 떠난 뒤에 파트너와 고객이 나에게 이 건에 대해 어떻게 생각하는지 물었다. 나는 그들에게 짧은 내 변호사 생활 중에서 이렇게 어처구니없는 일은 솔직히 처음이라고 대답했다. 고객에게 그렇게 직접적으로 말한 것은 미안했지만, 만약 그가 그 '자금 유치 전문가'들과 거래를 시작했다면 심각한 문제가 생길 터였다.

수주 후 LA 지역 신문에 새로운 형태의 비즈니스 사기 사건에 대한 기사가 실렸다. 미팅 자리에서 우리들이 들은 것과 완전히 같은 수법이었다. 당시 미팅에 참석한 남자들은 자금 유치 전문가가 아니었다. 그들은 단순 사기범들이었다.

• • •

다행히 나는 그 남자가 설명했던 내용에 대해 아는 척을 하지 않았다. 나는 내가 이해하지 못했다는 사실을 알고 있었다. 결국 나는 고객이 원했던 자금 유치에는 협력할 수 없었지만 적어도 범죄자들과 함께 일을 하는 것은 피할 수 있었다.

나는 그 내용을 충분히 이해하고 있는 누군가에게 정확한 설명을 기대했다. 그런 방식으로 교육을 받으며 자랐기 때문이다. 잘 이해하고 있지만 설명할 수 없는 경우란 없다.

어떤 사실에 대해 이해하고 있음을 나타내기 위해 설명이 아닌 행동으로 표현하는 방법도 있다. 자동차를 운전하면 차에 대해 알고 있음을 나타낼 수 있고, 맛있는 요리를 만들어 자신이 요리를 잘 한다는 것을 표현할 수 있다.

그러나 이러한 '설명 이외의 방법'은 모든 상황에 적용되지 않는다. 만약 수학 선생님이 문제와 정답만을 알려주고 문제를 푸는 방법을 설명해주지 않는다면 어떨까? 당신이 고용한 변호사가 법정에서 "재판장님, 검사의 말은 틀렸습니다."라는 말만 하고 더 이상 설명을 하지 않는다면 어떻게 될까?

예를 들어, 내가 도쿄에서 번창하는 레스토랑을 몇 군데 경영하고 있는 사람이라고 치자. 내가 당신을 만나 이렇게 말한다.

"저희 레스토랑에 대해서는 알고 계시지요? 그런데 제가 이번에 포클랜드 전문 레스토랑을 새로 내려고 하는데 3억 달러 정도 투자해주실 수 있는지요?"

이에 대해 당신은 곧바로 자금을 투자할 수 있는가?

아마도 그럴 일은 없을 것이다. 우선 그 포클랜드 음식이라는 것이 도대체 무슨 음식인지 궁금하다. 사람들이 과연 그 음식을 먹고 싶어 하는지도 의문이다. 그리고 투자 금액을 회수하는 데는 시간이 얼마나 걸릴지도 알 수 없다. 만약 이러한 의문에 내가 명확히 답을 하지 못한다면 당신은 투자하지 않을 것이다.

이 상황에서 당신은 반드시 명쾌한 설명을 들을 권리가 있다고 생각할 것이다.

앞서 소개한 나의 경험담에서 고객은 그 회사의 주식을 신탁하게 되어 있었다. 즉 돈을 지불하는 것과 같은 상황이었다. 따라서 나의 단순한 질문들은 당연히 필요한 것들이었다.

명쾌한 설명을 들어야 하는 경우는 꼭 이런 상황만이 아니다. 당신의 상사는 당신에게 정확한 설명을 들을 권리가 있다. 당신은 그 일 때문에 월급을 받고 있기 때문이다. 당신의 회사도 고객에게서 대가를 받고 있다. 그러므로 고객도 당신의 회사가 무엇을 하고 있는지 정확한 설명을 들을 권리가 있다. 만약 당신이 회사 고객과 직접 대면할 일이 없는 입장이라면 어떨까? 이러한 경우에는 직접 대면하는 영업 부문 담당자와 동료들에게 정확히 설명해줄 의무가 있다.

만약 당신이 고용자라면 직원들에게 회사 방침과 비전에 대해 자세히 설명해야 할 필요가 있다. 명쾌한 전달을 통해 직원들이 마음대로 추측하여 잘못된 방향으로 업무가 진행되는 것을 사전에 막을 수 있다. 그러면 그들은 더 훌륭한 제안을 할 수 있게 된다.

물론 때로는 설명을 하지 않아야 할 경우도 있다. 대부분의 사람들은 특수한 사정이나 문제가 발생하지 않는 한 설명을 듣고 싶어 하지 않기 때문이다.

또한 상대방의 감정을 상하게 하고 싶지 않거나 누군가와 협상 중일 때에는 의도적으로 설명을 생략해야 할 때도 있다.

그러나 만약 당신이 하는 일에 대해, 또 당신이 왜 그 일을 해야 하는지 누구도 당신에게 물어보지 않을 경우라도 그러한 질문에 언제든 답변할 수 있는 준비가 필요하다. 언제 어디서 누가 질문을 해올지 모르기 때문이다.

이디쉬 코프적인 대응법은 이렇다.

설명이 필요할 때
언제라도 설명할 수 있도록 준비하라

문제는 설명의 수준이다. 그런데 이것도 의외로 간단하다. 바로 '고객 제일주의'이다. 바꿔 말하면 이야기를 하고 있는 상대방, 즉 고객에 해당하는 사람이 당신의 말을 알아들으면 된다. 아무리 당신이 전문가라고 해도 상대방은 당신의 말을 이해하지 못할 수 있다. 상대가 당신의 말을 이해하지 못했다면 대부분의 경우 잘못은 당신에게 있다. 법률적인 표현을 빌리면 당신이 '무죄'라는 것을 증명하지 않는 한, 품질이 낮은 정보전달을 한 당신은 '유죄'이다.

어떻게 하면 무죄가 될까? 가령 어떤 사람이 미팅 시간까지 자료를 읽어두라고 했음에도 불구하고 그가 읽지 않고 출석했다고 가정하자. 이러한 경우 당신의 발표를 그가 알아듣지 못하고 혼란스러워했다고 해도 당신이 반드시 유죄라고는 할 수 없다. 물론 자료를 읽고 오지 못한 정당한 이유가 있다면 그 역시 반드시 유죄라고는 할 수 없다.

만약 그가 당신의 상사 또는 고객이라면 당신은 무죄든 유죄든 상관없다. 당신은 어차피 그들이 이해할 수 있도록 설명을 해야 할 입장이기 때문이다.

자신이 말하는 내용에 대해 상대가 어떤 형태로든 지식이 있다면 정확한 정보전달은 그렇게 어려운 일이 아니다. 그러나 그러한 행운만을 기대해서는 안 된다. 불평은 필요 없다. 왜냐하면 세상에서 가장 어려운 문제조차도 예비지식이 별로 없는 상대에게 정확히 설명할 수 있다는 사실을 보여준 사람이 실제로 존재하기 때문이다.

4-2
O-링 사건

파인만 교수는 복잡한 명제의 증명을 특히 잘하는 사람으로 높은 평가를 얻고 있었지만 동시에 명쾌한 설명 방법으로도 유명했다. 그는 1988년에 세상을 떠났지만, 마지막에 교편을 잡았던 캘리포니아 공대 학생들과 그 밖의 대학에서 물리를 전공하는 학생들로부터 지금도 일종의 성인으로 추앙받고 있다. 그의 저서와 수업 등을 기록한 비디오는 아직까지도 필수품처럼 인기를 이어가고 있다.

특히 인상 깊은 것은 그가 과학자가 아닌 일반인들에게 설명하는 방법이다. 그 한 예가 일명 'QED'라 불리는 그의 저서 『일반인을 위한 파인만의 QED 강의』이다.

이 책은 파인만이 다른 2명의 학자와 공동으로 노벨 물리학상을 수상한 이론에 대해 적은 것이다. 이 이론은 통상 물리학을 전공한 학생들도 대학원 3학기나 4학기가 되어야 배운다.

그런데 파인만의 이 저서에는 본문에 한 개의 방정식도 나와 있지 않다. 이런 종류의 책에 방정식을 제시하지 않으면 때때로 내용이 더욱 애매해질 수 있다. 따라서 수학적 지식이 많지 않은 독자는 내용을 이해하기 힘들어 하지만, 이 책은 다르다. 물론 많은 그림이나 도표가 들어 있다. 조금이라도 과학에 흥미가 있다면 반드시 읽어보기 바란다.

파인만에 대해서 지금도 사람들의 기억 속에 선명하게 남아 있는 것은 그가 타계하기 얼마 전에 생중계로 보여준 실험일 것이다.

1986년 1월, 우주왕복선 '챌린저호'가 폭발하여 일곱 명의 우주 비행사가 목숨을 잃는 참사가 발생했다. 파인만은 이 사고 조사 위원회의 멤버 자격으로 초빙되어 원인 규명을 담당했다.

로켓은 몇 개의 부분으로 구성된다. 동체와 동체 사이에는 접속부에 일종의 틈새가 생기게 된다.

이 접속 부분을 밀착하여 공기 누출을 막기 위해 고무 재질의 O-링이 사용된다. 파인만은 이 O-링이 사고 원인의 하나일지 모른다는 견해를 밝혔다.

그러나 파인만은 조사위원회에 대해 점차적으로 실망감을 표시하게 된다. NASA가 O-링에 관심이 없었기 때문에 그의 불만이 커졌고, 실제로 사고가 발생했음에도 불구하고 로켓의 설계를 변경하지 않아도 된다는 보고서를 제출했다. 그의 불안은 극에 달했다.

1986년 2월 11일, 그 날은 조사위원회의 공청회가 예정된 날이었다. 생중계가 준비되고 있었다. 전날 밤 파인만은 레스토랑에서 식사를 했다. 문득 얼음이 든 유리잔을 바라본 그는 챌린저호가 추운 겨울에 발사되었다는 사실을 떠올렸다. 파인만의 머릿속에는 차가운 냉기가 O-링을 얼려 부서지기 쉬워졌을지도 모른다는 생각이 떠올랐다.

다음날 아침 그는 O-링 샘플을 가져오라고 NASA에 요청했다. NASA는 그 요청을 거부했다. 사정을 알게 된 파인만의 동료가 NASA로부터 제공된 정교한 미니어처 우주선 모형 속에도 소형 O-링이 들어 있다는 사실을 알려주었다.

공청회에 출석하기 위해 길을 나선 파인만은 택시를 멈추고 철물점에서 미니어처 모형을 해체할 수 있는 공구를 샀다. 다행히도 해체해보니 모형에는 두 번 실험을 하기에 충분한 O-링이 들어 있었다. 그는 TV 방송 전에 한 번 실험을 하고 그 결과를 확인할 수 있었다. 생방송 중에 파인만이 무엇을 하려는지 파인만의 동료 한 사람 외에는 아무도 몰랐다.

생방송이 시작되었다. 파인만은 자신의 실험을 보여주었다. 그는 O-링을 얼음물에 넣고 몇 초간 두었다가 링을 꺼내어 두 조각으로 부수었다. 거기에 있던 사람들과 생방송을 본 국민들은 깜짝 놀랐다.

그들 모두는 한 사람도 빠짐없이 도대체 무슨 일이 일어났던 것인지 한 순간에 이해할 수 있었다.

. . .

무슨 일이 일어났는지를 증명하는 파인만 교수의 실험에는 얼음물, 고무링, 해체 작업을 위한 공구 등 일상생활에서 사용하는 것들뿐이었다. 컴퓨터를 이용한 시뮬레이션이나 거창한 브리핑 등은 그에게는 필요하지 않았다.

이 사례는 이디쉬 코프적인 사고의 진수를 보여준다. 이디쉬어는 아름다운 말은 아니다. 그러나 농담이나 비판을 포함하여 모든 정보 전달에 둘도 없는 훌륭한 도구인 것만은 분명하다.

이디쉬어를 사용했던 미국 이민자들은 원래 빈곤했다. 랍비나 기타 지식인층에 속해 있던 사람들조차 대개 가난한 계층이었다.

결론부터 말하면 이디쉬어를 구사하는 것은 그다지 자랑할 일이 아니었다.

나 역시 아직도 이디쉬어를 잘 구사하지 못한다. 하지만 각각의 언어가 고유한 정신을 가진다는 사실을 말해두고 싶다. 그런데 애석하게도 이 '정신'이 비즈니스 세계에서 조금씩 잊혀지는 것 같다. 한 예를 소개하겠다.

4-3
하버드
비즈니스 리뷰

「하버드 비즈니스 리뷰」 지는 미국에서 가장 높은 평가를 받고 있는 비즈니스 잡지이지만, 이디쉬 코프 정신과는 대조를 이루는 잡지이다. 오만하고 비현실적이다. 그런데도 가끔 이 책을 읽으면 매우 즐겁다. 왜 그럴까? 때때로 터무니없이 바보스럽기 때문이다.

이 잡지에서 그런 예는 얼마든지 있는데, 여기에 한 예를 소개하겠다. 제목은 '시장에 혁신을 가져오는 새로운 법칙'이라는 바스카 차크라보티Bhaskar Chakravorti의 칼럼이다.

이 칼럼은 경제학을 보다 과학적으로 해석하려는 경제학자들이 물리학 용어를 빌려 만든 조어인 'equilibria(균형점)' 같은 최신 유행 경제전문 용어들로 가득차 있다. 조지 소로스를 포함한 많은 사람들은 이 말이 무의미하다고 생각한다.

이 칼럼이 획기적이었던 것은 사용된 유행어의 갯수 정도일 것이다. 내용은 오늘날 매우 인기 있는 주제인 네트워크에 관해 다루었다. 그러나 이 칼럼의 내용이 과연 새로운 사고방식인지 아래에 인용한 내용을 참고하기 바란다.

시장 참가자 상호 간의 거래가 활발해지면 시장 자체의 변혁에 대한 거부감은 보다 완고해진다. 이와 같이 참가자가 긴밀한 관계를 지속하는 시장에서는 각각 다른 참가자가 자신과 같은 행동을 취한다는 확고한 추측이 설 경우에만 새로운 제품으로 바뀐다. 참가자 간의 상호의존적 행동체계는 각자가 자율적인 행동을 택하는 경우에 비해서 현상 개혁을 매우 곤란하게 한다고 할 수 있다. 예를 들어, 미국의 첫 대륙 횡단 철도가 건설된 1860년대 당시, 그때까지 수로에 의존했던 공장이나 상업 시설이 곧바로 철도 부근으로 이동하지는 않았다. 그들은 그들의 고객 및 공급업자가 이전을 하는 과정을 인지한 단계에서 이전을 개시했던 것이다. (중략) 오늘날의 시장은 더욱 네트워크적인 양상을 보여주고 있다.

이 칼럼의 실제 글은 더욱 학구적인 논조이다. 심리학 분야의 전문용어도 등장한다. 흥미롭게도 지금으로부터 10~15년 전 몇 명의 작가들이 위의 수로−육로론과 완전히 똑같은 의견을 발표했다. 단 한 가지 다른 것은 그들은 '네트워크'라는 용어 대신 '계열'이라는 단어를 사용했다는 점이다. 반면 이 칼럼의 어디에도 '계열'이라는 단어는 사용되지 않았다. 이 말을 이미 시대에 뒤떨어진 단어로 간주하고 네트워크라는 '새로운' 단어를 사용했기 때문이다.

이 칼럼 중에서 내가 가장 감동한(?) 부분을 소개하겠다.

〈 네트워크화한 시장에 참가하는 방법 〉

[1] 최종적인 조준에서 역산 추론: 목표로 하는 시장의 균형점을 명확화하여 해당 균형점에 달하기 위해 충분한 전략 및 수단을 적용한다.

[2] 최대 사업자에 대한 상호보완적인 관계 구축: 자사가 가져오는 개혁을 네트워크 내에서 최대 영향력을 자랑하는 사업자에 대한 상호보완적 제품으로 구체화한다. 이에 따라 네트워크 내의 많은 다른 사업자와의 직접 접촉이 가능해진다.

[3] 일원적 교환 동기의 제공: 기존 제품과 병용 가능한 제품의 판매 사업자, 판매 제휴처 및 제품 직접 사용자에 대해 자사 제품으로의 전환 이유에 충분한 동기마련을 시행한다.

[4] 유연성의 유지: 신제품의 설계 및 마케팅 플랜 입안에 대해서는 시장 전환에 따라 변경되는 것이 용이하도록 미리 설정한다.

이해하기 어렵지 않은가? 이해하기 어려워도 놀라지 마라. 번역자를 탓하지도 마라. 영어 원문이 문제이다. 특히 위의 [3]에는 특수한 용어들이 많고 [4]가 원문 중에서는 가장 알기 쉬운 내용이다. 이 인용에 대해서는 몇 페이지라도 의견을 쓸 수 있지만, 이 장에서는 단지 간단한 말로만 바꿔보기로 하자.

[1] 당신이 달성하려고 하는 결과를 떠올려보라. 현재의 상황에서 그 지점까지 이르기 위해서는 어떠한 단계를 거쳐야 하는지 거꾸로 거슬러 올라가보라.

[2] 당신의 제품이 이미 시장에서 확고한 지위를 얻은 선행 제품과 병행이 가능하도록 하라. 바꿔 말하면 시장에서 이미 지위를 확립한 제품으로부터 소비자가 완전히 돌아서야만 당신의 제품이 시장에서 성공할 수 있다면 그 계획은 무리가 있다.

[3] 당신의 제품이 소비자, 판매업자, 당신 제품과 병용 가능한 제품을 제조하는 사업자의 입장에서 매력적으로 보일 수 있도록 하라.

[4] 시장이 바뀌어도 대응할 수 있도록 제품이나 마케팅 플랜을 변경이 가능하도록 만들어라.

이 해설이 인용문보다 훨씬 알기 쉬울 것이다. 그러나 여기에서

한 발 물러나 생각해보라. 이러한 문장은 상식적이라고 생각되지 않는가?

이 칼럼의 타이틀을 다시 한 번 봐주기 바란다. 시장에 혁신을 가져오는 새로운 법칙? 도대체 무엇이 새롭다는 것일까?

• • •

이디쉬 코프의 기본 정신은 '사물을 단순하게 이해하고 단순하게 설명'하는 데 있다.

만약 그 사물이 물리학 같이 복잡한 것이라면 간단히 표현하는 데 더 많은 노력이 필요할 것이다. 그리고 당신이 무엇인가에 대해 이미 올바르게, 그리고 단순하게 표현할 수 있다면 그것을 일부러 복잡하게 설명할 필요는 없다.

때때로 간단한 말도 복잡하게 해야만 직성이 풀리는 사람들이 있다. 복잡하게 표현하면 자신이 보다 뛰어나 보일 거라고 생각하기 때문이다.

변호사 업무를 시작했을 때 나는 비즈니스에 대해서는 아무 것도 몰랐다. 가족 중에도 사업가가 없었기 때문에 누구에게 배울 수도 없었다. 그러나 어느 시기에 비즈니스 거래에는 일종의 단순한 요소가 포함되어 있다는 사실을 알았다. 비즈니스 거래는 A가 돈이나 물건을 B에게 건네주고, B는 어떠한 대가를 A에게 지불하는 것이 기본이다.

어떤 거래에 많은 사람들이 관련되어 있다고 해도 각자가 결국 어느 쪽이든 속해 있다. 바꿔 말하면 아무리 복잡한 거래일지라도 서로

주고받는 관계에 있다.

비즈니스 거래에 관한 기본적인 의문이 떠올랐을 때 나는 머리가 나쁘다는 소리를 들어도 상관없다고 생각하며 끊임없이 주위 사람들에게 질문을 던졌다. 그리고 여러 복잡한 관계들이 앞서 말한 단순한 구조에 들어맞는다는 사실을 발견했다.

비즈니스를 단순하게 이해하는 방식은 그 후 내가 직면했던 간단한 상거래에서 복잡한 M&A, 벤처 캐피탈 투자, 유통과 재정, 더 나아가 제품 개발과 마케팅에 이르기까지 모든 분야를 이해하는 데 도움이 되었다.

나는 지금도 머리가 나쁘다는 평가에 신경을 쓰지 않는다. 그래서 아직까지도 아래와 같은 단순한 질문을 하려고 한다.

거래에 관한 단순한 질문

기본 질문

- 왜 그가 그것에 대해 돈을 지불하는가?
- 이 거래에서 나는 무엇을 얻을 수 있는가?
- 누가 나에게 돈을 지불할 것인가?
- 그것이 아니면 다른 대안은 무엇인가?

응용 질문

- _____을 하는 편이 값이 싼 경우에도 그가 이것을 선택하려는 이유는 무엇인가?
- _____을 하는 편이 간단한 경우에도 그가 이것을 선택하려는 이유는 무엇인가?

거래를 구성하는 요소를 이해하기 위해서는 어느 정도 시간이 필요하다. 그리고 중요한 요소가 한 가지 더 있다. 거래를 이해해야 할 경우에 그 흐름을 그림으로 그려보라.

질문을 던지는 이유는 간단하다. 우리는 지금 유태인들의 명쾌한 정보전달에 관해 살펴보고 있다. 정확한 질문은 명쾌한 대답을 얻자는 의미이다. 위와 같은 질문들은 가장 기본적인 정보를 얻게 해준다.

설명하지 않아도
상대방이 알 거라는 생각은 오만이다

1. (d)가 가장 유태인다운 태도이다.

(a)와 (b)의 경우 당신은 '침묵'에 의해 뭔가를 말하는 셈이다. 그러나 실제로 침묵에는 저녁식사 계획과는 전혀 관계없는 상황이 포함될 수 있다. 예를 들어, 갑자기 병이 날 수도 있고 급한 프로젝트 때문에 밤 늦게까지 일을 해야 할 경우도 있다. 그 때문에 당신의 침묵으로 친구가 잘못된 메시지를 받을 가능성이 보다 높아진다. 침묵은 여러 가능성을 내포하기 때문이다.

평소에 (d)처럼 행동한다면, 만약 당신이 긴급사태로 전화를 할 수 없을 때 친구가 먼저 걱정하면서 전화를 걸어올 것이다. 물론 어떠한 경우에도 친구에게 전화를 하게 한다는 (c)라는 선택도 있다. 그러나 이는 그저 무례한 행동일 뿐이다.

2. (c)가 가장 유태인다운 태도이다.

이 질문은 '할아버지가 들려준 세상 이야기'에 딱 들어맞는 사례이다. 만약 웨이터에게 물어보지 않는다면 음식의 재료는 알 수 없을 것이다. 고객에 대한 예의 때문에 레스토랑을 바꾼다는 (b)라는 선택도 있으나 이것은 마지막 행동이다.

(a)는 조금 약하다. 이 레스토랑에 온 것이 처음이기 때문이다. 사용하는 음식 재료를 추측할 수는 있지만 그것이 맞는지는 알 수 없다. (d)는 약간 실례가 된다. 게다가 위험하기도 하다. 재료를 제거해도 소스

에 알레르기를 일으킬 수 있는 원료가 들어있다면 어떻게 할 것인가?

3. 이것은 조금 복잡한 문제이다. 올바른 해답을 얻기에는 정보가 부족하다. 특히 경쟁 기업과 제휴를 하는 것이 좋은지 나쁜지 알 수가 없다. 그러나 '모르는 것이 무엇인지 알라'와 '손실을 끊어라'라는 관점에서 생각해보면 (b) 또는 (d)가 유태인다울 것이다.

왜 그럴까? (a)와 (c)를 보라. 두 경우 모두 최고의 기술을 선택해야 한다. 그러나 사전에 어느 회사의 기술이 최고인지 어떻게 알 수 있겠는가? 알 도리가 없다. 그리고 무슨 근거로 최고를 정할 것인가? 예를 들어, 기술 A는 기술 B보다 성능은 좋으나 가격이 비싸다고 하자. 당신은 아마도 가격 차이만큼 성능이 좋아졌으니 문제가 없다고 정당화할 것이다. 그러나 고객은 어떻게 생각할까? 가격이 많이 쌀 경우 오히려 성능이 떨어져도 만족하는 경우가 있다. 이처럼 사전에 알 수 없는 요소는 많이 있다. 제품이 아닌 기술에 근거해 제휴 상대를 선택할 경우에는 특히 그렇다.

4. 이것 역시 어려운 문제이다. (a), (b), (e)가 유태인다운 태도라고 할 수 있으나 상황에 따라 다르다. 유태인의 기본 신조는 '손실을 끊어라'이다.

문제는 지역의 사무실 임대 시장 상황이 나쁘다는 사실이다. 그래서 제3자에게 빈 공간을 임대한다는 안은 무시하는 것이 좋다. 지금 있는 직원을 모두 보다 싼 시설로 옮길 수도 있다. 이것은 현재 사무실의 사용률이 30%라는 것을 생각하면 가장 가능성이 높은 선택일 것이다.

직원들을 어떻게 할 것인가는 상황에 따라 다르다. 일반적으로 기술직원은 미국에서 고용하는 것이 국내에서 고용하는 것보다 싸다. 또한 미국에 주재하는 내국인 직원에게는 고액의 급여와 복리후생비를 지불하는 경우가 많다. 그렇기 때문에 시설을 폐쇄하여 자금을 확보한 후에 일부 주재원 자리를 줄여 좀 더 절약을 도모할 수 있을 것이다. 그러나 질문 중에는 이 방법이 과연 적절한지 판단 근거가 없다. 예를 들어, 현재 몇 명의 주재원이 있으며 어느 정도 그들이 기능적으로 필요한지에 대한 내용이 전혀 없다.

(c), (d), (f)는 부적절하다. 왜냐하면 이것은 단지 체면을 지키기 위한 처방이기 때문이다. (d)는 정작 당신은 빌딩을 사용하지 않으면서 커다란 로고가 붙은 당신 회사의 빌딩에 기분 좋게 들어올 누군가를 기대하는 심리이다. (f)는 경비 절감보다는 경비 상승을 불러올 수 있는 대책이다.

제6장

당신의 영감을 무한 리필하라

당 · 신 · 의 · 유 · 태 · 인 · 기 · 질 · 테 · 스 · 트

다음 질문에서 '가장 유태인답다'고 생각하는 것을 고르시오.

1. 레스토랑에서 웨이터가 그날의 특별 메뉴에 대해 소개하기 시작했다. 당신은 웨이터가 소개한 요리에 대해 질문했다. 그런데 모든 요리에 당신의 외국인 손님이 알레르기 반응을 일으킬 수 있는 음식 재료가 포함되어 있다는 사실을 알았다. 이때 당신은 어떻게 하겠는가? (   )

   a. 다시 한 번 메뉴를 보고 손님이 먹어도 괜찮을 것 같은 요리를 찾는다.
   b. 웨이터에게 부적합한 재료를 다른 것으로 바꿔달라고 요구하고, 거절할 경우에는 (a) 또는 (c)를 선택한다.
   c. 우선 선택한 요리를 주문하고 외국인 손님에게는 부적합한 음식 재료가 들어간 요리는 따로 골라놓으며 먹지 않도록 한다.
   d. 웨이터에게 부적합한 음식 재료를 다른 것으로 바꿔달라고 요구하고, 거절할 경우에는 매니저나 주방장을 불러줄 것을 요구한다.
   e. 다른 레스토랑으로 옮긴다.

2. 당신은 모니터 제조회사의 마케팅 부서에서 일하는 2년차 사원이다. 신제품인 유기 발광다이오드를 이용한 휘어지는 모니터 마케팅 팀의 일원이다. 이 모니터는 가볍고 충격에 강하다.
   어느 날 당신의 상사가 이 신제품을 먼저 의료용 현미경에 적용시키겠다는 취지를 전하기 위해 팀원들을 소집했다. 개인적으로 당신은 그 결정이 잘못된 것이 아닐까 하는 의문을 가지고 있다. 의료용 현미경은 고가 제품이기는 하지만 시장이 매우 한정되어 있다. 또한 이 모니터의 특징인 휘어지거나 충격에 강하다는

장점을 제대로 살릴 수 없다. 당신은 더 큰 매출을 올릴 수 있는 일반적인 기기 예를 들어, 비디오카메라 같은 것이 시장에 더 어울리지 않을까 생각하고 있다. 그러나 한편으로는 작은 시장부터 개척한다면 만약 문제가 발생해도 그다지 심하게 매스컴에 오르내리지는 않을 것이라는 생각도 있다. 이때 당신은 어떻게 하겠는가? (   )

a. 상사는 나보다 더 지식이 풍부하기 때문에 그냥 잠자코 있는다.

b. 미팅에서 상사에게 왜 그 시장을 선택했는지 묻는다.

c. 미팅에서는 아무 말도 하지 않고 미팅이 끝난 후 상사에게 시장 선택이 잘 못되었다는 이유를 설명한다.

d. (b)와 같다. 단 상사의 대답에 대해 납득이 가지 않았다면 미팅 후 개인적으로 그 이유를 상사에게 말한다.

e. 미팅에서는 굳이 아무 말도 하지 않고 미팅 후 정말로 상사는 머리가 나쁘다고 동료에게 말한다.

f. (b)와 같다. 단 상사의 대답에 대해 납득이 가지 않았다면 미팅 도중에 자신의 아이디어를 발표한다.

3. (질문 2에 이어서) 이번에는 당신이 상사라고 하자. 미팅 중 당신의 부하 1명이 왜 그 시장을 선택했는지 물었다. 그 순간 다른 멤버들도 동조하는 발언을 하거나 제스처를 통하여 상사의 시장 선택에 동의할 수 없다는 표현을 했다. 이때 당신은 어떻게 하겠는가? (   )

a. 화를 내며 "결정은 결정이다."라고 단언한다.

b. 화를 내지는 않지만 "선장은 1명으로 충분하다. 그리고 선장은 나다."라고 선언한다.

c. 부하에게 "추가로 2개의 시장 후보를 고려할 것이니 불만이 있는 사람은 지금부터 36시간 이내에 데이터를 첨부한 제안서를 제출하라."고 말한다.

d. 모두의 의견을 주의 깊게 듣고 자신은 더 공부해야 한다고 말한다.

e. (d)와 같다. 단 누가 다른 의견을 주동했는지 머릿속에 기억해 가능한 한 빨리 다른 부서로 보낼 수 있도록 한다.

4. 당신은 어느 유명 대학에서 박사학위를 취득한 연구원으로서 전공은 신장 기능과 그에 관련된 화학이다. 당신은 오늘날 가장 일반적인 신장 질환을 개선하는 화학 물질을 발견했다. 적어도 쥐 실험 단계에서는 그랬다.

당신의 발견은 권위 있는 영국의 「네이처」지에 소개되었다. 이 신장 질환을 앓고 있는 환자는 대부분이 미국과 북유럽에 집중되어 있다.

당신의 대학에는 특허 신청 실무를 담당하는 사무소가 있다. 그곳의 소속 변호사와 당신은 발견에 대한 특허를 신청했다. 그런데 몇 개월이 지난 후 사무소 측으로부터 국내 특허를 취득할 수 없다는 연락을 받았다. 또한 당신은 대학의 특허 변호사로부터 외국에 대한 특허 신청은 대행하지 않는다는 이메일을 받았다. 그 메일에는 타국에서의 특허 신청 기간이 이후 30일로 종료된다는 내용도 첨부되어 있었다. 대학은 당신에게 외국에 대한 특허권을 양도하라고 요구하고 있으며, 특허 신청은 당신의 자비로 해야 한다.

신장 질환을 앓고 있는 환자의 대부분을 커버하기 위해서는 최소한 7개국에서 신청을 해야 하며, 비용은 한 국가당 6,000달러에서 2만 달러 정도이다. 또 번역비도 들어간다. 당신은 자금이 없는 상태이다. 이때 당신은 어떻게 하겠는가? (   )

a. 경비를 지원해줄 스폰서를 찾는다.

b. 더 일찍 말해주지 않은 대학에 화를 내보지만 방법이 없다.

c. 특허 따위는 무시한다. 자신은 비즈니스맨이 아니라 연구원이며 과학 이외에는 흥미가 없기 때문이다.

d. 대응할 시간조차 주지 않았다는 고충을 적은 편지를 써서 대학 총장에게 보낸다.

e. (d)와 같다. 단 이와 같은 문제가 발생하지 않도록 전문위원회를 설립해야 한다고 제안하고, 동시에 그 위원회 설립을 위해서 자원봉사로 협력하겠다는 내용을 전한다.

[해설은 247페이지에 있다]

'무제한 사고방식'의 비밀

이제부터 이디쉬 코프에 대해 보다 깊이 들어가보자. 제5장에서는 일상생활에서 응용할 수 있는 간단한 방법에 대해 소개했다. 그것들을 실행하기 위해서는 어느 정도 습관을 바꾸어야 할지 모르지만 사고방식까지 크게 바꿀 필요는 없었다.

하지만 이 장에서 소개하는 유태인의 기술을 응용하기 위해서는 지금까지의 사고방식 자체를 바꾸어야 할지 모른다. 불가능한 일은 아니지만 지금부터 소개하는 룰이나 아이디어를 유연하게 받아들이기 위해서는 다소 훈련이 필요하다.

그러면 '무제한 사고방식'이라는 말은 도대체 어떤 의미일까? 아주 간단히 설명하자면 '타인의 의견이나 생각에 자신을 묶어두지 않는다'는 뜻이다.

613개나 되는 규율을 가진 종교에서 발생한 사상치고는 너무 자율을 강조하는 것처럼 보일지 모른다. 실은 유태인조차도 다른 많은 사람들과 마찬가지로 그다지 깊은 생각 없이 룰에 따라 생활하는 것이 편하다고 느끼고 있다.

문제는 그런 사람들이 과연 최고의 성공을 이루었을까 하는 점이다. 결국 성공은 자신이 진정으로 흥미를 가진 분야가 아니라면 이룰 수 없기 때문이다.

무제한 사고방식의 뿌리

그림을 통해 다시 한 번 역사의 흐름을 간단히 살펴보고 넘어가자. 〈그림 6.1〉에서 알 수 있듯이 유태인들의 무제한 사고방식을 키우는 데 가장 큰 영향을 준 것은 '논리적, 객관적인 조상'이었다.

유태인의 시조는 앞서 말한 대로 예언자 아브라함이다. 그에 대해 기록된 가장 오래된 자료는 구약성서의 첫 장으로서, 그 명칭은 히브리어로 '베레이시스Bereishis'라고 불리는 이른바 '창세기'이다.

그러나 아브라함에 대해 구약성서에는 그가 75살이 될 때까지 거의

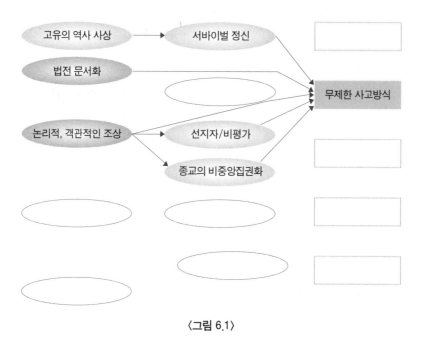

〈그림 6.1〉

아무것도 기록되어 있지 않다. 창세기에 아브라함은 원래 이름인 '아브람'이라 기록되어 있다. '아브라함'이라는 이름은 나중에 아브람이 신에게서 받은 이름이다.

그 밖에 구약성서가 다루고 있는 내용은 아브라함의 아버지 이름 '테라Terach', 부인의 이름 '사라이Sarai'와 그가 살던 마을 이름 정도이다.

또한 구약성서에 아브라함이 최초의 유태인이었다는 사실은 전혀 기록되어 있지 않다. 구약성서는 그를 히브리인으로 부르고 있으며 유태인이라고는 부르지 않는다.

이 책에서 중점을 두고 있는 것은 문화이지 역사가 아니다. 문화의 바탕은 대부분의 경우 전설이나 신화이다. 그렇기 때문에 구약성서나 기타 전설이 정확한지는 이 책에서 별로 중요하지 않다. 아브라함의 전설이 문화에 큰 영향을 주었다는 사실이 중요할 뿐이다.

구약성서에는 많이 나오지 않지만, 시조 아브라함의 젊었을 적 전설이 '미드라쉬Midrash'라 불리는 유태교 문학의 형태로 많이 남아 있다. 그 대부분은 신자에게 구약성서나 법전을 가르치기 위한 기도의식의 일부로서 랍비가 이야기하는 설화가 바탕이 되고 있다. 그중에서도 특히 뛰어난 내용은 주로 서기 70년부터 650년에 기록됐지만, 실제로 이야기 자체가 창작되어 구전되기 시작한 것은 이보다 수백 년 전이다.

다음은 미드라쉬 중의 하나로 '베레이시스 랍비Bereishis Rabbah'라 불리는 내용의 요약이다. 아브라함에게 도대체 무슨 일이 일어난 것인지 정리되어 있다. 당시의 일반적인 신앙은 다신교였다는 사실을 염

두에 두고 읽어보자.

아브라함의 아버지 테라가 살고 있던 마을은 니므롯이라는 이름의 왕이 지배하고 있었다. 어느 날, 천문학자가 니므롯 왕에게 얼마 후에 태어나는 소년에게 왕위를 빼앗길 것이라고 예언한다. 니므롯은 격노하여 모든 사내아이를 죽이라는 명령을 내린다. 정확히 그때 아브라함이 태어난다. 왕의 병사들은 테라의 집에 사내아이가 태어나지 않았을까 의심했으나 테라는 이 사실을 숨기고 병사들이 돌아간 후에 부인과 함께 갓 태어난 아이를 동굴 속에 숨겨둔다. 아이는 3살이 될 때까지 동굴 속에서 자라게 된다.

3살이 되었을 때 비로소 아브라함은 동굴에서 나왔다. 동굴을 나온 그는 주위를 둘러보고 말한다.

"이 땅을 숭배하자! 땅은 먹을 것을 만들어주고 우리가 살아갈 수 있도록 해주기 때문이다. 그러나 비가 내리지 않으면 열매를 맺을 수 없겠구나."

그러자 하늘에서 비가 내렸다.

"그러면 하늘을 숭배해야지! 아니 잠깐, 하늘은 태양의 지배를 받지. 태양은 대지를 따뜻하게 감싸준다. 그러니 태양을 숭배하자!"

그가 태양을 향해 예배를 드리고 있던 중에 태양이 지고 달이 얼굴을 내밀었다.

아브라함은 이번에는 이렇게 생각했다.

"태양이 아니야. 달이 왕이고 별이 신하임이 틀림없어. 달을 숭배하자!"

아침이 되고 태양이 다시 얼굴을 내밀자 그는 두 번째 잘못을 저질렀다는 사실을 알게 된다. 이 태양과 달의 뒤바뀜을 몇 번이고 관찰한 그는 드디어 깨닫게 된다.

"왜 하늘은 규칙적인 시간에 뜨고 지는 것일까? 반드시 아주 높은 경지에 있는 영적인 존재가 하늘을 움직이고 계실 거야! 그분을 본 적은 없지만 그분이 천상에 계시다는 사실은 확실히 알 수 있어! 그래, 그분을 위해 무릎 꿇고 기도를 드리자!"

이 이야기의 주요 부분은 지금부터 약 2,000년 전에 이미 문서로 기록되었다. 그 이전의 '모세 시대'에는 이것과는 전혀 다른 이야기를 믿고 있었는지 모르겠지만 여기에서는 별로 의미가 없다. 이는 유태 문화에 지대한 영향을 줄 만큼 먼 옛날부터 전해져왔다.

여기에서도 지식과 합리성이 유태 문화에서 얼마나 중요한지 알 수

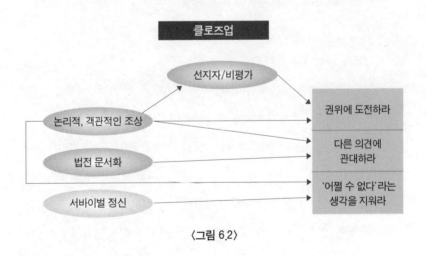

〈그림 6.2〉

있다. 아브라함 앞에 천사가 내려오지도 않고 초자연적인 현상도 일어나지 않는다. 어느 누구도 그에게 강요하지 않는다. 그는 자신의 힘으로 신을 찾았다.

무제한 사고방식의 첫 번째 룰은 '권위에 도전하라'이다. 다시 한 번 말하지만 이 요소에 직접적으로 영향을 준 것은 아브라함이다. 또한 그의 사상적 바탕에서 창조된 전통이나 성서시대의 선지자들이 이 특징과 관련이 있다. 앞에서도 다루었지만 성서를 사람들에게 전파하는 입장에 있었던 선지자들은 때로는 왕에 대한 비판도 서슴지 않았다.

다음 룰은 '다른 의견에 관대하라'이다. 이견異見에 대한 관용은 유태인끼리도 의견이 다를 수 있다는 사실에서 생겨났다. 이 경향은 첫 번째 사원의 파괴를 계기로 한층 강해졌다. 예배는 통상적으로 랍비의 주도하에 작은 그룹 단위로 이루어졌으며 기본적으로 누구나 랍비가 될 수 있었다. 랍비라 불릴 만한 충분한 지식과 인격을 지니고 있으면 가능했다.

이러한 이질적인 것에 대한 관용은 '탈무드'라는 매우 명확한 형태로 기억되어 왔다. '다른 의견에 관대하라'는 특별한 기록은 없지만 탈무드의 모든 페이지에서 관용을 찾아볼 수 있다.

이것이 〈그림 6.2〉에 '법전 문서화'라는 대목이 존재하는 이유이다. 224페이지에 실린 실제 탈무드의 축소 복사본을 보면 이 말의 의미를 알 수 있을 것이다.

마지막 룰은 '어쩔 수 없다는 생각을 지워라'이다. 이것은 유태 문화의 깊은 곳에 존재하는 경향을 나타내고 있다. 중요한 사실은 어떻게 해서든 방법을 찾아내 목적을 달성해야 한다는 것이다. 어떤 상황에서도 "어쩔 수 없어."라는 말은 통하지 않는다. 이 정신을 만들어낸 것이 지금까지 몇 번이나 등장하는 '서바이벌 정신'이다. 유태인은 직면하는 모든 문제에 대해 그 이유를 찾아내 이해함으로써 다른 차선책을 찾아내려고 했다. 이 모든 문제에 대해 이유를 찾아내겠다는 욕구의 전통은 아브라함으로부터 시작되었다.

배경은 이 정도로 해두자. 그러면 실제로 유태인들이 어떤 방법으로 무제한 사고방식을 사용하고 있는지 알아보자.

:: Rule 5 권위에 도전하라

이 제목만 본다면 유태 문화가 동양의 문화와 완전히 다르다고 느낄지도 모른다.

대부분의 경우 그것은 사실이다. 그러나 찬찬히 읽어가다 보면 응용할 수 있는 힌트가 숨어 있다.

이 소제목의 '도전'이란 단어는 고교생이 수업에 들어가지 않고 거리를 배회하거나 오만한 직원이 상사를 제쳐두고 주제넘게 참견하는 식의 '도전을 위한 도전'을 의미하지 않는다. 여기서 말하는 도전이란 목적이 있는 것, 무엇인가 변화를 일으키는 것, 또는 진실을 밝히기 위한 어떤 행위를 말한다. 누군가와 대결을 하는 것이 아닌 '다른 생각으로 사물을 판단하는 것'도 일종의 도전이라 할 수 있다.

어떤 사람들은 이와 같은 독립적 사고가 유태인의 특징이라고까지 생각하는 것 같다. 조지 소로스의 예를 보자. 그는 10대 시절, 살아남기 위해 유태인의 정체성을 숨겨야 했다.

그가 유태인이라는 사실을 자연스럽게 받아들일 수 있게 된 것은 중년이 지나서였다. 소로스는 자신이 소수에 속해 있었기 때문에 보다 자유로운 사상을 가질 수 있었다는 사실을 알게 된다.

"나는 타인의 관점에서 내려다볼 수 있는 소수에 속해 있다는 사실을 자랑스럽게 생각한다. 사물을 비평할 수 있는 사고력, 그리고 정해진 사고방식을 뒤엎을 수 있는 능력이 헝가리계 유태인인 내가 받아온 수많은 위험이나 모욕을 극복할 수 있는 원동력이 되었다."

이 '비판적인 사고방식'은 유태교만큼이나 역사가 깊다. 왜냐하면 놀랍게도 유태교 자체가 아버지의 신념에 대한 아들의 비판을 바탕으로 출발했기 때문이다.

여기에서 누구나 잘 알고 있는 아브라함이 등장한다. 구약성서에서는 아브라함의 아버지 테라의 생업이 무엇인지에 대해 언급하지 않는다. 그러나 미드라쉬에는 테라가 우상을 만들었다고 기록되어 있다. 혹시 가족 간에 긴장관계가 있었을까? 그렇다. 아래에 소개하는 미드라쉬는 이 부분에 관한 일화를 요약한 것이다.

테라의 가족은 시장에서 신상을 만들어 팔고 있었고 가족이 당번을 정해 상점을 지키고 있었다. 어느 날 아브라함이 당번이 되었다.

첫 번째 손님은 그 지역의 유지였다. 그가 물었다.

"나처럼 강한 권력을 가진 신을 주게!"

아브라함은 진열장 맨 위에 있는 신상을 집어들고 손님에게 이렇게 말했다.

"어서 돈을 내고 신상을 가져가세요."

손님이 물었다.

"이 신이 나처럼 강한 권력을 가지고 있는가?"

아브라함은 약간 건방지게 물었다.

"신에 대해 아무 것도 모르시나요? 가장 위쪽 진열장에 있었으니 가장 힘이 세지 않겠어요? 어서 돈이나 내세요!"

손님이 돈을 내고 가게를 나가려고 하는 순간, 아브라함이 그를 불러 세웠다.

"그런데 손님 연세가 얼마나 되시나요?"

"올해 일흔 살이다."

아브라함은 다시 말했다.

"일흔 살이나 먹고서도 어제 만든 신상을 숭배해야 하다니, 이 얼마나 슬픈 일인고!"

손님은 화를 내며 신상을 아브라함에게 되넘겼다. 아브라함은 그것을 받아주었다.

그 후 몇 명의 손님이 똑같이 아브라함으로부터 빈정대는 취급을 받은 끝에 돈을 되돌려줄 것을 요구했고, 그때마다 그는 받았던 돈을 돌려주었다.

문을 닫기 직전에 한 여자가 밀가루를 가득 담은 그릇을 들고 가게로 들어왔다.

그녀는 말했다.

"신에게 바칠 공물을 가져왔답니다."

그 말을 들은 아브라함은 그녀에게 예의를 갖추고는 쇠망치를 꺼내어 가장 큰 신상을 남겨두고 모든 신상을 깨부수었다. 그리고 남겨둔 신상 옆에 쇠망치를 놓아두고 아버지가 상점에 오기를 기다렸다.

테라는 어지러워진 상점을 보고 격노하여 외쳤다.

"도대체 무슨 짓을 했느냐?"

아브라함은 천천히 대답했다.

"흥분하지 마세요. 여자 손님 한 분이 신에게 바칠 공물을 가지고 왔어요. 그러자 누가 공물을 받을 만한지 신들끼리 싸우기 시작했어요. 그래서 가장 큰 신이 제멋대로 자기가 가장 크니 공물은 전부 자기 것이라며 쇠망치로 다른 신들을 때려 부수었어요."

테라는 말했다.

"나를 바보로 아느냐? 신상이 그런 일을 할 수 있을 것 같아?"

아브라함은 말했다.

"맞아요. 아버지가 방금 하신 말씀을 직접 들어보세요! 그들은 아무것도 할 수 없어요!"

테라는 이 말에 격노하여 아들을 벌주려고 아브라함을 니므롯 왕에게 데려갔다. 벌을 주기 전에 니므롯은 아브라함에게 다시 한 번 기회를 주려 했다.

니므롯은 아브라함에게 물었다.

"네가 테라의 아들 아브라함이냐?"

"그렇습니다."

니므롯은 계속해서 물었다.

"그러면 너는 내가 태양, 달, 별 그리고 하늘의 지배자이고 모든 인류는 나의 명령에 따라야 한다는 사실을 알고 있을 것이다."

아브라함은 말했다.

"폐하의 위상을 높일 수 있는 방법을 하나 더 말씀드릴까요?"

"말해보아라."

"이 세상이 시작된 이래 태양은 동쪽에서 떠올라 서쪽으로 집니다. 내일도 마찬가지일 것입니다. 폐하의 위대한 힘으로 태양을 서쪽에서 떠서 동쪽으로 지게 한다면 백성들이 얼마나 폐하를 칭송할지 상상조차 할 수 없습니다! 저조차도 폐하가 이 세상의 진정한 지배자라는 사실을 찬양할 수 있을 것입니다."

니므롯은 턱수염을 쓰다듬으며 어떻게 대답해야 할지 곤혹스러워했다. 어떻게 그런 일을 할 수 있다고 약속하지?

아브라함은 계속했다.

"혹은 이런 것은 어떨까요? 폐하가 이 세상의 진정한 지배자라면 제가 지금 무슨 생각을 하고 있는지 알 수 있을 것입니다! 부디 그것을 말씀해주십시오."

니므롯은 점점 화가 났다. 그러나 반박할 말이 생각나지 않았다.

"대답을 할 수 없다는 것은 폐하가 이 세상의 지배자가 아니기 때문입니다. 폐하, 폐하는 단순히 쿠슈라는 인간의 아들일 뿐입니다."

아브라함은 계속해서 말했다.

"만약 폐하가 이 세상의 진정한 지배자라면 아버님의 죽음을 막을 수 있었을 것입니다. 그러나 폐하는 그러지 못했습니다. 그렇기 때문에 폐하 자신의 죽음도 막을 수 없을 것입니다."

니므롯은 아브라함을 화형에 처하도록 했다. 그러나 이것은 아브라함의 아버지인 테라의 제안이었다.

화형 직전까지도 아브라함은 당당하게 비판적인 태도를 거두지 않았다. 명령에 따라 불을 붙였다. 그러자 신이 강림하여 아브라함을 불 속에서 구해냈다.

아브라함은 전혀 화상을 입지 않은 말끔한 몸으로 민중 앞에 나타났고, 니므롯조차도 그 앞에 무릎을 꿇었다. 아브라함은 니므롯에게 내가 아닌 신에게 무릎을 꿇으라고 말했다.

이러한 전설에는 종교적인 주제 외에도 위트와 유머, 권력에 대한 두뇌의 승리 같은 매우 유태인다운 주제가 많이 포함되어 있다. 그러나 아버지나 왕에게 도전을 위한 도전을 해도 좋다고 말하는 것은 아니다.

아브라함은 최초의 '발전적인 문제아' 유태인이었다. 후에 구약성서의 선지자들과 예수가 그 뒤를 계승하게 된다.

또한 이 계승자들 속에는 세파딕계 유태인으로 스페인에 살고 있었던 마라노스 계급도 포함된다. 그들은 가톨릭으로 개종한 것처럼 보였으나 비밀리에 유태 신앙을 유지해왔다. 외적으로는 나약해 보였으나 현실적으로는 매우 용감했던 사람들이었다. 왜냐하면 유태교 신앙이 알려질 경우 생명을 보장할 수 없었기 때문이다.

조금 더 현대에 가까운 인물들을 살펴보면 카를 마르크스나 로자 룩셈부르크 같은 혁명가가 그 계통을 계승한 사람들이라고 할 수 있다. 그들이 미친 영향이 건설적인지에 대해서는 논란이 있을 수 있겠으나, 그들은 틀림없이 이상을 추구했다.

나는 제9장에서 마르크스나 룩셈부르크보다 혁명적이지는 않았으나 사회정의를 위한 투쟁이라는 측면에서는 그들보다 훨씬 더 성공적이었던 투사들을 소개할 것이다. 그들의 활동은 유태인의 성공 그 자체이다.

미리 고백하자면, '권위에 도전하라'의 사례를 선정하기는 상당히 어려웠다. 이유는 너무나도 많은 사례들이 있었기 때문이다. 그중 몇 가지를 알아보자.

5-1
S. G.
바르부르크
은행

바르부르크 가Warburg家는 유명한 독일계 유태인 은행가 가문이다.

사회적으로 그렇게 높은 지위는 아니지만, 은행가로서 로스차일드보다 오랜 역사를 자랑한다. 그들이 설립한 바르부르크 은행은 제2차 세계대전 이전까지 번영을 누린 국제은행이었다. 이 은행은 독일 함부르크 출신의 바르부르크 가의 지배를 받고 있었다.

이 일가 외에도 바르부르크 가에서 갈라져 나온 많은 방계 가문들이 있었으며, 많은 사람들이 바르부르크 은행의 직원으로 일하고 있었다. 그러나 본가 출신이 아닌 사람이 은행을 경영하는 일은 있을 수 없는 일이었다. 지금부터 소개할 지그문트 바르부르크 경(1902~1982)도 그러한 방계 출신이었다.

바르부르크 가는 조국 독일에 강한 애착을 가지고 있었다. 그래서 그들 중에는 나치가 심각한 위협이 된다는 것을 인식하기까지 매우 오랜 시간이 걸린 사람도 있을 정도였다. 많은 유태계 독일인들도 처음에는 이와 같은 반응을 보였다.

그러나 지그문트는 그다지 참을성이 없었다. 그가 하루라도 빨리 독일을 떠나려고 하자 친지들은 "제정신이야? 이 겁쟁이야."라고 비난하며 말렸다. 가족의 반대를 무릅쓰고 지그문트와 그의 아내는 1934년에 난민 자격으로 런던으로 이주한다. 이민 당시 그의 전 재산은 5,000파운드도 되지 않았다.

당시 수는 적었지만 성공한 유태계 은행가가 런던에도 몇 명 있었다. 그들의 도움 덕택에 지그문트는 '뉴 트레이딩'이라는 자신의 증권회사를 설립할 자금을 조달할 수 있었다.

남아 있던 바르부르크 가 사람들은 얼마 후에 히틀러의 위험을 겨우 알아차리고 독일을 떠났으나, 보유하고 있었던 M. M. 바르부르크 은행의 자산은 출국 당시 강제적으로 '아리아계' 독일인에게 몰수당했다. 일가는 런던에 바르부르크 은행의 지점을 설립하기로 계획하기 시작했다.

여기서 다시 한 번 지그문트는 강한 힘을 가진 본가에 대항하게 된다. 그는 당시 투자은행의 설립을 계획하고 있었다. 그때 비즈니스 파트너가 뉴 트레이딩이라는 이름은 은행에 어울리지 않는다고 했고, 투자은행은 설립자의 이름을 따오는 것이 일반적이었기 때문에 새로운 은행에는 자신의 이름을 쓸 생각이었다. 그러나 친척이 은행을 설립하게 되면 같은 이름의 은행이 두 개나 되기 때문에 지그문트는 서둘러야 했다.

여러 방해에도 굴하지 않고 지그문트는 1946년에 뉴 트레이딩이라는 은행의 이름을 'S. G. 바르부르크&컴퍼니'로 변경했다.

이 친족 간 투쟁은 1958년에 일어난 브리티시 알루미늄BA 매수극에 비한다면 사소한 일이었다. BA는 영국의 귀족들이 경영하는 기업이다. 당시의 회장은 '포털' 후작이었다. 경영진뿐만 아니라 회사 전체가 자신들은 알루미늄 산업의 귀족이라고 생각했다. 지그문트는 런던에 이주한 지 얼마 안 된 신참이었을 뿐만 아니라 유태인이었다. 귀족들이 보기에 지그문트는 자신들에게 대항하기에는 하찮은 존재였다. 지그문트는 한동안 런던의 은행과 뉴욕의 투자은행인 '쿤로브' 사이를 빈번히 왕래했다. 1957년, 쿤로브와 거래하던 회사 중 하나인 AMC가 BA 매수에 흥미를 보였다. 지그문트는 곧바로 포털 후작에게 찾아가 이 사실을 설명했으나 포털은 쌀쌀맞게 거절했다. 지그문트는 헛걸음을 했지만 적어도 BA 경영진의 오만함을 직접 눈으로 확인하는 계기가 되었다.

다음해에 또 다른 쿤로브의 고객인 '레이놀즈 알루미늄' 사가 또다시 BA 매수에 흥미를 보였다. 이 시기에 BA는 시장에서 과소평가되고 있었다. 1958년, 지그문트는 산하의 두 개 회사를 이용하여 비밀리에 뉴욕 시장과 런던 시장을 통하여 BA의 주식 약 100만 주를 취득했다. 지그문트는 또한 미국 기업이 영국 대기업을 매수했을 경우 영국 내에서 비난이 일 것을 예측했다. 이를 대비해 그는 레이놀즈와 영국 기업 튜브 인베스트먼트TI 사이에 미국 측 49%, TI가 51%의 주식을 보유하는 합작 벤처를 설립했다. 1958년 9월에는 시장을 통한 주식 취득을 진행하여 TI와의 합작 벤처 S. G. 바르부르크, 그리고 AMC를 합하여 BA가 발행한 주식의 약 20%를 보유하게 되었다. 지그문트는 이 건에 대해서는 적대적 매수를 실시할 필요가 없다고 생각했다. 대신 약 2년에 걸쳐 천천히 협상을 진행할 생각이었다.

같은 해 11월, 레이놀즈-TI 경영진이 포털 사를 방문하여 BA 주식을 1주당 78실링(당시 환율로 10달러를 약간 밑도는 금액)에 매수하고 싶다는 제안을 했다. 포털 후작은 생각해본 적이 없다며 이를 거부했고, 대신에 또 다른 미국계 알루미늄 제조 기업인 '아로카'와의 협상을 개시했다. 아로카가 BA만큼 높은 지위에 있다고 판단했기 때문이다. 그러나 아로카의 제안은 발행 주식 수의 단 3분의 1을 매수하겠다는 것이었으며, 제시 가격도 1주당 60실링이었다. 지그문트는 이 사실을 알자 곧바로 기자회견을 열었다. 그는 TI의 영국인 회장에게 "BA는 영국인이 지배권을 쥐고 있는 기업에서 제시한 비싼 오퍼를 거부하고 미국인에게 싸게 주식을 팔려고 한다."고 발언하게 했다. 곧바로 BA에 대한 비난이 거세게 일어났다. 지그문트는 모든 협상을 중단하고 그 대신 기자회견이나 주주, 특히 기관 투자가들에 대한 편지 공세를 시작했다. 그들은 BA 경영진이 주주의 비용을 통해 자신들의 이익을 지키려고 한다며 맹렬히 비난을 퍼부었다. 그러나 런던 금융가는 이에 반격을 가했다. 그해 연말에 런던에 있는 상위 17개 투자 은행 중 14개 은행이 미국인(레이놀즈)에게서 BA를 지키기 위해 공동 입찰을 실시한다고 발표했다. 가격은 1주당 82실링이었다. 대다수의 영국 은행들은 지그문트에 대항하는 입장을 표명했다.

그리고 새해가 되자 지그문트는 영국중앙은행 총재로부터 전화를 받았다. 총재는 지그문트에게 BA에 대한 신청을 취하하도록 한 후에 "런던 금융계에서 그와 같은 비신사적인 행위가 있어서는 안 된다."고 말했다. 지그문트는 그의 지시를 거부했다.

1월 4일 레이놀즈—TI 그룹은 제시 가격을 1주당 85실링까지 올렸다. 계속해서 1월 6일, 그룹은 BA 주식의 과반수를 취득하여 지배권을 얻었다고 발표했다.

이 싸움의 승리로 가장 큰 이익을 얻은 쪽은 지그문트와 S. G. 바르부르크 은행이었다. S. G. 바르부르크는 유명해졌고 지그문트는 1966년에 여왕에게서 기사 칭호를 얻기에 이르렀다. 이 BA 매수극을 바라본 젊은 영국의 은행원들은 열광했고, 모두가 지그문트의 경영 수완을 연구했다.

1982년, 지그문트가 사망했을 때 영국 신문은 일제히 추도 기사를 싣고 런던 금융계의 역사를 바꾼 인물이라며 칭송했다. 그리고 마침내 1991년, S. G. 바르부르크 은행은 런던 최대의 투자은 행이 되었다.

• • •

솔직히 말해서 나는 기업 매수 같은 것은 별로 좋아하지 않는다. 그래서 대기업을 매수한 것이 큰 영광이라고 말할 생각은 없다. 이 경우 지그문트의 고객은 이 매수가 채산성이 있다는 사실을 자사를 위해 확인해야 할 의무가 있었다. 그러나 이 이야기에서는 지그문트 바르부르크가 고객의 목적 달성을 돕기로 결단을 내렸다는 점이 핵심이다.

지그문트 바르부르크는 많은 사람들로부터 수많은 방해를 받았다. 가족, 런던 금융계의 거물들, 영국 정부 등으로부터 말이다. 우리는 이 일화에서 무엇을 배울 수 있을까?

성공하려면 권위에 정면 도전장을 던져라

물론 우리들 모두가 인내력이 강한 것은 아니다. 중앙은행을 화나게 하고도 전혀 신경 쓰지 않는 강심장을 가진 것도 아니다. 원래 모든 '기회'가 이러한 위험을 감수하면서까지 달성해야 하는 가치가 있는 것도 아니다. 결국 권위에 도전할 때는 '손실을 끊어라'라는 기본을 잊어서는 안된다. 지위가 높은 사람에게 도전할 때는 적절한 시기가 언제인지, 우회할 길은 있는지, 그리고 조지 소로스의 말처럼 '언제 도망갈 것인지'를 항상 판단해야 한다.

　권위에 도전하는 태도는 반드시 종교 혁명이나 대기업을 상대로 한 투쟁에만 해당하는 것이 아니다. 일상생활 속에서도 우리는 그러한 상황에 직면하곤 한다.

5-2
뉴욕
법률사무소와의
협상

1990년대 초 로스엔젤레스에서 있었던 일이다. 내가 소속된 법률회사는 미국에서 통상적으로 '퀀츠'라 불리는 정량분석기술을 재무컨설팅에 응용하는 신개념의 금융 비즈니스 고객을 확보하고 있었다.

　여기서는 이 고객을 '퍼스트 스퀘어'로 부르기로 하자. 그들은 상품 거래 어드바이저CTA 자격으로 정부에 등록되어 있었다. CTA는 그 전용으로 제정된 연방법 및 조례에 따라 관리된다. 퍼스트 스퀘어는 당시 우리 고객 중에서 유일하게 CTA 인가를 보유하고 있었다. 그러나 회사에는 이 특수한 법률에 관한 전문가가 없었기 때문에 문제가 생길 때마다 나는 직접 자료를 찾아가며 공부를 해야 했다.

　어느 날 퍼스트 스퀘어가 나에게 생소한 비즈니스를 하고 싶다는 제안을 했다. CTA를 보유한 5개사가 연합하여 펀드를 만들면 각각의 CTA는 서로 다른 투자 기법을 보유하고 있다는 사실 자체가 투자가에게 '위험 회피의 수단'이 된다면서 말이다.

　퍼스트 스퀘어는 이 5개사 중에서 역사가 가장 짧았다. 계획을 주도한 회사는 뉴욕에 본사를 둔 대기업으로 월스트리트의 대형 법률회사를 이용하고 있었다. 당연히 이 건에 관한 계약서 등은 이 회사가 작성했다.

계약서 확인은 내가 하게 되었다. 고객은 역사가 짧은 회사였기 때문에 우리들에게는 계약서의 개요를 바꿀 수 있는 힘이 없었다. 그러나 계약서에 단 한 가지 마음에 걸리는 조항이 있었다. '주관 회사CTA가 모든 사업설명서를 작성하되 퍼스트 스퀘어는 이 문서에 기록되어 있는 내용에 대해 책임을 져야 한다'라는 내용의 조항이었다.

물론 이것은 주관 회사를 보호하기 위한 항목이었다. 그렇기 때문에 그들의 변호사는 이러한 내용을 포함시켰을 것이다. 그러나 만약 이에 동의해버린다면 나의 고객이 피해를 입게 된다.

나는 이 계약에 관한 법률과 조례를 알아보았다. 그중 어디에도 주관 회사가 작성한 자료에 대해 퍼스트 스퀘어가 법적 책임을 진다는 내용은 기록되어 있지 않았다.

나는 뉴욕 사무소에 전화를 걸어 이 계약 담당 변호사에게 설명을 전달했다. 위의 안건을 제외하고는 모든 일이 순조롭게 진행되었다.

마침내 보호 조항에 대한 이야기가 오가게 되자 나는 상대의 담당 변호사를 찾아갔다.

"이런 종류의 규정이 필요하다는 사실이 연방법이나 조례의 어느 부분에 기록되어 있는지 알려주시겠습니까? 찾아보았지만 발견할 수 없었습니다. 만약 이 조항이 법률적으로 필요하지 않다면 삭제해주셨으면 합니다. 자신이 하지도 않은 일에 대해 처벌을 받아야 한다는 사실은 저의 고객 입장에서는 공정하지 않습니다."

그러자 갑자기 상대가 고압적인 자세로 물었다.

"당신 '돈 그린 화이트' 씨를 모르나요?"

"모릅니다. CFTC(CTA를 관리하는 관할 관청) 회장님인가요?"

"아니오, 그는 우리 사무소 상급 파트너인데, 그가 이런 비즈니스 스타일을 개발했소. 그가 담당했던 과거 11년 동안의 모든 계약서에는 이것과 완전히 똑같은 조항이 포함되어 있지요."

그는 아마도 내가 "이거 죄송했습니다. 그러면 조항은 그대로 남겨두겠습니다."라며 그대로 물러날 것으로 생각했던 것 같다. 그러나 그의 기대는 빗나갔다.

"훌륭하군요. 그러면 돈 그린 화이트 씨라면 이 조항이 필요한 이유에 대해서 설명해주실 수 있겠군요."

"맞소. 돈 그린 화이트 씨와 이야기해보면 5분 안에 그 조항이 왜 이 계약서에 필요한지 당신도 알 수 있을 것이오."

우리들은 며칠 후 돈 그린 화이트에게 전화를 걸어 이 안건에 대해 이야기를 나누었다. 나는 그에게 같은 질문을 던졌다. 그가 뭐라고 대답했는지 상상이 가는가? 그는 '특별히 그러한 내용을 법률로 정하려던 것이 아니라 고객의 편의를 위해 넣어둔 것뿐'이라고 대답했다. 지금까지 누구 하나 그 조항에 대해 항의를 해온 사람이 없었던 것뿐이었다. 예정대로 5분 이내에 돈 그린 화이트와의 전화는 끝났다. 우리들은 그 조항을 계약서에서 삭제하기로 합의했다.

• • •

이 내용은 극적이지는 않지만 매우 현실적인 이야기이다.

매일같이 권위에 대항하는 무모한 도전을 눈앞에서 보게 되지만 대부분은 하찮은 것들이다. 그중에는 "교통신호는 불공평하다."고 말하는 사람까지 있다.

그러나 모든 권위가 교통신호처럼 공평한 기능을 하는 것은 아니다. 때로는 규제가 존재하는 이유에 대해 질문을 던짐으로써 일이 개선되는 경우도 있다. "내가 그렇게 시켰기 때문이야. 불만 있어?"라는 대답으로는 어른인 당신은 만족할 수 없을 것이다. (경우에 따라서 이러한 대답은 어린이도 만족시킬 수 없을 것이다.)

또한 나의 경험담처럼 그것이 법률이라고 믿고 있었지만 실은 규제도 아니고 아무것도 아닌, 사람들이 게을러서 지금까지 의문을 품지 않았던 단순한 습관에 불과한 경우도 충분히 있을 수 있다.

권위에 도전할 경우 이디쉬 코프의 법칙은 이렇다.

규제를 만든 사람에게
규제의 정당성을 설명하라고 요구하라

좀 혼란스러운가? 자신은 이디쉬 코프의 법칙을 따른다고 하더라도 규제를 만드는 사람이 그렇지 않다면? 그 사람은 이런 일에는 신경도 쓰지 않는다면?

역사상 유태인은 언제나 사회의 규제를 만드는 쪽에 속하지 못했다. 그들은 언제나 규제에 대해 반기를 들고 어떻게든 그것을 바꾸려고 노력해온 쪽이었다. 그러한 상황에서 그들은 규제를 만드는 사람들에게 끊임없이 그 정당성에 대한 설명을 요구했다.

예를 들어, 당신이 권위를 지닌 사람에게 어떠한 규제나 정책에 대해 설명을 요구했다고 하자. 그러나 그 사람에게서 돌아온 것은 별 볼일 없는 대답뿐이었다. 당신이라면 이럴 때 어떻게 하겠는가?

일반적으로 유태인은 이와 같은 경우 그 사람에게 규제 자체를 바꾸도록 요구한다. 때로는 자발적으로 그 사람이 규제를 바꾸도록 요구하기도 하고, 외부의 압력 단체를 통해 규제 변화를 실현시키기도 한다. 예를 들어, 집단행동이나 불복 신청, 상대방과 협력 관계에 있는 사람을 통한 압력 등으로 말이다.

그런데도 효과가 없다면 어떨까? 유태인은 다른 방법을 찾을 때까지 기다린다. 지그문트가 BA와의 협상에서 언론이나 주주들에게 호소하는 등의 여러 방법을 쓴 것도 같은 이유이다.

규제가 부당하면 바꾸려고 노력하라

:: **Rule 6** 다른 의견에 관대하라

유태인의 오래된 농담에 이런 것이 있다.

"유태인 2명을 방에 모아놓고 뭐든 좋으니 이야기를 해보라고 하면 몇 분 안에 세 가지 의견으로 나누어질 것이다."

유태인은 자신의 의견을 강하게 주장하는 경우가 많다. 서기 100년 이전에는 전혀 다른 의견을 내세우며 싸우다가 살인에 이르는 경우도 있었다. 이런 이야기를 들으면 오늘날 유태인 사회가 안고 있는 서로 다른 문화나 종교의 문제 예를 들어, '세파딕과 아슈케나즈', '정통파와 개혁파' 등도 이와 같은 대립 관계로 생각될지 모른다. 그러나 서기 100년 이후로는 유태인 사이에서는 의견 차이에서 오는 투쟁 같은 것은 한번도 발생하지 않았다.

이것이 이슬람교의 수니파와 시아파 간의 종교 전쟁이나 기독교의 가톨릭과 프로테스탄트 사이의 다툼과는 명확히 다른 차이이다.

왜 그럴까? 나는 이것이 탈무드(정확히는 바빌로니아 탈무드)를 가지고 있었기 때문이라고 생각한다. 탈무드에는 무엇을 가르치는 것뿐만 아니라 그것을 가르치는 '방법'에 보다 강한 존재의 이유가 있다.

유태인이 탈무드를 배우지 않게 된 지도 100여 년이 지났다. 하지만 지금도 그 정신만은 살아 있다. 왜냐하면 유태인이 탈무드를 배우지 않게 된 것은 최근 100여 년 전부터이지만, 그때까지 1,000년이 넘는 세월을 이어왔기 때문이다. 탈무드는 오랜 세월에 걸쳐 유태 문화의 골격을 구성해왔다.

탈무드를 구성하는 내용 중 가장 상위에 있는 것은 '미슈나'이다. 미슈나는 서기 100년에서 200년 사이에 주로 예루살렘에 살던 여러 랍비들이 나눈 대화에 근간을 두고 있다. 그들은 주로 1,000년 전에 신에게서 받은 구전 '토라'에 대한 내용을 주제로 이야기한다.

다음은 탈무드 중 베라코트Berakoth라 불리는 장에서 인용한 것이다. 이 부분은 상황에 따른 적절한 기도의 방법에 대한 토론으로, 아래에 소개한 내용은 특정 음식을 먹은 후의 행동에 대해 이야기하고 있다.

"포도, 무화과 또는 석류를 먹고 난 후에는 세 가지 감사의 말로 기도를 드려야 한다."고 랍비 가마리엘이 말했다.

그러나 현자들은 이렇게 말했다.

"한 마디 감사의 말에는 세 가지 뜻이 포함되어 있다."

그러자 랍비 아키바가 말했다.

"만약 어떤 사람이 삶은 야채를 먹었고 그것이 그 사람의 식사라면 그는 세 가지 감사의 말로 식후에 기도를 드려야 한다."

"만약 어떤 사람이 목이 말라 물을 마셨다면 '만물을 창조하신 신의 말씀에 따라'라는 말로 끝나는 감사의 기도를 드려야 한다."

랍비 탈폰이 뒤를 이어 말했다.

"'많은 생명과 그 필요를 창조하신 신'이라는 말로 끝나는 감사의 기도이다."

이 짧은 단락에서 중요한 것은 이름이 거론된 3명의 랍비로부터 나온 의견과 두 개의 다른 의견을 합해서 총 다섯 개의 의견이 나온다는 사실이다.

짧은 예가 또 있다. 이것은 탈무드의 다른 부분에서 인용한 내용으로서 특정 종교 기념일에 무엇을 먹으면 좋을까에 관한 내용이다.

"축일에 태어난 달걀은 그날 먹어도 좋다."

샤마이 학교 제자가 말했다.

그러자 힐렐 학교 제자가 말했다.

"먹어서는 안 된다."

감사의 경전 속에 포함되어 있는 내용치고는 조금 유치하고 황당하지만 적어도 알기 쉬운 비교이기는 하다.

탈무드의 다음 단계는 '게마라'라 불리는 것으로서 이것은 서기 3~6세기에 기록되었다. 게마라는 언제나 미슈나를 논의의 출발점으로 하고 있다. 앞서 나온 '달걀을 먹어도 좋은가?'에 대해서 게마라는 20명 이상의 랍비들의 의견을 놓고 10페이지에 걸쳐 논의한다. 그러나 누가 올바른지에 대해서는 기록되어 있지 않다.

그러면 실제로 탈무드의 내용을 들여다보자. 다음 페이지의 〈그림 6.3〉을 보라. 이것은 베라코트의 첫 페이지이다. 경우에 따라서는 탈무드의 1페이지로 간주하기도 한다.

탈무드는 16세기에 처음 인쇄되었기 때문에 이처럼 배치가 특이하다. 오늘날 읽고 있는 탈무드의 대부분은 19세기 리투아니아에서 인

탈무드

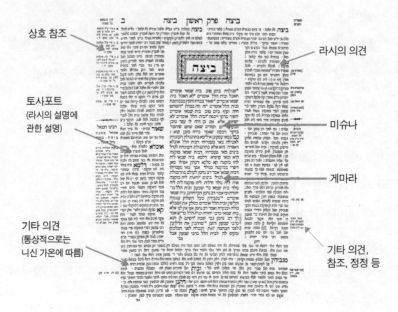

상호 참조

토사포트
(라시의 설명에
관한 설명)

기타 의견
(통상적으로는
니신 가온에 따름)

라시의 의견

미슈나

게마라

기타 의견,
참조, 정정 등

〈그림 6.3〉

쇄된 버전의 복사본이다.

〈그림 6.3〉에만 실제로 17항목이나 기록되어 있다. 그러나 여기에
서는 네 개의 대표적인 항목에 대해 설명하겠다. 참고로 이 네 개의
항목은 수 세기에 걸쳐 기록되었다.

그러면 먼저 중앙의 타이틀을 둘러싸고 있는 큰 문자의 밑 부분부
터 시작한다. 이 페이지에서는 처음에 미슈나, 이어서 게마라가 같은
부분에 기록되어 있다. 잘 보이지는 않지만 게마라는 어디에서 시작
하고 어디에서 끝나는지 작은 문자로 적혀 있다.

미슈나와 게마라 모두 탈무드이다. (때로는 게마라만을 탈무드로 부르는 경우도 있다.) 게마라는 미슈나보다 훨씬 더 장편으로서 탈무드에는 미슈나 부분이 없는 페이지도 많이 있다. 그렇기 때문에 이 페이지에서 '진정한' 탈무드는 중앙에 작은 섬 같은 부분뿐이다. 그러면 다른 부분은 도대체 뭘까?

오른쪽 부분부터 보자. 열쇠 모양의 단락이다. 이것은 프랑스의 유명한 랍비 '슈로모 이쯔핫기', 흔히 '라시'라고 불리는 사람에 의한 설명이다. 그는 1040년부터 1105년까지 살았던 사람이다. 그는 미슈나, 게마라 양쪽에 대해 설명하고 있다.

다음은 미슈나와 게마라의 왼쪽을 보라. C자 형태의 단락이 보일 것이다. 이것은 '토사포트(보충 부분)'라는 부분이며, 라시의 설명에 대한 해설이다. 이 부분은 프랑스와 독일에서 라시의 손자와 제자들에 의해서 주로 12세기와 13세기에 기록되었다.

그 왼쪽 옆에는 위아래로 긴 단락이 있다. 이 부분의 위쪽은 탈무드의 다른 내용이나 유태법과의 상호 참조를 위한 부분으로서, 어느 랍비의 의견이 법률이 되었는지 간단히 확인할 수 있게 되어 있다.

아랫부분은 그 밖의 의견 즉 기타 부분이며, 역시 중세로부터 전해온 의견으로 발언자는 상황에 따라 다르다.

실로 많은 의견이 한 페이지에 집약되어 있다. 〈그림 6.4〉는 탈무드의 같은 권에서 발췌한 여러 페이지를 한꺼번에 보여준다. 모두 중앙이 탈무드로, 라시의 설명과 토사포트(보충 설명)가 이것을 감싸는 형태로 되어 있다. (라시의 설명은 언제나 중앙에 가까운 곳에 있다. 비교를

탈무드의 배치

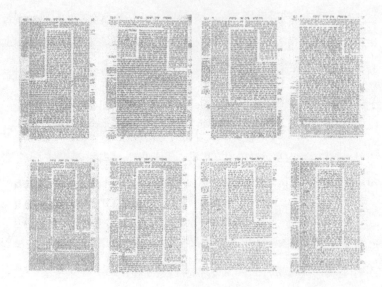

〈그림 6.4〉

쉽게 하기 위해 모두 오른쪽이 라시의 설명, 왼쪽이 토사포트로 되어 있는
페이지만 발췌했다.)

각각의 섹션이 크기가 제각각이라는 것을 알 수 있을 것이다. 마치
목소리가 크거나 작은 것처럼 말이다

또한 어느 의견이 다른 의견을 밀어내거나, 빈번히 새로운 의견이
난입하는 상황을 알 수 있다.

이 탈무드 페이지는 유태인과 유태인식 대화의 시각적인 은유로 구
성되어 있다. 그리고 이러한 특징은 오늘날에도, 또한 신앙심이 없는
사람이라도 유태인이라면 공통적으로 지니고 있다. 적어도 2,000여

년에 걸쳐 유태인은 다음과 같은 태도에 길들어왔다.

- 여러 가지 다른 의견을 들을 것
- 여러 가지 다른 의견을 말할 것
- 모두가 일제히 말할 것

비유태인들은 처음 유태인과 대화를 나누면 깜짝 놀라는 경우가 많다. 특히 미국계 유태인보다도 한층 적극적인 이스라엘 사람과 만났을 때에는 더욱 그렇다.

결혼 초기에 일본인인 나의 아내는 내가 언제나 그녀의 이야기를 중간에 자르는 것이 불만이었다. 내가 목소리를 크게 내면 화가 난 것이라고 생각하기도 했다.

그러나 나는 화가 난 것이 아니었다. 때로는 이야기를 하느라 흥분해서 즐거웠던 적도 있었다. 나는 아내에게 말을 할 때는 나의 가족에게 이야기할 때처럼 행동했을 뿐이다.

탈무드의 구성을 보면 나의 대화 스타일이 유태인의 입장에서는 일반적이라는 것을 알 수 있다.

일생에 단 한 번도 유태인과 만난 적이 없는 사람이라면, '이런 이야기가 인생에 무슨 도움이 될까?', '이런 내용이 무제한 사고방식과 도대체 어떤 관계가 있지?', '이것이 유태인에게 어떻게 도움이 되고 또 나에게는 어떻게 도움이 될까?' 하는 의문이 생길지도 모른다.

몇 세기에 걸쳐 문화의 중심에 있었던 탈무드에서도 많은 사람들이 서로 반대 의견을 주장하는 것을 보면, 유태인은 자신의 의견에 반대를 하는 것쯤은 대수롭지 않게 생각한다는 것을 알 수 있다. 이것은 매우 자연스러운 일이다. 그러므로 어떤 유태인이 당신의 의견에 반대 의견을 제기해도 당황할 필요가 없다.

다른 의견에 관대한 태도를 지니면
• 회의가 활발해지고 유익해진다
• 필요한 최신 정보를 얻을 수 있다
• 유연한 협상 기술을 익힐 수 있다

회의가 활발해진다는 것은 말하지 않아도 알 수 있을 것이다. 여기에서는 두 번째와 세 번째 항목에 초점을 맞추어 살펴보자.

A. 당신에게 필요한 최신 정보를 얻을 수 있다

앞서 소개했던 샤마이와 힐렐 학교 제자들의 '달걀을 먹어도 좋은가'에 대한 논쟁을 기억하는가? 탈무드는 이 두 학교 사이의 의견 차이에 대해 350가지 이상의 예를 들고 있다.

샤마이는 기술자로 매우 엄격히 규율을 지켰다. 한편 힐렐은 친절하고 온화한 성향으로 알려져 있다. (예에서 소개한 달걀 사례는 의외로 샤마이보다 힐렐이 엄격했던 경우이다. 일반적으로 80% 정도는 샤마이가 엄격한 입장이었다.)

이 두 학교가 대립할 경우에는 힐렐의 의견이 우선시되었다. 왜냐하면 유태교의 법전은 힐렐과 그 제자들이 제안한 것이기 때문이다.

중요한 사실은, 탈무드는 대립하는 의견을 모두 기록했다는 점이다. 힐렐과 샤마이의 사망 후 양쪽 제자들의 대립이 깊어져 서로 죽이는 사건까지 발생했다.

이러한 사건이 있었기 때문에 유태인끼리 서로 살상을 하지 않고 평화를 지켜온 것은 2,000년이 아니라 1,900년 동안이라고 기록했다. 내가 인용한 문장은 살상 사건이 일어난 서기 1세기 후에 기록되었다. 당시 탈무드를 편집했던 랍비들은 승자인 힐렐의 의견만을 기록할 수도 있었을 것이다. 그러나 그들은 양쪽의 의견을 모두 기록했다.

왜 그랬을까? 랍비들은 양쪽의 의견에서 당신이 무엇인가 배울 수 있을 것이라고 생각했기 때문이다. 그렇기 때문에 사소한 문제에 대해 장장 10페이지에 걸쳐 논쟁을 기록했다. 오늘날 사람들은 그 10페이지에 대해 배우고 있는 셈이다. '정답'이 밝혀진 후 몇 세기가 지났는데도 말이다.

당신은 결정을 내릴 때 무엇이 올바른 정답인지 사전에 알고 있는가? 일상에서 직면하는 문제에 대해서 언제나 완벽하게 이해하고 있는가? 이 두 질문에 대한 대답은 둘 다 '아니오'이지 않은가?

만약 내 생각대로라면 당신은 사전에 올바른 답을 알고 있지 못하다. 그렇다면 이러한 경우 정답을 발견할 때까지 다른 사람의 의견에 귀를 기울이는 것이 이치에 맞다고 생각하지 않는가?

물론 당신이 귀를 기울이는 상대는 어느 정도 문제의 본질에 대해 지식을 가진 사람일 것이다. 신기술에 대한 특허 문제를 떠안고 있을 경우 상식적으로 택시운전사에게 의견을 구하지는 않을 것이기 때문이다.

그러나 만약 당신이 상사라면, 그리고 당신의 결정이 부하들에게 영향을 미칠 수 있다면, 그 일에 대해서 부하들에게도 의견을 구하는 태도가 현명하다고 생각하지 않는가? 당신의 결정에 따라 실제로 일을 하는 쪽은 그들이기 때문이다. 그리고 아마도 그들은 그 일을 완성하는 데 무엇이 필요한지에 대해서도 알고 있을 것이다.

또한 당신은 '나쁜 뉴스'가 생겼다면 그것을 알고 싶어 할 것이다. 미쓰비시 자동차의 예를 보자.

미쓰비시 자동차는 1996년부터 자사 자동차의 결함을 알고 있었음에도 불구하고 고객들의 불만을 쉬쉬하며 정부에 허위보고와 축소 보고까지 했다. 미쓰비시 측은 자동차의 결함을 은폐하고 사고가 난 원인을 정비 불량이라고 우기며 조직적으로 부품 결함을 감췄다. 그러나 사건이 일파만파로 번지고 결국 미쓰비시의 잘못이 명백해지자 미쓰비시 경영진은 약 한 달 동안 언론을 통해 사과를 했다. 하지만 거듭된 사과에도 불구하고 미쓰비시 경영진은 모조리 구속을 당했다.

그리고 일본 미쓰비시는 생사의 기로에 서는 위기를 맞는다. 소비자들의 외면은 물론이고 최대 주주였던 다임러크라이슬러와의 제휴 중단까지 이어졌기 때문이다.

미쓰비시 직원들은 30년 동안이나 고객들의 불만을 직원용 로커에

팽개쳐놓았다. 불량이 처음 발생했을 때 제대로 대처했더라면 그렇게 큰 문제로 발전하지는 않았을 것이다.

　이러한 주장을 하는 사람은 나뿐만이 아니다. 인텔의 앤드류 그로브의 예를 보자.

6-1
카산드라　앤드류 그로브는 『편집광만이 살아남는다』에서 여러 페이지에 걸쳐 기업 속의 '카산드라'에 귀를 기울여야 한다는 점을 강조하고 있다.

카산드라는 트로이가 고대 그리스에게 멸망당할 것이라고 예견한 수녀의 이름이다. 그녀는 계속해서 사람들에게 예언을 전파했지만 트로이 사람들은 누구 하나 그녀의 말에 귀를 기울이지 않았다.

이 책의 내용은 대부분 기업 개혁에 초점을 맞추고 있지만, 그의 충고는 우리들의 일상 속에서 벌어지는 일들에도 해당된다.

기업의 어느 부서에나 있을 수 있겠지만 일반적으로 '카산드라'는 중간관리직으로서 영업직에 존재하는 경우가 많다. 그들은 자주 외부와 접촉함으로써 현실 사회에 부는 거친 바람에 직면하는 시간이 긴 까닭에 회사의 경영진들보다 다가오는 변화에 대해 자세히 알고 있는 경우가 많다.

또한 카산드라는 기업의 최전선에서 싸우고 있기 때문에 자신들은 편안하게 보호받는 회사의 상급 관리자들보다 상처를 입기 쉽다고 느끼고 있다.

'나쁜 뉴스'는 누구보다 빨리 그들에게 직격탄을 날린다. 매출이 줄어들게 되면 곧바로 그들의 인센티브가 줄어들게 되며, 시장에 침투하지 못하는 기술은 기술자들의 경력에 오점을 남기게 된다. 그렇기 때문에 그들은 경고 신호에 지극히 민감할 수밖에 없다.

그로브는 또한 최근 아시아 태평양지역을 담당하는 사내 카운슬러로부터 받은 메일에 대해 언급했다. 경쟁이 심화될 가능성에 대한 내용이었다.

내용을 보고 나는 곧바로 그의 메일을 가볍게 흘려 넘기려고 생각했다. 진정 나의 생각이 옳은 것일까? 그가 옳은 것은 아닐까? 변화의 현장에 있다고 해서 그의 의견이 전부 옳다고 할 수는 없다. 뒤쪽에 있는 내가 전체에 대해 더 잘 파악할 수도 있지 않겠는가?
그러나 나는 실제 전장에 있는 사람들의 의견을 존중해야 한다고 배웠다. 나는 이 뉴스에 대해 주의 깊게 향후의 전개를 지켜보기로 했다.

이 내용을 소개한 후 그로브는 기업의 정체성을 언제, 어떻게 바꾸어야 하는지에 대한 사내 토론의 중요성을 소개하고 있다. 그로브는, "토론 참가자는 많으면 많을수록 좋으나 문제의 책임은 최고경영진만 져야 하는 것이 아니다. 직원인 당신의 책임일 수도 있다."는 의견을 말하고 있다.

만약 당신이 중간관리직이라면 겁쟁이가 되지 마라! 벽 쪽에 붙어 앉아 상사가 시키는 대로 그가 잘못된 판단을 내려도 모른 체하면서 나중에 그들을 안줏거리로 삼는 짓은 하지 마라. 이것보다 무책임한 일도 없다.

"맙소사! 왜 저 사람들은 아직도 저렇게 바보 같은 짓만 하고 있을까?" 그렇게 술집에서 푸념할 때에야 당신은 처음으로 회의에 참가한 셈이 된다. 이러한 사태를 불러온 것은 회사 탓이기도 하지만 당신 자신의 탓이기도 하다.

진정으로 머릿속에서 생각하고 있는 것을 명쾌하게 효과적으로 전달해야 한다. 당신의 의견을 들려주고 이해를 시켜야만 진정으로 회의에 참가하는 것이다. 토론 중에는 문제의 모든 면에 대해 논의할 수는 없겠지만, **명확한 것은 '모든 의견은 올바른 답을 이끌어내기 위한 가치를 지녔다'는 사실**이다.

…… (중략) ……

만약 당신이 중간관리직이 아니라면? 영업자라면? 부하가 1명도 없는 기술자라면? 누군가에게 결정을 맡길 수 있겠는가?

그렇게 하면 당신이 실전에서 경험해온 보다 깊이 있는 진실을 활용할 수 없게 된다.

• • •

앤드류 그로브의 인용문 중 굵은 글씨 부분은 내가 나름대로 강조하고 싶은 대목이다. 이 부분이야말로 진정 탈무드의 관점과 일치하기 때문이다.

당신의 의견을 발언하려고 할 때 사전에 당신이 '힐렐' 학교에 속해 있는지 '샤마이' 학교에 속해 있는지, 다시 말하면 의견이 채용되는 쪽에 있는지 채용되지 못하는 쪽에 있는지는 알 수 없다. 그러나 만약 당신이 이디쉬 코프의 요소를 실천하고 있는 사람들과 일하고 있다면, 가령 샤마이 학교에 속해 있다 할지라도 결코 의견이 무시되는 일은 없을 것이다. 어떠한 의견이라도 그룹의 발전을 위해서는 가치가 있기 때문이다.

당신이 상사라면 : 부하나 전문가의 의견을 들을 책임이 있다
당신이 부하라면 : 자신의 의견을 말할 책임이 있다

동양 문화의 관점에서 볼 때 나의 제안은 바보 취급을 받을 수도 있다. 동양의 문화에서는 겉으로 동의해주는 말이나 태도도 중요하다. 상사에게 고집을 부리는 것이 당신의 인생을 힘들게 만들 수도 있다.

인생은 적당히 타협해주며 살아가는 쪽이 훨씬 편하다. 적어도 앞에서 소개한 '화성 탐사선 발사 실패' 같은 중대한 사건이 터지기 전까지는 말이다. 미쓰비시 자동차의 실패처럼 중대한 문제가 당신의 회사에도 일어나기 전까지나, 당신의 의견을 무엇 하나 말하지 못함

으로써 당신이 불행하다는 사실을 깨닫기 전까지는 말이다. 앞서 제안한 내용을 적당히 실행해 보이면서 마음에 없는 말로 상사에게 점수를 얻는 방법도 있을 것이다.

그러면 도대체 입바른 소리가 필요한 이유는 무엇 때문일까?

이디쉬 코프의 관점에서 볼 때 분위기를 맞추기 위한 가식적인 동조의 말들은 단순한 거짓말에 불과하다. 때로는 악의 없는 거짓말도 있다. 그리고 문화에 따라서는 그러한 거짓말이 환영받기도 한다. 그러나 위에서 지적한 부분에서도 알 수 있듯이 이 거짓말이 장기적으로는 최악의 결과를 초래한다.

상사를 화나게 하는 바른말을 하기에는 입장이 너무나 곤란할 것이다. 책의 후반에 이야기하겠지만 유태인이 아닌 당신이 이러한 제안을 완전하게 수용할 수는 없을 것이다. 그러나 여기에서는 앞서 말한 제안이 상호의존적이라는 사실, 즉 부하의 시각과 상사의 시각에서 생각하라는 점을 이야기하고 싶다.

만약 당신이 상사의 생각을 바꿀 수 없다면 그에게 이 책을 전하는 것도 한 방법이다. 다른 상사를 찾아보는 것도 좋다. 또는 당신에게 부하가 생겼을 때 상사인 당신이 '상사용' 제안을 실행해보는 것은 어떨까?

B. 유연한 협상 기술을 익힐 수 있다

누군가와 협상을 할 때 대부분의 경우 양쪽은 서로 다른 의견에서 출발한다. 모든 협상은 상대의 의견을 자유로이 조종할 줄 아는 쪽의 승리로 끝난다.

국제 협상에 대해 전문적으로 연구하는 미국 노스웨스턴대학 켈로그 경영대학원의 브래드 교수가 동료와 공동으로 실시한 연구가 있다. 이 연구는 이스라엘인을 포함한 세계 여러 나라 사람들의 협상 스타일에 대한 차이를 조사한 것으로서, 다음 내용은 그 연구를 통해 그가 발견한 것들이다.

**6-2
이스라엘인의
협상술**

노스웨스턴대학교의 연구는 서로 다른 국제적 배경을 가진 협상 담당자에게 하나의 과제에 대해 두 가지 다른 형태의 협상을 하게 한 사례이다. 협상은 현실이 아닌 시뮬레이션으로 진행했다. 거래 과제는 TV 프로그램 렌탈 건이었다.

첫 번째 거래는 '배분적' 결말을 가진 것으로, 다시 말하면 '제로섬'적인 거래였다. 대표적인 예가 단순한 가격 협상이다. 이러한 거래는 구매하는 쪽의 성공적 협상이 판매하는 입장에서는 성공이 아닐 것이며, 그 반대의 경우도 성립할 것이다.

또 다른 거래는 '통합적' 결말을 가진 거래로, 다시 말하면 '윈윈'적인 결과를 얻을 수 있는 거래이다. 이러한 거래는 여러 가지 가능성을 안고 있다. 이는 거래 당사자 양쪽에 성공을 안겨줄 가능성이 있다.

참가자는 일본인, 이스라엘인, 독일인, 홍콩계 중국인, 미국인이었다. 참가자는 각자 자국 출신과 협상을 하고 또 전원이 미국인과 협상했다.

먼저 배분적인 거래 연구에서는 구매자 측의 성과를 측정했다. 자국 출신의 상대와 협상하여 최고의 결과를 얻은 사람은 이스라엘인이었다. 이스라엘인의 평균 결과는 221만 달러, 그 다음은 일본인으로 213만 달러였다. 최하는 미국인으로 193만 달러였다.

배분적 거래에서 미국인에 대해 최고 결과를 낸 사람은 어느 나라 사람이었을까?

결과는 역시 이스라엘인으로 245만 달러였다. 그 다음이 독일인으로 222만 달러, 최하는 다른 나라와 큰 차이를 보인 일본인으로 118만 달러였다.

통합적 거래에서도 배분적 거래와 비슷한 결과가 나왔다. 자국 출신 상대와의 협상에서는 1위가 이스라엘인(424만 달러), 2위가 일본인(419만 달러), 최하가 홍콩계 중국인(334만 달러)이었다.

미국인을 상대로 한 협상 결과는 1위가 자국민 상대보다 높은 결과를 낸 이스라엘인(445만 달러), 2위가 독일인, 최하는 역시 일본인(322만 달러)이었다.

종합해보면 네 가지의 거래 형태(배분적 거래: 자국민+미국인, 통합적 거래: 자국민+미국인) 중 모든 분야에서 이스라엘인이 1위를 차지했다.

다음은 이 연구에 대한 브래드 교수의 설명이다.

이스라엘인의 협상 스타일은 실리적이다. 그들이 협상의 막다른 골목에 빠지는 일은 좀처럼 볼 수 없었다. 또한 매우 적극적이기도 하다. 요구가 많으며 용서가 없다. 그러나 일단 거래가 성립하거나 논쟁이 안정을 찾으면 그들은 매우 우호적으로 변한다.

그들은 언제나 이렇게 말한다.

"참 즐거웠습니다! 차라도 한 잔 하러 가실까요?"

다른 문화권에서 온 이들의 협상 상대는 대부분의 경우 이러한 이스라엘식 협상 스타일을 별로 환영하지 않았다. '차 한 잔 하자'는 권유에도 어리둥절하게 된다. 조금 전까지만 해도 과격한 협상을 한 상대와 휴식 시간까지 같이 보내고 싶지는 않기 때문이다.

• • •

나는 위의 연구 결과 중 '차 한 잔 하자'는 부분에서 크게 웃고 말았다. 왜냐하면 나도 이스라엘인과 협상을 해본 적이 있기 때문이다. 그 때는 애석하게도 차를 한 잔 하자는 권유는 없었다. 그러나 이 단순한 '권유'에 담겨 있는 속내에 이스라엘인의 성공의 열쇠가 숨겨져 있다.

그 속내는 무엇일까? 이스라엘인은 협상을 '개인적인 일로 받아들이지 않는다'는 사실이다. 그들은 협상 테이블에서 성공하기를 원한다. 동시에 상대방도 성공하려고 한다는 사실을 잘 알고 있다. 그래서 상대가 거칠게 나와도 전혀 동요하지 않는다.

여기까지 이 책을 읽은 당신이라면 협상 상대에게 베푸는 관용은 어디에서 나왔는지 이제는 알 수 있을 것이다. 바로 탈무드가 그 기원이다.

또한 유태 문화는 논쟁이 생활의 일부이다. 여기에서 말하는 논쟁이란 화가 나서 하는 논쟁이 아니다. 물론 유태인들도 인간이기 때문에 분노에서 출발하는 논쟁도 있다. 그러나 여기에서는 좀 더 생산적인 논쟁을 말한다. 많은 유태인들은 이러한 논쟁이 지적인 자극을 준다고 생각하고 있다.

이스라엘인은 (그리고 모든 유태인들은) 협상을 감정과 분리시키면서 협상 자체를 즐길 줄 알기 때문에 협상을 성사시킬 가능성이 훨씬 더 높다.

여기에서 다시 한 번 정리한다. 내가 '감정과 분리'시킨다고 한 것은 특별히 '비우호적'이라는 뜻이 아니다. 앞서 소개한 예를 보아도 알 수 있듯이 이스라엘인은 때때로 매우 우호적이다. 내가 말하고자 하는 것은 다음과 같은 이디쉬 코프 특유의 자세이다.

의견의 차이를 개인적인 공격으로 오해하지 마라

이 자세는 바꾸어 말하면 '객관적이어야 한다'는 뜻이다.

브래드 교수의 논평은 유태인과 일본인의 관계와도 잘 들어맞는다. 예를 들어, 나의 아내는 일본인인데 그녀가 나의 이러한 성격을 이해할 때까지는 상당한 시간이 걸렸다. 나는 다른 이스라엘인에 비하면 훨씬 부드러운 편인데도 말이다.

그녀는 내가 무엇인가에 대해 논쟁을 하고 있을 때면 얼굴에 미소를 띠고 있음에도 불구하고 내가 화가 나 있다고 착각하곤 했다.

또 이런 일도 있었다. 이전에 어느 일본 대기업에서 변호사가 아닌 일반 직원으로 근무하고 있을 때의 일이다. 어느 날 우리들은 이스라엘의 한 신생 기업과 거래를 하게 되었다. 그 회사는 우리 회사보다 훨씬 규모가 작은 소기업으로서 설립한 지 얼마 되지 않은 곳이었다. 우리 회사의 제조 부문은 그 이스라엘 기업과 기술 개발 계약을 체결한 상태였다. 즉 우리가 그들의 고객이었다. 우리는 중요한 개발을 종료하기 전에 계약 기간이 다 되어 갱신을 위한 재협상을 할 필요가 있었다.

제조 부문은 이스라엘 기업에게 계약서 초안을 보냈다. 그러자 이스라엘 측이 거기에 많은 코멘트를 첨부해서 보내왔다. 나는 우리 측 담당자에게 "계약서가 이스라엘 측이 만족할 만한 내용이라고 해도 어차피 그들은 논쟁을 걸어올 것이다. 그것이 그들의 문화이다."라고 열심히 설명했으나 제조 부문 담당자들은 양사의 관계가 악화되었다고 오해했다. 결과적으로 그들은 이스라엘 측에게 원래 계약보다 훨씬 더 좋은 조건으로, 또 이스라엘 기업 측이 기대한 것보다 더욱 좋은 조건으로 재계약을 해버렸다.

협상 자리에서 평정을 지키는 것과 협상 내용을 자신의 감정과 분리시키는 자세는 절대적으로 유익하다. 객관적인 입장을 유지하면 상대방과 자신이 현안으로 삼고 있는 해결의 실마리를 더 쉽게 찾을 수 있다. 바꾸어 말하면 '윈윈 해결법'을 쉽게 찾을 수 있다는 말이다.

객관적인 입장을 지킴으로써 얻을 수 있는 이익이 또 있다. 감정적으로 한 발 물러남으로써 상대의 감정과 움직임을 유심히 지켜볼 수 있다는 점이다. 이 기술은 협상과 상관이 없는 상황에서도 유용하다. 이 내용에 대해서는 제9장에서 다시 소개하겠다.

:: Rule 7 '어쩔 수 없다'라는 생각을 지워라

앞서 우리는 유태 문화에 강하게 뿌리내리고 있는 서바이벌 정신에 대해 알아보았다. 또 유태인은 필요에 따라 권위에 대한 도전도 주저하지 않는다는 사실 그리고 유태 문화가 유연한 협상법을 낳게 했다는 사실도 소개했다.

이디쉬 코프의 진수는 문제 해결의 방법을 어떻게든 찾아낸다는 데 있다. 그것을 잘 표현하고 있는 것이 '새로운 노아의 방주'와 같은 일화이다. 일종의 농담이지만 그 정신은 살아 숨 쉬고 있다.

신은 어느 날 인간들이 너무나도 사악하다고 느꼈다. 지구상에 남겨둘 만한 가치가 있는 사람은 노아뿐이었다. 그래서 신은 노아와 노아의 가족을 제외한 모든 사람들을 거대한 홍수를 일으켜 모두 죽이기로 결심했다. 신은 노아에게 방주를 만드는 방법을 알려주었고 지구상의 모든 생물을 암수 한 쌍씩 방주에 태우도록 지시했다. 노아와 그 가족 그리고 동물들은 방주 덕분에 홍수에도 살아남을 수 있었다. 신은 그 후 물이 빠진 땅에 새로운 세상을 재건하게 했다.

여기에서 소개하는 새로운 이야기는 신이 다시 한 번 홍수를 일으키기로 했다는 내용이다. 또한 이 사실을 2주일 전에 알려주고 이번에는 방주도 없다. 신은 이를 가톨릭교회의 교황, 개신교의 지도자들 그리고 유태교의 지도자들에게 통보했다.

이 사실을 전해들은 교황은 모든 가톨릭 신자들에게 남은 2주일 동안에 참회를 하고 사후의 왕국에 들어갈 수 있도록 준비하라고 명했다. 개신교의 지도자들은 모든 신자들에게 남은 2주일 동안 신에게 기도하라고 명했다.

그러면 유태교 지도자들은 어떻게 했을까? 그들은 즉시 자신의 사회로 돌아가 모든 지인들에게 이메일을 보내기 시작했다. 제목은 다음과 같다.

"방법은 이것뿐이다. 2주일 이내에 물속에서 숨을 쉴 수 있는 방법을 찾아라!"

우리는 수많은 외부의 방해에도 굴하지 않고 믿기 힘들 정도의 노력을 해온 사람들을 살펴보았다. 앞서 예로 든 영국 알루미늄 회사의 매수 사건을 돌이켜보자. 영국은행 총재, 일본은행 총재, 미국의 앨런 그린스펀 의장 등이 지그문트 바르부르크에게 전화를 걸어 매수를 포기하도록 권유했다. 은행업계의 대부분은 바르부르크에 대항하는 입장을 표명했다. 하지만 지그문트는 포기하지 않았다. 그렇다고 지그문트가 미국 카우보이 이야기에 등장하는 주인공처럼 '총알이 빗발치는 싸움터로 돌격'한 것도 아니다. 그는 계산을 했다. 그는 고객에게 주식 매수 제안 가격을 1주당 약간씩만 올리도록 시사했다. 이것이 승리의 원인이 되었다. 이 실화에서 알 수 있듯이 외부의 장애물은 실제로 겉보기보다 크지 않은 경우가 많다. 간단히 포기해서는 안된다. 한편 장애물이 보기보다 크거나 예상 외의 경우도 있다. 그럴때에는 어떻게 해야 할까?

넘기 힘든 장애물을 만났다고 해서 극적인, 다시 말해 꼭 비장한 행동을 감행해야 하는 것은 아니다. 이러한 경우 무제한 사고방식의 핵심은 다음과 같다.

장애물을 물리칠 수 없거나 해결할 방법이 없다면?

a 우회하라

b 일단 후퇴해서 다른 전술을 짜라

c (마지막 선택) 아무리 노력해도 해결할 수 없는 상황이라면
  냉정히 받아들이고 (a)나 (b)로 돌아가라

바르부르크의 이야기를 다른 각도에서 생각해보자. 은행 총재와의 통화 후 지그문트가 고객에게 "죄송합니다. 총재가 이 거래를 포기하라고 합니다. 어쩔 수 없군요."라고 말할 가능성은 없었을까?

바르부르크는 그 상황에 대해 이렇게 해석할 수도 있었을 것이다.

"이번 기업 매수는 나 혼자만의 싸움이 아니라 고객의 것이기도 하

다. 상대방은 1주당 가격을 올렸다. 이 건에 대해 나는 더 이상 제어할 수가 없다. 나의 고객은 영국은행 총재에게 잘 보일 필요가 없지만 나는 그렇지 않다. 총재가 거래를 반대한다는 사실은 명백하다. 고객에게는 이쯤에서 손을 떼도록 해야겠다."

그러나 바르부르크는 포기하지 않았다. 혹시 당신은 지금까지 살아오면서 이러한 상황과 마주쳤을 때 위와 같이 행동한 적은 없는가? 어떤 일을 완수할 때 진짜 장애물은 내부에 숨어 있는 경우가 많다. 그것은 바로 우리 자신의 '문제 해결을 위한 자세'이다.

세상에는 복잡한 문제들이 많이 있다. 문제를 해결하기 위해서는 깊은 통찰력과 상상력이 요구된다. 다른 사람들이 당신에게 보조를 맞출 수 있도록 그들의 생각을 바꾸어야 할지도 모른다. 정보를 소유한 사람과 접촉해야 할 일이 생길 수도 있다. 의자에서 일어나 서랍속에 파묻혀 있는 파일을 꺼내야 할 필요도 있을 것이다.

복잡한 문제가 벌어졌을 때 단지 한마디로 "어쩔 수 없어!"라고 말해버리는 편이 훨씬 편리하다. 그러나 '어쩔 수 없어'라는 말은 단순한 태만에서 오는 것에 지나지 않는다.

이러한 자세는 유태인이라고 피해갈 수 없다. 나 역시 늪에 빠져버리는 경우가 많다. 어떤 경우인지 다음 예를 보자.

7-1
기술개발
계약서

몇 년 전, 나는 실리콘밸리에 있는 '어프라이드 머티리얼'이라는 회사에서 변호사로 근무한 적이 있다. 어프라이드 사는 실리콘 마이크로칩 제조기기를 생산하는 기업이다. 인텔, 도시바, 소니, 필립스, 삼성 등 칩을 제조하는 대부분의 기업은 어프라이드 사의 제조기기를 최소한 한 대 정도는 보유하고 있다고 해도 과언이 아닐 정도로 이 업계에서는 알려진 기업이다.

어프라이드 사는 고객과 공동 개발도 자주 하는 회사이며, 물론 공동 개발을 할 때에는 반드시 계약서를 작성한다. 일반적으로 계약서 작성 단계에서 한두 개 정도 협상하기 어려운 조항이 발생하기 마련이다.

대개 공동 개발 도중에 발명된 기술을 어떻게 분배하느냐가 가장 어려운 문제로 대두된다. 당시 많은 회사들은 이미 구식이 되어버린 '기술 공동 보유' 방식을 채택했으나 이 방법은 상황에 따라 양쪽이 매우 불편한 관계가 된다는 문제가 있었다. 한편 IBM, 인텔, 어프라이드 같은 회사는 상호 간에 이점이 많은 최신 거래 방법을 적용했다.

우리는 미국의 어느 대기업과 이런 종류의 계약서에 대해 협상을 진행하고 있었다. 그들이 초안을 작성했지만 내용 중에 구식이 되어버린 '기술 공동 보유' 조항이 포함되어 있었다. 나는 이 조항에 대한 변경을 제안하는 내용과 함께 계약서에 대한 코멘트를 상대 회사에 이메일로 보냈다. 곧바로 상대 측 변호사로부터 전화가 왔다.

몇 분 동안 통화를 하던 중 그 조항에 대한 이야기가 나오게 되었고 그는 나에게 이렇게 말했다.

"죄송합니다. 이 점에 대해서는 당신의 제안을 받아들일 수 없습니다. 우리들이 보낸 초안대로 진행해주었으면 좋겠습니다."

"왜 그래야 하죠?"

내가 물었다.

"회사 방침입니다. 이 조항의 변경은 받아들일 수 없습니다."

('회사 방침'이라는 말은 미국식 거절 방법이다.)

상대는 우리 회사의 고객이었다. 따라서 그 시점에서 물러설 수도 있었다. 그러나 나는 물러서지 않았다. 왜냐하면 그의 대답이 너무나도 엉성했기 때문이다. 물러서기는커녕 나는 그에게 이렇게 물었다.

"그렇습니까? 음, 곤란하게 되었군요. 죄송하지만 왜 회사 방침이 그런지 이유를 설명해주실 수 있습니까?"

"그건… 그냥 방침입니다."

그의 대답은 이것이 전부였다.

나는 나의 제안이 서로에게 얼마나 이익이 되는지 설명했다. 그러나 그의 태도는 변하지 않았다. 결국 나는 이렇게 물었다.

"그러면 그 방침을 만든 사람은 도대체 누구입니까? 그분과 통화를 하게 해주십시오."

'그분'은 물론 상대방 변호사의 상사였다. 일주일 후에 다시 통화를 하기로 했다.

전화 통화 당일 나는 먼저 내가 만든 조항이 얼마나 서로에게 이익을 가져다주는지 설명했다. 그리고 회사 방침 때문에 상대방이 원본 초안에 있는 조항을 바꿀 수 없다는 사실도 확인했다.

"맞습니다. 그것이 당사의 방침이니까요."

상대 변호사는 그렇게 말했다.

"알겠습니다. 그렇다면 한 가지 궁금한 것이 있는데, 그 방침을 만든 이유는 무엇입니까?"

상대는 한순간 말문이 막혔다. 전화기 너머로 그의 한숨 소리가 들렸다. 그리고 그는 이렇게 말했다.

"실은 그 점에 대해서는 좀 문제가 있습니다. 당신이 만든 조항은 훌륭합니다. 우리가 약간 손봐야 할 부분도 있습니다. 그러나 이 조항에 대해서는 기술고문위원회의 승인이 없으면 아무리 사소한 부분이라도 변경이 불가능합니다. 그들은 한 달에 한 번밖에 회의를 열지 않습니다. 그리고 최근 회의는 지난 금요일에 끝나버렸습니다. 따라서 다음 회의는 4주 후에나 열립니다."

아! 이것이 그 중요한 방침이라는 것이었다. 나는 이렇게 말했다.

"알겠습니다. 설명해주셔서 감사합니다. 그렇다면 이렇게 하면 어떨까요? 저희 기술자들에게 계약서 서명을 좀 더 기다릴 수 있는지 물어보겠습니다. 그리고 귀사에서도 좀 더 빠른 시일 내에 이 안건에 대한 기술위원회를 열 수 있는지 확인해주실 수 있는지요? 어떻습니까?"

마침내 일은 내가 원하는 대로 진행되었다. 전화 통화 후 10일째에 우리는 계약서에 서명을 했다.

• • •

당신에게도 혹시 이런 경우가 있지는 않은가? 당신의 요청을 서로의 이익과는 전혀 관계없는 어처구니없는 이유를 대며 반대하는 사람을 만난 적은 없는가? 혹은 당신이 누군가의 앞을 가로막는 장본인이 되었던 적은 없는가?

일주일 동안에 몇 번이나, 하루에 몇 번이나 '어쩔 수 없어', '방법이 없어'라는 말을 하는가? 실제로 말은 하지 않더라도 머릿속으로 이런 말을 얼마나 떠올리는가?

지금까지 이 책에서는 숙제를 내지 않았다. 그러나 이것만은 꼭 숙제로 실천하라.

> 일주일에 하루는
> '어쩔 수 없어'라는 말을 머릿속에서 제거하라

그리고 다음에는 일주일에 하루를 이틀로 늘리는 것이다.

1. (d)가 가장 유태인다운 태도이다.

혹시 음식 재료를 바꿀 수 있을지도 모르기 때문에 일단은 물어봐야 한다. 그러나 만약 웨이터가 바꿀 수 없다고 한다면 그의 말을 '최종 권한을 가진 책임자의 말'로 받아들일 수 있겠는가? 웨이터는 재료를 바꿀 권한이 없을 수도 있다. 또는 바꿀 수 있음에도 불구하고 게으름을 피우고 있는지도 모른다. 당신이 '어쩔 수 없다'며 단념하기를 기다리고 있는지도 모르는 일이다.

그렇다면 매니저가 오면 어떻게 하겠는가? 만약 그가 재료를 교환해 달라는 요구를 거절했다면 당신을 그 이유를 물어봐야 한다. 당신은 대가를 지불하는 고객이기 때문에 물어볼 권리가 있다. 물론 질문을 할 때는 예의를 갖추고 무례하게 보이지 않도록 주의해야 한다.

(a)와 (c)는 그다지 좋은 자세라고 할 수 없다.

(b)도 좋지 않다.

(e)는 손님에게는 예의바른 행동일지 모르나 너무 빨리 포기하고 있다.

그런데 과감히 물어봄으로써 뜻밖의 훌륭한 상황을 만나기도 한다.

개인적인 일이지만 나는 유태교 식습관을 일부 지키고 있기 때문에 먹지 않는 음식도 있다. 어느 크리스마스 이브에 도쿄의 한 레스토랑에서 코스 요리를 먹은 적이 있었는데, 주방장이 나를 위해 대부분의 재료를 내가 먹을 수 있는 것으로 바꿔주었다. 그와 이야기를 나눠보니 그는 '도전을 좋아하는 사람'이었다. 그때 나는 아내가 될 사람(지금의 아내)과 식사를 하고 있었는데 우리들은 결혼식 피로연을 그 레스토랑에서 하기로 결정했다. 한참 지난 후에 알게 된 일이지만, 그 주방장은 '요리의 달인'이라는 TV 프로그램에도 출연하는 사람이었다. 만약 그때 과감하게 물어보지 않았다면 레스토랑에서 그렇게 즐거운 시간을 보낼 수 없었을 것이다. 지금도 도쿄에 갈 때마다 그 레스토랑에 들르곤 한다.

2. (f) 또는 (d)가 유태인다운 태도이다.

실무를 담당하는 부하로서 당신은 이유를 물어볼 권리가 있다. 그래서 나는 먼저 당신에게 이유를 물어볼 것을 권하고 싶기 때문에 (a), (c), (e)는 제외한다. 물론 이유를 물어보기도 전에 상사가 잘못 판단하고 있다고 단정하는 (c)는 무례해 보이기 때문에 좋지 않다.

(d)나 (f)가 (b)보다는 좋다. 왜냐하면 당신은 자신의 의견을 표명했기 때문이다.

자신의 의사를 표현한다는 관점에서 본다면 (f)가 공적인 표현이고 (d)가 사적인 표현이 될 것이다. 대응은 상사와 동료의 스타일에 따라 달라져야겠다. 공적인 장소에서 체면이 깎여도 신경 쓰지 않을 정도로 당신의 상사는 너그러운가? 동료들은 당신의 의견을 존중할 것인가? 아니면 당신을 문제아로 취급할 것인가?

만약 상황이 허락한다면 나의 선택은 (f)이다. 당신의 동료가 좋은 아이디어를 가지고 있을 수도 있기 때문이다. 또한 직원의 관점이 반영

되거나 고려된다면 그 프로젝트의 담당자들도 강한 책임감을 가질 수 있기 때문이다.

3. (c)가 가장 유태인다운 태도이다.

(c)는 두 가지 중요한 사실 사이에서 균형을 이루고 있다. 그룹 안에서는 권위를 지키면서 최고의 의견을 도입해야 하기 때문이다. 이 경우에는 36시간이라는 시간 제한은 상황에 따라 더 길어도, 짧아도 좋다. 부하가 자신에게 바라는 것과 같이, 부하에게는 그 의견에 대한 이유를 설명하게 해야 한다.

(e)는 부하 중에 가장 상상력이 뛰어난 인재를 잃게 된다는 사실을 의미한다. 만약 당신이 유능한 지도자라면 그를 문제아에서 유능한 인재로 바꿀 수 있는 능력이 있을 것이다.

(d)는 당신의 권위를 떨어뜨리는 결과를 초래한다. 이렇게 해서는 부하가 당신에게 일을 시키는 꼴이 되어버린다.

(a)와 (b)는 권위에 너무 집착하게 되어 부하의 의견을 통해 이익을 얻을 수 없을 것이다.

4. (e) 또는 (d)가 가장 유태인다운 태도이다.

(e)가 적절한 이유는 당신이 문제를 통보했을 뿐만 아니라 해결책도 건의했기 때문이다.

당신이 마침 해결 장소에 있었다면 보다 좋은 해결책을 찾아낼 기회를 얻었을 것이다. 만약 그런 일로 시간을 할애할 수 없다면 (d)라도 좋다. 단 당신이 충분히 설명을 했다면 말이다.

(a)는 너무 이상적이다. 현실에서는 상당히 많은 단계를 거쳐야 하기 때문이다. 친척 중에 마음씨 좋은 부자가 있지 않은 한, 특허를 취득하려는 각 상대국에 대해 방어 특허와 함께 그에 대한 상업적 가치를 증명하는 서류를 준비해야 한다. 왜냐하면 그 서류를 이용해서 투자가들을 설득해야 하기 때문이다. 그리고 당신은 스폰서와 조건 협상에 들어가게 된다. 그리고 변호사는 특허 에이전트에게 신청에 대한 실무를 맡기는 것은 물론이고 모든 일을 완수해야 한다. 이 모든 처리를 30일 이내에 완료해야만 한다.

(b)는 최악의 자세이다. 이는 태만에 가까운 태도이다. (c)도 별로 좋지 않다. 무책임한 행동이다. 왜냐하면 만약 당신의 화학적인 발견이 진정으로 신장질환 환자들을 치료할 수 있는 가능성이 있다면 훌륭한 사회적 공헌이기 때문이다. 만약 특허를 받을 수 없다면 어떤 제약회사도 상품화에 난색을 표명하거나, 상품화에 합의해도 각국에서 거액의 금액을 들여 특허 신청을 할 것이다. 즉 환자들이 받을 수 있는 혜택이 줄어들게 된다. 이번 기회는 늦었을지 모르나 다음 기회에 또 같은 문제가 발생했을 때에는 상황을 개선할 수 있을 것이다. 그렇기 때문에 당신은 최소한 편지라도 써야 한다.

제7장
미쳐야 보인다

다음 질문에서 '가장 유태인답다'고 생각하는 것을 고르시오.

1. 한 소년이 사과 여섯 개를 가지고 집을 나섰다. 그러나 집에 돌아왔을 때 그는 사과를 두 개밖에 가지고 있지 않았다. 사과는 몇 개가 없어졌는가? (   )

   a. 두 개
   b. 세 개
   c. 네 개
   d. 여섯 개
   e. 한 개도 없어지지 않았다

2. 당신의 10살 난 딸이 울먹이며 학교에서 돌아왔다. 이번 주 과학 시간에는 색色에 대해서 배웠다고 했다. 월요일에 선생님께서 빨간 스웨터를 입고 온 학생에게 "토시야, 네 스웨터는 무슨 색이니?"라고 물었다. 학생이 "빨간색이요."라고 대답하자 선생님은 "아니야. 사실은 빨간색 이외의 모든 색이야. 그 털실은 가시광선 중의 빨간색은 반사하고 다른 색은 흡수해버린다. 그래서 빨갛게 보이는 거지."라고 말했다.

   다음날 선생님은 다른 학생에게 같은 질문을 했다. 학생들은 모두 전날 선생님이 말한 대로 대답했다.

   그리고 오늘 선생님은 다시 당신의 딸에게 같은 질문을 했다. 선생님의 질문에 당신의 딸은 "왜 반사된 빛과 같은 색이라고 말하면 안 되나요? 털실은 여러 색을 흡수하지만 그중 한 가지 색만 반사하잖아요."라고 대답했다. 그러자 선생님은 당신의 딸을 교실 안에서 웃음거리로 만들었을 뿐 아니라 교실 구석에 서 있게 했다고 한다. 수업이 끝나고 딸은 여러 아이들에게 따돌림을 당했고 '바보' 소리를 들어야 했다. 저녁에 당신의 딸은 수업 중에 배운 색에 대한 내용이 사실인지 당신에게 물었다. 여기서 당신은 어떻게 하겠는가? (   )

a. 어떻게 설명해야 할지 전혀 모르겠다. 그러나 선생님은 당신보다 지식이 풍부할 것이라고 생각하기 때문에 딸에게 선생님 말씀이 맞다고 한다.

b. 어떻게 설명해야 할지 전혀 모르겠다. 그러나 딸을 도와주고 싶기 때문에 딸의 말이 맞다고 한다.

c. 딸에게 인터넷에서 같이 찾아보자고 한다.

d. 딸에게 선생님을 무시하면 안 되기 때문에 벌을 받은 것은 당연하다고 한다. 더 이상 딸과 논쟁할 시간은 없다.

e. 정답을 알고 있기 때문에 딸에게 가르친다.

3. (질문 2에 이어서) 딸에 대한 교사의 대우에 대해 당신은 어떻게 대처하겠는가?

(   )

a. 아무런 행동도 하지 않는다. 색에 대한 선생님의 설명이 맞다면 말이다.

b. 아무런 행동도 하지 않는다. 왜냐하면 만약 선생님이 틀렸다고 해도 학생들 앞에서 선생님에게 반론을 제기한 딸에게 잘못이 있기 때문이다.

c. 만약 딸의 말이 맞다면 선생님에게 항의한다.

d. 색에 대해서 누구의 말이 맞다고 하더라도 선생님에게 항의한다. 다른 학생들 앞에서 딸을 웃음거리로 만들어서는 안 되기 때문이다.

e. (d)와 같다. 다만 가능하다면 딸을 다른 학급으로 옮기도록 학교 측에 요청한다.

4. 당신은 베를린 지사에서 출장 온 독일인과 함께 저녁을 먹고 있다. 그 자리에서 그는 베를린 오케스트라의 신임 지휘자에 대해 이야기하고 있다. 그 지휘자는 프랑스계 유태인 아버지와 일본계 어머니 사이에서 태어났다고 한다. 그는 몇 분 동안이나 지휘자에 대해 이야기하며 한편으로는 자신의 음악적 재능에 대한 자화자찬을 늘어놓기 시작했다. 당신은 이에 대해 어떻게 생각하는가? (   )

a. 지휘자의 성공에 질투심을 느낀다.
b. 화제가 빨리 끝나기를 마음속으로 바란다. 클래식 음악에는 흥미가 없기 때문이다.
c. 지휘자의 성공을 자랑스럽게 생각한다.
d. 무관심으로 일관한다. "미안하지만 소금 좀 집어주세요."

[해설은 292페이지에 있다]

'학습광 기질'의 비밀

말 그대로 '학습광 기질'이라는 제목은 좀 기묘하게 느껴질 수 있다. 그러나 의미는 매우 단순하다. 지적인 활동을 위해 정열을 불태우거나 지적인 활동을 통해 발군의 성과를 거둔 사람에게 보내는 칭찬일 뿐이다.

이디쉬 코프에 관한 다섯 가지 요소를 기억하는가? 학습광 기질은 제3의 요소이다. 다섯 가지 요소 중 이 장의 내용은 활용하기까지 가장 장기적인 노력을 필요로 한다. 그러나 만약 제대로 습득할 수만 있다면 그 결과는 다섯 가지 요소 중에서 가장 오래도록 활용할 수 있을 것이다. 또한 당신뿐만 아니라 당신의 자녀나 손자에게까지 유용할 것이다.

학습광 기질의 뿌리

이 말의 역사적인 뿌리는 단순하다. 〈그림 7.1〉을 보자. 이 장에서 가장 중요한 역사적 요소는 '논리적, 객관적인 조상'과 '법전 문서화'이다.

앞에서 유태교의 시조인 아브라함의 논리성과 객관성이 어떻게 해서 유태인 사상의 문화적 전통을 형성했는지 소개했다.

또한 문화의 기초를 문서화된 법전에 두고 있는 민족에게는 당연히 읽고 쓰기가 중요해진다. 그것이 동유럽에서 가장 빈곤했던 유태인이 비유태인보다는 낮은 문맹률을 갖게 된 이유였다.

유태인 사회에서 가장 높은 지위는 가장 폭넓은 지식을 가진 사람들에게 주어졌다. 그리고 지식인을 평가하는 기준은 일반적으로 '얼마나 많은 책을 읽었는가?', '그것을 얼마만큼 이해하고 있는가?'였다.

위에서 말한 유태 문화의 두 가지 요소를 맞추어 보면 이 장에서 소개하는 학습광 기질이라는 말의 뜻을 대강 알 수 있을 것이다.

〈그림 7.2〉를 보라. 첫 번째 룰은 일종의 사고법에 관한 것이다. '논리적으로 상상하라'는 타이틀이다. 이 요소의 기원은 탈무드에서 사용된 분석 방식이다.

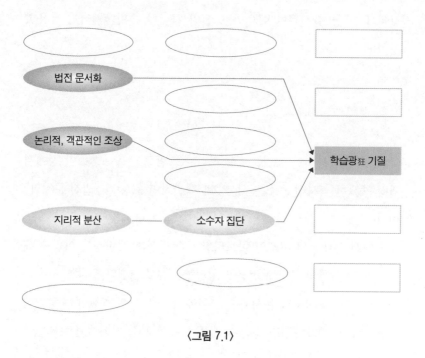

〈그림 7.1〉

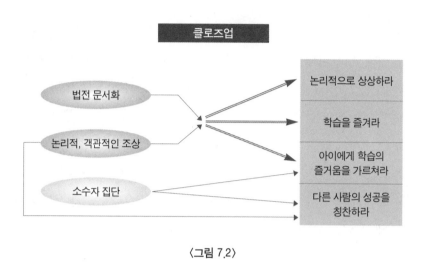

〈그림 7.2〉

이러한 방식은 탈무드보다 훨씬 오래 전부터 이미 시작되었음이 틀림없으나, 실제로 유태인들은 몇 세대에 걸친 탈무드 연구를 통해 사고 방법을 배워왔다. 이 장에서는 실제 탈무드의 논리적 사고법에 대해 몇 가지 예를 소개하겠다.

두 번째와 세 번째 룰은 서로 관련이 있다. 학습을 즐긴다는 것과 어린이가 학습을 좋아하도록 가르친다는 점이 바로 그것이다. 이 차이는 무엇일까? 두 번째는 당신이 자신의 마음을 다스리려면 어떻게 해야 하는지에 관한 것이고, 세 번째는 다음 세대에 마음을 다스리는 방법을 어떻게 전수해야 하는지에 대한 것이다. 짐작하겠지만 세 번째 룰은 당신이 아무리 지적인 능력이 뛰어나다 해도 저절로 이루어지는 것이 아니다.

그림에는 새로운 타원으로 소수자 집단이 포함되어 있다. 왜 이 타원이 존재할까? 소수자 집단이라는 사실은 유태인 아버지들이 아이들에게 거는 기대감의 근본적인 원인이었다. 즉 유태인들은 언제나 소수자 집단이었기 때문에 아버지들은 아이들이 가능한 한 지위가 높은 직업을 갖기를 원했다.

맨 아래의 룰은 '다른 사람의 성공을 칭찬하라'이다. 유태인의 인구 비율은 언제나 낮았기 때문에 다른 민족들과의 경쟁에서 유태인이 성공하는 것을 보는 것은 큰 즐거움이었다. 그리고 유태 문화가 두뇌 활용에 역점을 두고 있기 때문에, 유태인은 그 대상이 유태인이든 비유태인이든 머리가 좋은 사람들을 칭찬하는 경향이 있다.

배경에 대한 설명은 이 정도로 충분하다고 생각된다. 그러면 사람들이 어떻게 학습광이 되는지 알아보기로 하자.

:: **Rule 8** 논리적으로 상상하라

19세기 이전, 유태인의 지적 활동은 매우 좁은 범위에 한정되어 있었다. 아주 드문 예외로는 중세 아랍 통치하의 스페인 등이 있으나, 지적 활동 면에서는 실제로 구약성서와 탈무드 연구의 범위를 벗어나지 못했다.

게토의 벽이 무너지고 유럽에서 유태인들이 대학 교육을 받게 된 후부터는 사정이 달라졌다. 유태인은 마치 홍수가 지나간 사막에 풀이 나듯 비종교적인 분야의 지식을 흡수하기 시작했다.

그러면 그들은 새로운 분야의 지식을 흡수하기 위해 완전히 새로운

유태인의 과학 분야 수상실적

과학 또는 기타 지적인 분야에서 국제적인 상을 수상할 수 있는 사람은 유태인과 비유태인을 막론하고 매우 한정되어 있다. 그러나 수상자들을 분석해보면 유태인의 비율이 높은 건 사실이다. 아래에 소개하는 표는 노벨상과 기타 저명한 과학 관련 수상자들 가운데 유태인의 비율이다.('NAS' = 미국 과학 아카데미US National Academy of Sciences, 괄호 안은 미국 수상자 중 유태인의 비율)

분야	상	유태인 수상 비율
바이오 메디컬	노벨상(Novel Prize)	28%(미국인 중 42%)
	울프상(Wolf Prize)	38%
	라스카상	33%
	NAS 생명과학 · 의학 부문	33% 이상
화 학	노벨상	18%(미국인 중 26%)
	울프상	39%
	프리스트리상(Priestly Prize)	19%
	NAS 화학 · 생물화학 부문	약 33%
경제학	노벨상	40%(미국인 중 54%)
	존 베이츠 클라크 메달	70%
	NAS 경제학 부문	약 50%
물리학	노벨상	26%(미국인 중 37%)
	울프상	50%
	맥스 브랭크 메달	28%
	NAS 물리학 · 응용물리 부문	40% 이상
수 학	필즈 메달	30%
	울프상	41%
	스틸상(Lifetime Achievement)	61%
	NAS 수학 · 응용수학 부문	50% 이상

미국인 중 유태인 비율 : 약 2%
전 세계 인구 중 유태인 비율 : 0.2%

사고방식을 습득해야 할 필요가 있었을까? 그렇지는 않았다. 그들은 이미 탈무드 연구를 통해 '학습'의 기본을 갖추고 있었기 때문이다.

이와 같은 비종교 분야의 연구는 유태 문화적 해석 방법을 통해 한 층 풍성해졌다. 탈무드를 공부하지 않았던 유태인들조차도 탈무드 연구 방식의 영향을 받았다. 왜냐하면 대부분의 경우 그들의 아버지 또는 할아버지 세대까지는 탈무드를 일상적으로 배웠기 때문이다. 그래서 탈무드를 공부해본 적이 없는 유태인들도 1,000년 이상에 걸쳐 조상들이 쌓아온 탈무드 학습의 바탕을 지니고 있었다. 예를 들어, 탈무드 연구로부터 발생한 독특한 언어적인 리듬은 가족의 일상적인 대화에도 사용되었다.

나의 경우, 가까운 가족 중에 탈무드를 연구한 사람은 없었다. 아마 나의 외할아버지께서 조금은 공부했을 것이다. 그러나 소년 시절 미국에 이주한 이후부터 학습을 중단했기 때문에 그다지 깊이 있게 탈무드를 연구할 수는 없었다.

내가 성인이 된 후 어느 날, 단순한 호기심에서 탈무드의 제1권을 펼쳐보았다. 놀랍게 전개되는 무수한 질문의 소용돌이와 상세한 논리적 사고가 기록된 내용을 보고 뭐라 표현할 수 없는 희열을 느꼈다. 그것은 뉴욕에서 태어나고 자란 내가 고향의 가족을 찾은 것과 같은 기분이었다.

탈무드 연구에는 적지 않은 심리 기법들이 사용되고 있다.

• 논리적으로 논쟁을 펼쳐라

- 현실적인 사실을 이용하여 논리적 문제를 해결하라
- 모르는 것이 무엇인지 알라
- 질문을 던져라
- 사안의 유사성을 찾아라(논리적인 논쟁의 기반을 위해)
- 사물의 깊은 의미를 유추하라(응용 범위를 확대하기 위해)

　예민한 사고 능력을 키우는 데는 훈련이 필요하다. 사고 능력을 기르는 데 지적인 대화와 독서만큼 유용한 것도 없다.

　대화는 탈무드 연구의 전통적인 방법이었다. 탈무드를 연구한 사람들은 자신들이 읽은 부분에 대한 논쟁(때로는 격론) 상대를 미리 정해 놓곤 한다.

　당신이 친구와 국제 경제나 정치에 대해 대화를 나누며 흥미로운 시간을 보낸다면 당신의 두뇌는 긍정적인 트레이닝을 받는 것과 마찬가지이다. 독서도 친구와 같다. 당신의 지적인 흥미를 끌어낼 만한 책, 차분히 생각할 시간을 갖게 하는 책들은 사고 능력을 자극한다.

　그러나 애석하게도 책을 읽는 것만으로 논리적 사고를 지니기는 어렵다. 왜냐하면 독서에 의지하면 지나치게 수동적으로 변해버리기 때문이다. 독서로 얻은 지식에 대해 누군가에게 이야기를 하거나, 글로 쓰거나 혹은 실제 행동으로 옮기는 등의 활동을 통해 현실에 적용시킬 필요가 있다. 그때 비로소 당신은 책에서 무엇인가를 배웠다고 할 수 있다.

　한편 '보드게임을 하면 논리력을 개발할 수 있지 않을까?'라고 생각할지도 모르겠다. 장기나 체스와 같은 것 말이다. 확실히 이런 게임들은 머릿속을 맑게 하는 데 도움이 된다. 그런데 문제는 이런 게임들에는 '언어가 없다'는 점이다. 언어를 배제한 논리력 강화란 있을 수 없다.

독서와 대화는 논리력의 출발점이다

한편 논리도 만능은 아니다. 논리력은 상상력과 결합할 때에만 제대로 자랄 수 있다.

그렇다면 상상력은 어떻게 키울 수 있을까?

솔직히 말하면 이것은 논리 능력을 습득하는 것보다 훨씬 어려운 일이다. 그림을 그리거나 글을 쓰거나 자연 속을 산책하면서 조용히 시간을 보내면 상상력이 커진다고 말하는 사람도 있다. 상상력을 키우기 위해 문학 서적을 읽는 사람도 있다. 사람에 따라 방법은 다를 것이다.

단, 해서는 안 되는 것이 있다. 바로 컴퓨터 게임과 TV이다. 컴퓨터 게임과 TV는 상상력에 상당한 해를 끼친다. 어쩔 수 없이 보는 것은 도리가 없지만 컴퓨터 게임과 TV로 시간을 보내면 상상력은 오히려 멈추거나 퇴화될 가능성이 높다. 게임과 TV는 두뇌의 활동을 느슨하게 만들고, 심지어 생각이 앞으로 나아가는 것을 가로막기도 한다. 그럴 때 두뇌는 누군가가 이미 만들어놓은 판타지의 단순한 소비자 역할만 하게 된다. 두뇌가 주체적으로 무엇인가를 창조하는 행위를 멈춰버리는 것이다.

그러면 왜 상상력을 향상시켜야 할까?

상상력은 현실을 더 잘 보이게 만든다

멋있는 문구지만 쉬운 일은 아니다. 그러나 이 말은 이 책 전체의 가장 중요한 포인트이며 이디쉬 코프의 보다 깊은 부분에 도달하는 열쇠이기도 하다. 왜냐하면 상상력은 '논리'에 '사실'이라는 새로운 요소를 결합시키는 매개체이기 때문이다.

많은 사람들이 유태인을 매우 논리적이라고 생각한다. 이것은 어느 정도 사실이다. 그러나 논리는 마치 문법과도 같다. 문법 자체에는 의미가 없다. 예를 들어, '파란 꿈은 행복하게 운다'라는 문장은 문법상으로는 완벽하지만 문법이 명쾌하다고 해서 의미도 명쾌하게 전달되는 것은 아니다.

'의미'는 어딘가에서 파생되어야 한다. 탈무드가 편찬된 시대의 랍비들은 '의미는 지상의 어느 생명에서 태어나는 것'이라고 여겼다. 이러한 이유에서 그들은 구약성서와 탈무드를 탄생시킨 '토라'가 천국에서 만들어졌을 것이라고 믿었다. 유태인들 사이에 '랍비들은 신보다 토라의 해석 방법을 더 잘 알고 있다'는 우스갯소리가 있을 정도이다. (이 일화에서 신은 이 사실에 대해 유머와 센스를 가지고 대응한다. 물론 이 이야기를 기록한 것도 랍비들이었다.)

토라의 내용을 세상에 실제 존재하는 것들에 제한함으로써 랍비들은 그들이 흥미를 가지고 있는 것들이 현실 그 자체라고 이야기했다. 비종교적 유태 문화 역시 무엇보다 '현실'을 존중하려는 태도는 동일하다. 현실은 우리에게 만물의 의미를 알 수 있게 하는 중요한 근원이다. 아브라함이 태양과 달과 별을 보고 신의 존재를 깨달은 것처럼 말이다.

내가 이렇게 철학 이야기에 집착하는 이유는 당신이 상상력을 동원하기를 원하지만 그것이 잘못된 방향으로 흘러가기를 바라지 않기 때문이다. 논리가 일관되고 상상력이 풍부한 세계관은 판타지로도 얻을 수 있다. 그러나 현실과 동떨어진 세계관은 유익하지도 않을 뿐더러 권하고 싶지 않다.

내가 우려하고 있는 현실적인 문제가 있다. 비유태인이 쓴 유태인에 관한 어처구니없는 책들이 범람하고 있다는 점이다. 애석하게도 그중 몇 권은 이 책을 집필하는 도중에도 출간되었다. 그 책들 중 일부는 논리적으로 일관성조차 없으며 논할 가치도 없지만, 또 다른 일부의 책들은 적어도 논리적으로는 문제가 없어 보였다. 논리적으로 문제가 없어 보이는 몇 권은 풍부한 상상력까지 보여주었다. 그러나 대부분은 유태인의 진실과는 거리가 먼 것들이어서 유태인이 보면 웃음이 나오고 말 내용들이었다.

사람들에게는 누구나 자신의 의견을 말할 권리가 있다. 그렇다고 해서 모든 의견이 대등하고 정당하다는 의미는 아니다. 사실을 향한 접근에는 합리적이고 객관적인 태도가 필요하다.

:: Rule 9 학습을 즐겨라

일반적으로 유태인은 학습을 좋아한다. 미국의 유태인은 다른 민족에 비해 압도적으로 4년제 대학, 대학원을 졸업하는 비율이 높다는 사실을 소개했다. 높은 학력이 그만큼 많은 돈을 벌 수 있게 한다는 말에 수긍할 수 있다. 이것은 부분적으로는 사실이다. 실제로 많은 유태인들은 보다 높은 교육을 받음으로써 더 좋은 출발을 할 수 있게 되었다.

그러나 이것은 어디까지나 '부분적'인 사실에 지나지 않는다. '고등교육'이 곧바로 '학습'과 일치하지는 않기 때문이다. 많은 유태인에게 학습은 인생의 즐거움이다.

몇 가지 예를 들어 설명해보자.

동유럽의 유태인 사회는 재력이 있다고 해서 반드시 높은 지위에 오를 수 있는 것은 아니었다. 높은 교육만이 높은 지위를 안겨주었다. 나의 할아버지가 유년시절을 보낸 작은 마을에서는 대학교육을 받는 것 자체가 힘들었다. 당시의 유태인에게 고등교육이라는 것은 대개의 경우 탈무드 연구를 의미했다.

실제의 교육은 탈무드를 공부하는 것보다 훨씬 전부터 시작되었다. 먼저 '읽기'였다. 유태의 아이가 알파벳, 즉 이디쉬어로 '아레프 베이스'를 배우기 시작하면 특별한 의식을 거행했다. 아이들은 알파벳이 적힌 석판을 보고 문자를 기억했는데, 선생님에게 배운 대로 자신의 이름을 반복할 수 있게 되면 선생님은 반드시 꿀을 한 숟가락 아이 입에 넣어주었다. 왜 그랬을까? 아이들에게 배움은 달콤하다는 사실을 가르치기 위함이었다.

그리고 아이가 5살이나 6살이 되면 학습이 즐거운 일이라는 것을 가르치기 위해 또 다른 의식을 거행했다. 그 나이가 되면 유태의 아이들은 '토라'를 배우기 시작하는데, 모든 아이들이 선생님의 질문에 대답을 끝내게 되면 그들은 3명의 성인 남성들에게 3번 축복의 기도를 받는다. 그리고 아이들의 가족은 파티를 열어 쿠키나 달콤한 과자 등을 아이들에게 마음껏 먹게 한다.

이로써 아이들은 공부를 시작하는 동기를 얻게 되며, 그와 함께 학습은 그 자체가 즐거움이라는 사실을 기억하게 된다.

나의 할아버지가 자란 가리치아에서의 교육은 독일어를 읽고 쓰는 것이었다. 가리치아가 이전 오스트리아와 헝가리의 지배를 받던 시절, 학교 교육은 독일어로 이루어졌다. 그러나 가리치아의 대다수 비유태인들은 독일어를 싫어해서 폴란드어나 우크라이나어로 대화를 했다. 그 때문에 할아버지가 태어나기 15년 전에는 오스트리아의 지배가 급속히 약해지면서 독일어 교육은 완전히 폐지되었다.

그러나 독일어는 당시 유럽에서 가장 앞서가는 언어였고 문학, 음악 그리고 과학의 근간이 되는 언어였다. 그래서 유태인은 독일어를 버리지 않았다.

할아버지는 13살 때 혼자서 미국으로 건너와 곧바로 일자리를 얻었기 때문에 탈무드도 독일어도 공부할 필요가 없었다. 그러나 할아버지는 야학에 다니면서 전혀 다른 공부를 계속했다. 최초의 학습은 매우 현실적인 공부, 즉 영어였다. 그 후 할아버지는 19년에 걸쳐 야학에 다녔는데 석사학위를 취득할 시점에는 이미 보험외판원으로서 성공을 거두고 있었다.

즉 할아버지는 일 때문에 석사학위를 취득했던 것이 아니라 '교육을 받은 사람'이라는 성취감을 얻고 싶어 했다.

학위 취득 후에도 50년에 걸쳐 그는 보험외판원으로 일을 계속 했다. 동시에 고전문학과 철학도 단순한 취미로 배웠다.

앞서 소개한 다저스의 투수 샌디 코팩스를 기억하는가? 그가 입단한 첫 해에(당시는 브룩클린 다저스 시절) 다저스는 월드시리즈를 재패했다. 당연히 성대한 우승 파티를 치렀는데, 파티에 참석하기 전에 그가 제일 먼저 무엇을 했는지 아는가? 그는 시합 틈틈이 다닌 컬럼비아대학의 건축학과 담당교수에게 그날 저녁 수업에 결석해도 되는지 물었다. 샌디 코팩스는 선수 생활을 하는 도중에도 대기실에서 혹은 이동 중에 책을 읽는 모습이 뉴스나 신문에 소개되곤 했다. 게다가 그가 읽고 있던 책들의 종류로는 베스트셀러뿐만 아니라 사회학이나 역사 서적 등도 있었다.

유태인 대부호인 조지 소로스 역시 인생에서 열정을 쏟았던 분야는 금융이 아닌 철학이었다. 소로스는 런던경제대학LSE에서 경제학을 전공했다. 그러나 그는 당시 자신이 진정 흥미가 있었던 분야가 무엇인지 알면서도 타협을 했다고 말했다. 그 때문에 소로스는 일부러 런던 경제대학에서 1년을 더 보내고, 유명한 과학철학자이며 정치철학자인 칼 호크 경 밑에서 연구를 하게 된다.

소로스는 그다지 뛰어난 학생은 아니었다. 재산을 모으고 유명해진 후에 그는 호크 경과 재회한다. 그러나 호크 경은 런던에 살던 시절 자택에 초대한 적이 있었는데도 불구하고 소로스를 전혀 기억하지 못했다.

소로스는 자신이 일류 철학자가 아니라는 사실을 스스로 인정했다. 그런데도 그는 사색을 하고 책을 쓰기 위해 지금까지 몇 번에 걸쳐 비즈니스의 최전선에서 한 발씩 물러나기도 했다. 또 그는 자택에서 철학자들의 모임을 열기도 했다.

소로스가 돈을 벌기 위해 이러한 활동을 한 것이 아닌 것은 분명하다. 단순히 사색과 탐구를 사랑했기 때문이었다.

9-1 바르부르크 도서관

앞서 우리는 영국에서 가장 성공한 투자은행의 설립자 지그문트 바르부르크에 대해 알아보았다. 그는 은행가였던 한편 열렬한 독서가였다.

지그문트는 이렇게 말했다.

"나에게 가장 소중한 것은 첫 번째가 사람, 두 번째가 책, 세 번째가 태양 그리고 네 번째가 음악이다."

그는 독일어, 프랑스어, 영어, 라틴어, 그리스어 문학을 읽었다고 말했다. 일주일에 여섯 권의 책을 읽었다는 일화도 있을 정도로 다독가로 알려져 있다.

지그문트는 늘 메모를 통해 기억한다고 한다. 그는 매우 꼼꼼한 사람이었다. 일요일이면 서너 가지 신문의 논평을 모두 읽고 흥미가 있는 내용에는 표시를 해두었다. 그리고 매주 월요일이 되면 표시를 해둔 논평을 회사로 가져가 비서에게 그 내용과 관련 있는 책을 사오게 했다. 비서는 사온 책에 논평을 복사한 종이를 끼워 넣어 지그문트에게 건네주었다. 책을 읽고 있는 동안 지그문트는 자주 메모를 했는데, 그때는 언제나 아내가 준 특별한 지우개가 들어 있는 케이스를 옆에 두었다.

그는 도대체 어떤 책을 읽었을까? 대부분은 역사, 전기, 문학 그리고 철학 서적이었다. 그가 읽은 4,000여 권에 달하는 책 중에서 경제학에 대한 책은 지극히 일부에 불과했다고 한다.

이러한 독서 기질은 일하는 도중에도 끊이지 않았다. 채용 면접에서도 그는 자주 응시자들에게 최근에 읽은 책이 무엇인지 물어보았다. 그는 이것이 지적인 깊이를 측정할 수 있는 훌륭한 테스트라고 생각했다. 당시 어느 응시자의 말에 의하면 면접에서 그가 옥스퍼드대학에서 그리스어와 라틴어를 배웠다고 말하자 지그문트는 갑자기 밝은 얼굴로 "경제학을 공부하지 않았다니 정말 훌륭하군요!"라고 말했다고 한다.

지그문트의 큰아버지인 아비 바르부르크는 한층 더 인상적이다. 그는 함부르크 바르부르크 일족 출신이었다. 그의 부친인 모리츠는 바르부르크 은행의 설립자이다. 나치 지배가 시작되기 전까지

이 은행은 독일 최대의 민영은행이었다.

아비는 다섯 형제 중 장남이었다. 13살 때 그가 동생과 거래를 맺었는데 구약성서에 나오는 이삭의 아들 야곱과 에서의 일화에 나온 거래 내용과 매우 유사했다.

어느 날 장남 아비는 바깥일을 마치고 집으로 돌아왔다. 너무 지치고 배가 고픈 나머지 동생 야곱에게 떡과 죽을 받고 대신 아버지 이삭의 재산을 상속받을 권리를 넘겨줘버린다.

아비와 그의 동생 맥스와의 거래는 이 전설과 매우 비슷했으나 결과는 너무 달랐다. 아비는 당시 12살이었던 맥스에게 만약 맥스가 '어떤 조건'에 동의해준다면 아버지 은행의 다음 경영자는 네가 될 것이라고 이야기를 꺼냈다. 그 '어떤 조건'이란 아비가 동생에게 상속권을 양보하는 대신 동생은 아비가 살아 있는 동안 아비가 갖고 싶어 하는 모든 책을 사주어야 한다는 것이었다. 형제는 악수를 하고 계약은 성립됐다. 어린 시절의 약속이었음에도 불구하고 그들은 일생 동안 이 약속을 지켰다.

후일 아비가 역사상 가장 유명한 책 소장가가 될 거라는 사실은 당시 아무도 몰랐다. 아비는 이탈리아의 르네상스를 중심 소재로 한 연구로 예술사 박사학위를 취득했는데 그가 수집한 책의 대부분은 르네상스와 관련이 있었으며 모두 고가의 희귀한 책들이었다. 은행이 심각한 재정난을 겪는 동안에도 맥스는 어린 시절 형과 했던 약속을 충실히 지켰다.

아비의 책들은 세월이 지나자 도서관을 지어도 될 만큼 규모가 커졌다. 그리고 1925년, 아비의 소장 서적을 모아 함부르크대학 부속 바르부르크 도서관이 설립되었다. 예술사와 르네상스 문화에 관한 전문 도서관이었다. 1930년, 아비가 세상을 떠날 때는 장서가 8만 권을 넘었다고 한다.

1933년 나치가 정권을 잡게 되면서 도서관은 폐쇄되었고 도서관 설립자가 유태인이라는 사실 때문에 함부르크대학과의 관계는 완전히 단절되었다. 나치는 장서들을 '아리아계' 시설로 옮기기로 했다. 정부는 바르부르크 일가에게 장서를 새로운 시설로 옮기는 날짜를 알려주지 않았다.

한편 그 사이 바르부르크 일가는 장서를 독일 밖으로 옮기기 위해 필사적으로 장소를 물색하고 있었다. 드디어 그들은 런던대학에 장서를 3년간 대여하기로 계약을 맺었다. 책을 옮기는 날, 사전에 특별히 선택된 반나치 남자들이 모였고 장서를 실은 두 척의 배는 마치 난민을 실은 배처럼 조용히 책과 설비를 영국으로 운반했다. 이 배에는 도서관과 관련있는 유태인 학자들도 함께 타고 있었다고 한다.

'장서 대여'는 결국 영구 계약이 되었다. 바르부르크 도서관은 런던대학 부속으로 지금도 런던에 남아 있다. 한편 바르부르크 은행은 이미 이 세상에는 존재하지 않는다. 동생 맥스는 생전에 아비의 도서관이 은행보다 훨씬 오랜 세월 동안 이 세상에 남을 것이라고 투덜거리곤 했다는데 그 말이 현실이 되었다.

• • •

이러한 유태 문화의 단면에서 우리는 어떤 힌트를 얻을 수 있을까?

예를 들어, 경력을 쌓기 위해 어떤 자격증이나 학위가 필요하다고 하자. 아마도 당신은 필요한 학위를 취득하기 위해 학원에 등록할 것이다. 그러나 학원 공부에는 한계가 있다. 또한 '귀찮은 일은 가능한 한 빨리 해치우자'는 마음도 생기게 마련이다. 즉 학원에서 얻을 수 있는 것은 내가 말하는 '평생 학습'에 의해 얻을 수 있는 것과 엄연히 다르다.

자신이 하고 있는 '일'과 지니고 있는 '지적인 흥미'가 완전히 일치하는 행운아들은 많지 않다. 물리학자인 리처드 파인만은 그 몇 안 되는 행운아들 중 한 사람이었다. 그는 매우 재미있는 얘기들을 많이 남겼는데 그중에 이런 말도 있다.

"물리학은 섹스와 같다. 가끔은 현실적인 결과를 얻을 때도 있지만, 그렇다고 해서 그것이 우리가 그 행위를 하는 이유는 아니다."

나는 파인만처럼 나의 일과 그렇게 친밀한 관계를 갖지 못했다. 그래도 지금까지 쌓아온 경력 중에서 가장 좋아했던 분야가 무엇이었는지 알고 있다. 가장 배움의 기회가 많았던 일이었다. 어떻게 하면 좀 더 일을 잘할 수 있는지를 배운 것이 아니라, 내가 가지고 있는 다른 흥밋거리들에 대해 배울 기회가 있었다.

나는 젊었을 때부터 '국제적인 일'이나 '과학'에 흥미가 있었다. 그러나 로스쿨을 졸업한 뒤 시작한 첫 번째 일은 나의 흥미와는 그다지 상관이 없는 일이었다. 두 번째 일도 역시 그랬다. 그러나 점차 경험을 더해가면서 내가 흥미를 가진 분야를 내 일의 범주에 넣을 수 있게 되었다.

먼저 나는 '외국의 고객'이나 '기술 분야의 비즈니스를 하는 고객'을 상대하는 일을 찾았다. 사실 내가 제공하는 법률 실무는 호텔 체인점을 상대로 하든 소매업종을 상대로 하든 별로 다를 것이 없었다. 그러나 내가 흥미를 느끼는 분야에서 고객을 찾아야겠다고 생각했다.

그리고 고객을 위해서 비즈니스나 기술 분야를 더 공부하겠다고 마음먹었다. 나는 고객에 대한 도리를 다하기 위해 회사에 요청하여 값비싼 서적을 구입하기도 했다. 경비가 지급이 안 되어도 어차피 개인비용으로 구매할 생각이었다. 언젠가는 수익과 직결될 것이라고 스스로를 납득시켰다.

그 후 내가 담당하는 안건은 국제적이거나 기술적인 사안들에 집중되었다. 내가 바라던 일이었다. 고객은 내가 그들의 문화나 기술 분야에 어느 정도 지식이 있다는 것을 알았고, 열심히 배우려는 나를 높이 평가해주었다.

그 후 인연이 닿아 모 전자기업의 회사 내 벤처캐피털리스트라는 일을 얻게 되었다. 이 일도 최신 정보를 끊임없이 학습할 필요가 있었기 때문에, 이전부터 흥미가 있었던 나노 기술 같은 최첨단 과학기술을 원천으로 하는 제품이나 기업을 담당하는 혜택을 얻게 되었다.

일과 상관없는 '지적인 흥밋거리'를 만들어라

여기에는 두 가지 전제가 있다. 한 가지는 일과 관련이 없는 '밖의 세계'에 흥미를 가지라는 것이고, 다른 하나는 일 때문에 아무리 바빠도 흥미를 유지하는 방법을 찾아야 한다는 것이다.

다시 한 번 말해두지만 여기서의 흥밋거리는 어디까지나 지적인 흥미를 말한다. 예를 들어, 스노보드 타기 같은 것은 이 대상에 포함되지 않는다. 물론 당신이 스노보드를 좋아해서 결과적으로 스노보드 디자인에 흥미가 있다고 한다면 그것은 여기에서 이야기하는 '지적인' 흥밋거리에 해당될 것이다.

흥밋거리를 억지로 만들어낼 수는 없다. 만약 당신이 뭔가에 흥미를 가지려고 결심을 하더라도 일부러 흥미를 갖기는 어렵다. '흥미란 당신의 마음속에서 끓어오르는 그 무엇'이어야 한다.

'어떻게 하면 흥미와 학습을 유지할 수 있을까?'에 대해 나의 방법을 소개해보겠다. 한마디로 말하면 독서이다. 지그문트 바르부르크 정도는 아니지만 나 역시 많은 책을 읽는 편이다. 아무리 바쁜 일이 있어도, (만약 일이 늦어 밤 2시에 집에 돌아온다고 해도) 졸려서 눈이 감기기 직전까지 적어도 한 페이지 정도는 읽는다. 때로는 한 단락 정도밖에 읽지 못하는 때도 있다. 또 여행을 할 때는 짐 속에 책을 넣어두는데, 이런 때에는 주로 소설이나 여행지에 관련된 책을 읽는다. 나는 일 때문에 자주 비행기를 이용하는데, 비행기 안에서는 일은 전혀 하지 않고 흥미를 끌 만한 내용의 책들을 읽는다.

집에서 밤에 독서를 할 때 나는 두 가지 원칙을 가지고 있다. 하나는 밤 8시 이후에는 일에 관한 책은 읽지 않는다. 또 하나는 잠들기 전에는 잡지나 신문은 읽지 않는다. 잡지는 일회용이지만 책은 장기적인 계획이기 때문에 정신적인 안정을 주는 것은 역시 책이다.

약 15년 전부터 나는 매년 읽은 책의 목록을 만들고 있다. 목록이라고 해도 작가와 타이틀, 그리고 다 읽은 날짜를 기록하는 정도이다. 목록을 만드는 이유는 나는 기억력이 그다지 탁월하지 못하고, 세월이 흐른 후에 당시 내가 무엇에 흥미가 있었는지 돌이켜보는 일이 즐겁기 때문이다. 그리고 또 다른 이유는 책을 한 권 다 읽었다는 현실적인 성취감을 얻기 위함이다.

흥미를 끄는 책을 읽음으로써 때로는 생각하지도 못했던 현실적인 대가를 얻는 경우도 있다. 사실 나는 과학 방면에 흥미가 많다. 지금으로부터 10년 전, 나는 대학 때부터 읽고 싶었던 물리학 관련 서적을 읽기 시작했는데 실용과는 거리가 먼 내용이었다. 이 책을 읽기 시작한 다음날 고객에게 새로운 발명에 관한 자료를 받았다. 나의 역할은 발명에 대한 특허신청서를 작성하는 일이었지만, 자료를 보니 그 발명은 실제로는 유효하지 않다는 것을 알 수 있었다. 그때 머릿속에 문득 아이디어가 떠올랐다. 전날 밤 읽은 책에 실마리가 있었다. 그리고 이 아이디어를 이용하여 고객의 특허를 따낼 수 있었다. 그는 나의 공로를 인정하여 나를 공동 발명자로 추천해주었다.

어떠한 행운이 하늘에서 내려올지는 모르는 일이다. 확실한 것은 어쨌든 내가 물리학 관련 서적을 읽었다는 사실이다.

업무와 전혀 관련이 없을지라도 무엇인가에 흥미를 갖는 것은 흥분되는 일이다. 그리고 지적인 흥미를 당신의 일에 접목시킬 수 있다면 그보다 더 좋은 일은 없을 것이다. 지적인 흥미를 가짐으로써 인생은 훨씬 풍요로워진다.

만약 지적인 흥밋거리를 업무에 활용할 수 없다면?
그래도 우선은 즐겨라

나이가 들수록 지적인 흥미를 유지하기는 힘들어진다. 그러니 지금부터라도 시작해보라.

:: **Rule 10** 아이에게 학습의 즐거움을 가르쳐라

몇 세기에 걸쳐 유태인 아버지들의 꿈은 자녀들이 자신보다 더 성공하는 것이었다. 오래된 유태의 농담에 이런 것이 있다.

질문: 재봉사와 교수는 무슨 관계가 있나?
정답: 아버지와 아들 관계

이는 유태인 아버지들의 교육열을 비유하고 있다.
내가 기억하는 한, 아이들의 교육을 학교에 맡겨야 한다고 생각하는 유태인 가정은 없었다. 유태인들은 교육열이 높긴 하지만 특별히 아이들을 학원에 보내지는 않는다. 내가 어렸을 때 아이들은 낮에는 밖에서 뛰어놀거나 밴드, 체스 또는 학교 신문 편집 같은 방과 후 활동에 많이 참가했다. 놀다 지쳐 집에 돌아오면 그때야 숙제를 했다.

나의 부모님은 우리 형제자매가 해야 할 일(숙제)들을 감시하는 경찰 같은 역할은 하지 않았다. 부모님은 우리들을 믿어주셨다. 그리고 우리가 시험이나 수업에서 실수를 해도 결코 우리를 무시하거나 꾸중하지 않으셨다.

도대체 그러한 방법으로 아이를 어떻게 우등생으로 키울 수 있었을까? 나의 부모님, 특히 어머니는 우리에게 부담을 주거나 겁을 주는 대신 격려를 해주는 환경을 만들었다.

**10-1
나의
가정환경**
우리집은 책으로 가득 차 있었다. 대부분은 부모님이 읽은 책이었지만 우리들을 위한 책도 상당히 많았다. 책장에는 항상 두 종류의 백과사전 시리즈가 있었다. 그중 하나는 당시 가장 학술적이라는 12권 세트의 브리태니커 백과사전 시리즈로 학교 도서관에 있던 백과사전보다 더 방대했다.

저녁식사 중에는 절대로 TV를 보지 않는다는 규칙이 있었다. 식사 중에는 독서도 금했다. 식사시간은 토론 시간이었다. 대개의 경우 끝말잇기 같은 단어 게임을 하면서 즐겁게 보냈다. 스펠링이나 지명, 때로는 농담을 이용하는 등 도구가 필요 없는 게임들이다. 가끔은 읽은 책에 대해 이야기를 하기도 했다. 내가 십대였을 때는 먼저 어머니부터 시작해서 큰형, 작은형 그리고 나까지 가족 모두가 같은 책을 순서대로 읽었던 적이 많았다. 큰형이 권해준 과학소설도 재미있었다.

TV를 볼 때에는 대부분 가족 모두가 모여 함께 보았다. 방송 내용이 시시하다고 불평을 하기도 하고, 미스터리 방송 같은 경우에는 다음에 무슨 일이 일어날까 서로 예측을 하기도 했다. 물론 코미디 방송을 볼 때에는 가족 모두가 함께 웃고 떠들며 방송이 끝나면 어떤 것이 재미있었는지 감상을 이야기하기도 했다.

어머니는 네 자식들의 의무교육이 끝날 때까지 약 25년 동안 PTA에서 활발한 활동을 했고, 지역 도서관의 위원회에도 참가했다. 교사가 문제되는 발언을 했을 경우에는 우리들을 대신해 학교 측에 항의하기도 했다. 나는 학생회에 적극적으로 참가해 교육위원회의 공청회에 제출하기 위한 매우 어려운 답변을 어머니와 함께 준비하기도 했다.

만약 우리 형제 중 누군가가 어떤 일에 흥미를 갖게 되면 부모님은 그것에 관련된 책을 찾아내고 관련 장소로 우리를 데리고 여행을 가기도 했다. 나의 아버지는 특히 이런 일을 열심히 해주었다. 우리들은 뉴욕시립박물관에도 자주 갔는데 가끔은 필라델피아처럼 먼 곳에 있는 박물관까지 장거리 견학을 가기도 했다.

고등학생이 되자 나는 토요일이나 여름방학 때 대학에서 개최하는 과학 프로그램에 참가하게 되었다. 토요일에 열리는 프로그램은 무료였으나 여름방학 집중 코스는 상당한 비용이 들었다.

그중에는 2,000km나 떨어진 곳에서 개최되는 프로그램도 있었다. 우리는 부자가 아니었을 뿐더러 두 형제의 대학 학비를 지불하느라 빠듯한 형편이었는데도 내가 이런 프로그램에 참가한다고 해서 불평을 한 사람은 아무도 없었다. 또한 하버드대학에 입학했을 때도 학비에 대해 걱정할 필요는 없다고 했다.

어린 시절 어머니가 해주신 일 중에 인상 깊었던 일이 있다. 내가 4살 때로 기억하는데, 쇼핑을 좋아하는 어머니는 어린 내가 백화점에 가기 싫어하는 것 때문에 고민을 하셨다. 어느 날 어머니는 쇼핑 도중에 나에게 참는 방법을 가르쳐주셨다. 얌전히 어머니를 따라다니면 쇼핑을 끝내고 서점에 가서 내가 좋아하는 책을 사주셨다. 결국 나는 독서에 중독이 될 정도로 책을 많이 읽게 되었다. 어린 시절에 받았던 이런 보상이 두고두고 내 인생의 중요한 부분을 결정해주었다.

• • •

여기서 리처드 파인만의 아버지에 대한 이야기를 보자. 그는 나의 어머니보다 더 큰 성공을 거둔 사람이다. 누가 뭐라 해도 파인만은 세계가 입증한 물리학자였으니 말이다.

10-2
리처드 파인만과
그의 아버지

리처드 파인만의 아버지 멜빌 씨는 경제적으로는 성공하지 못했다. 셔츠 제조업이나 세탁소 등 몇몇 사업을 전전했지만 고전을 면치 못했다. 그에게는 사업 운이 없었지만 아버지로서는 운이 따랐던 것 같다.

어느 날 어린 파인만이 어떤 새의 이름을 몰라서 친구가 그를 무시했다고 한다.

"네 아버지는 너에게 아무것도 가르쳐주지 않았구나!"

소년은 파인만을 비웃었다. 나중에 파인만은 인터뷰에서 이렇게 말했다.

"하지만 사실은 정반대였습니다. 아버지는 이미 그 새의 이름을 가르쳐주셨거든요. 아버지는 먼저 '저 새를 봐라. 무시쿠이라는 새란다'라고 말씀하셨습니다. 그러나 그 명칭은 일본어였죠."

그리고 파인만의 아버지는 새의 이름을 이탈리아어, 중국어, 포르투갈어로도 가르쳐주었다. 파인만은 자서전에서 이렇게 회고하고 있다.

아버지는 그 새의 이름을 가르쳐주며 이렇게 말했습니다.

"여러 나라 말로 새의 이름을 기억하는 것은 누구나 가능하지만, 모든 단어를 기억하고 나면 실은 그 새에 대해 아무것도 모른다는 사실을 알 수 있을 거다. 그것으로 알 수 있는 것은 멀리 떨어진 곳에 사는 사람들이 그 새를 뭐라 부르는지에 대한 것뿐이지. 새를 보거든 그 새가 무엇을 하고 있는지 눈으로 관찰하거라. 그것이 이름을 아는 것보다 더 중요하단다."

나는 매우 어린 나이에 이름을 아는 것과 본질을 아는 것은 다르다는 사실을 아버지로부터 배웠습니다.

파인만의 아버지는 아들을 가끔 뉴욕 자연사박물관에 데리고
갔다.

그 일은 너무도 즐거운 추억이었습니다. 나는 뉴욕 박물관에서 아버지
가 끊임없이 설명을 해주었던 것을 기억합니다. 박물관에 들어가면 빙
하기의 흔적이 선명하게 남아 있는 큰 바위가 입구에 전시되어 있었습
니다. 우리가 처음 박물관에 갔던 날, 아버지는 입구에 전시되어 있던
빙하기 바위 앞에 멈춰 서서 손짓, 발짓으로 빙하기에 대해서 설명을
해주었습니다. 아버지는 생생한 표정으로 무슨 일이 일어났는지 보여
주었습니다. 바위를 보여주며 "아! 이것은 빙하기 때 생긴 균열이야."
라는 식으로 일일이 설명해주며 나로 하여금 빙하기를 생생하게 느낄
수 있게 해주었습니다. 그리고 아버지는 나에게 "이 지구가 예전에는
빙하에 뒤덮여 있었다는 것을 상상할 수 있겠니?"라고 물었습니다.
이 물음에 뭐라고 대답했는지는 기억이 나지 않지만 아버지는 "잠깐,
이것을 봐! 이 바위는 뉴욕에 있었던 것 같아. 그렇다면 뉴욕도 틀림없
이 빙하에 덮여 있었을 거야!"라며 설명해주었습니다. 아버지는 그 사
실을 그곳에서 처음 알았던 것입니다. 아버지에게 중요한 것은 사실
자체가 아니라 과정 그리고 모든 사물이 가지고 있는 의미, 어떻게 해
서 바위를 발견했는지, 그 발견에서 파생된 것은 무엇인지에 대한 것
이었습니다. 아버지는 나에게 너무도 선명하게 빙하에 대해 설명해주
었습니다. 혹시 설명이 틀렸을 수도 있습니다. 하지만 아버지는 어쨌
든 생생하게 설명하려고 애썼습니다. 그리고 언제나 "어떻게 하면 이

러한 발견을 할 수 있는지 알 수 있겠니?"라고 물었습니다. 물론 방법은 다 알고 계셨겠지만 말입니다. 그래서 나는 자연스럽게 과학에 흥미를 가지게 되었습니다. 그는 정말로 훌륭한 아버지였습니다.

· · ·

파인만은 자신의 아버지가 모든 과학 분야에 정통하지 않았다는 사실을 알고 있었다. 그러나 그는 그러한 사실은 개의치 않았다. 그의 아버지는 파인만에게 매사에 진지해야 한다는 것과 이유를 찾아내는 자세의 중요성을 전하고 싶어 했다. 위의 내용은 아버지에 대한 파인만의 회상 중 일부에 지나지 않는다. 파인만은 자신의 아버지에게서 매우 큰 영향을 받았다.

나는 최근에 우연히 미국의 교육 전문가가 쓴 『선 바깥 색칠하기 Coloring Outside the Lines』라는 책을 발견했다. 저자는 '로저 샹크'로 카네기 멜론대학의 컴퓨터학과 교수이며 유태인이다.

그는 머리가 좋은 아이들은 대개 여섯 가지 특징을 지니고 있다고 말한다. 여섯 가지 특징이란 언어 능력, 창조성, 분석 능력, 인내력, 큰 꿈 그리고 호기심이다. 그는 아이들이 이와 같은 능력을 학교에서는 배울 수 없다고 지적한다. 왜냐하면 학교는 시험을 잘 보는 방법만을 가르치는 곳이기 때문이다.

여기에 그 책의 내용을 모두 소개할 수는 없지만, 인상 깊은 내용두 가지만 살펴보기로 하자.

첫 번째는 그가 추천하는 '머리 좋은 아이로 키우는 방법'의 일부이다. 나는 이 방법의 대부분이 나의 부모님이 나를 위해 해주신 일들이며, 리처드 파인만의 아버지가 그의 아들을 위해서 해준 일들이라는 점에서 놀랐다. 그리고 아마도 샹크 자신도 활용했던 방법일 것이다. 샹크는 어디에도 명시하고 있지 않지만 이런 방법들은 실로 이디쉬 코프적이라고 할 수 있다.

〈머리 좋은 아이로 키우는 방법〉

- 아이가 좋아하는 일에 주의를 기울여라. 좋아하는 분야에서 전문가가 되도록 격려하라.
- 아이와 토론하는 환경을 만들어라. 토론은 아이의 언어 능력을 키워주고 자신감을 심어주며 판단력을 강화시킨다.
- 아이가 자신이 품은 의문점에 대해 스스로 답을 찾을 수 있도록 도와주어라.
- 교사가 언제나 옳다고 생각하지 마라. 아이의 의견을 존중하고 교사에 대한 반대 의견을 능숙하게 전달하도록 협력하라.
- 아이를 안전하지만 복잡한 상황에 둠으로써 문제 해결을 유도하라. 복잡한 상황에서의 문제 해결은 논리적 사고를 배양하는 실용적인 방법이다.
- 아이에게 지는 법을 가르쳐라. 지는 법을 알면 아이는 인내력을 기르게 되고 공포를 극복하는 방법을 터득하게 된다.

첫 번째는 아이가 배우는 의욕을 상실하지 않았는지, 그리고 부모가 아이의 학습에 충분히 협력하고 있는지를 판단하고 분석하는 방법이다. 아래는 샹크가 소개하는 아이의 경고 신호이다.

- 흥미를 느끼는 것이 없다. (사고가 필요 없는 TV 시청 이외에)
- 성적과 학교에 대해 지속적인 스트레스를 느끼고 있다.
- 모든 교과의 숙제에 대해 즐거움을 느끼지 못한다.
- 실패를 두려워한 나머지 리스크를 감당해내지 못한다.
- 일상적인 일과가 변경되는 것을 싫어하며 경험 넓히기를 거부한다.
- 자신의 생각을 표현하지 못한다.
- 꿈이 없다.
- 상황을 정확히 또한 즉시 분석하는 것을 곤란해한다.
- 자신의 계획대로 일이 이루어지지 않을 경우 곧바로 포기한다.
- 스스로 생각하려고 하지 않는다.
- 핵심을 찌르는 질문이 없다.

왠지 자신의 아이처럼 느껴지는가? 이번에는 당신 차례이다. 책에서 말하는 '부모가 자주 하는 실수들' 목록이다.

- 아이들과 함께 식사할 기회가 적다. 아이와 함께 여행을 간 적이 없다. 공동 작업이나 산책과 같이 아이와 일대일로 접할 기회가 적다.
- 아이가 열렬히 흥미를 가지고 있는 대상이 있는지, 또 그것이 무엇인지 모른다.

- 아이의 의견이나 이야기를 듣는 시간보다 당신이 아이에게 말하는 시간이 더 길다.
- "공부해라.", "성적을 올려라." 등 끊임없이 아이에게 주문을 한다.
- 아이의 의견을 대개 "시시하다."고 거부하며 아이가 중요한 사항을 당신에게 물어와도 "나중에 생각하자."며 미룬다.
- 아이가 어려운 일에 도전하려고 할 때 "너는 아직 이르다."라며 단념하게 한다.
- 당신이 좋아하는 분야를 아이도 좋아하도록 설득한다.
- 불공평한 교사나 어처구니없는 숙제 등에 대해 아이가 불만을 늘어놓을 때, 교사에게 아이를 대신해서 항의하거나 아이의 의견에 찬성하는 경우는 없다.

꼭 바쁜 부모들만이 이러한 실수를 저지르는 것은 아니다. 당신이 아무리 지성적이라고 하더라도 당신의 시간을 아이들에게 투자하지 않으면 아이들이 저절로 당신을 꼭 닮은 지적인 사람으로 자랄 수는 없을 것이다.

샹크 교수는 저서에서 "만약 위의 목록이 당신 또는 당신 아이들에 해당한다고 해도 아직 희망은 있다. 당신이 태도를 바꾸면 아이들도 바뀌게 된다."라고 말한다.

당신이 이러한 태도를 보일 때 당신 아이들의 미래는 위기에 처할 것이다. 이것은 아주 중요한 일이다.

당신은 내가 착각하고 있다고 생각할지도 모르겠다. 미국의 이야기가 어디에나 적용되는 것은 아니라고 반론하고 싶을지도 모른다. 그러한 의문이 드는 것은 당연하다. 그러면 이번에는 내가 몇 가지 질문을 하겠다.

- 당신은 학창시절 성적에 대해 부담을 받으면 즐거웠는가?
- 그 부담은 당신이 무엇을 진정으로 이해하려고 할 때 도움이 되었는가?
- 열심히 공부해서 좋은 대학에 진학한 후, 그곳에서 진정으로 많은 공부를 했는가?
- 대학이 고등학교와 사회 사이의 일시적인 휴식처는 아니었는가?

당신의 경쟁, 그리고 아이들의 미래의 경쟁에 대해 생각해보자. 경쟁 상대는 세계이다. 당신의 아이가 좋은 대학에 입학할 수 있을 정도로 머리가 뛰어나다고 해서 세계의 경쟁 상대들이 쉽게 시장Market을 내줄 것이라고 생각하는가? 그들은 실질적인 제품과 서비스 수준을 가지고 당신의 아이와 경쟁할 것이다.

이 책은 비즈니스 서적이기 때문에 앞으로도 나는 경쟁에 대해 강조할 것이다. 당신의 다음 세대는 해외로부터 보다 많은 도전에 직면할 것임이 틀림없다. 자국에서 성공하는 기술만으로는 부족하기 때문이다.

이디쉬 코프는 이미 국제적으로 활용되고 있으며 많은 사람들을 성공으로 인도한 사실이 입증되었다. 이디쉬 코프를 활용한 교육은 아이들이 더 높은 수준의 경쟁력을 갖도록 도울 것이다.

교육의 근본은 비즈니스 세계에서 경쟁 상대를 이기는 데 있지 않다. 배움을 즐기는 방법을 가르침으로써 아이들이 보다 깊고, 즐겁고, 의미 있는 경험을 쌓을 수 있게 만드는 것이 교육이다. 즐겁게 배울 줄 알 때, 경쟁력은 자연스럽게 터득된다.

:: Rule 11 다른 사람의 성공을 칭찬하라

지금까지 나는 유태인이 두뇌를 단련하는 행위를 좋아한다는 점에 대해 이야기했다. 그러나 그들은 자신들의 두뇌뿐 아니라 다른 사람의 '좋은 두뇌'에 대해 기꺼이 높은 평가를 내린다. 나는 어린 시절부터 내 주변의 유태인 어른들이 '세상에서 존경받는 사람들이 사실은 유태인'이라는 사실을 찾아내려 애쓰는 모습들을 보아왔다.

찾아내려 애썼다고 말한 것은 그만큼 어려웠다는 의미이다. 유태인에게는 동양 사람들과는 큰 차이가 있다. 외모만으로는 그 사람이 유태인인지 아닌지 알 수가 없다. 이름으로 판단할 수도 없다.

유태인의 유별난 점 하나는 그들이 매우 '우호적'이라는 것이다. 유태인이 되기는 비교적 쉽다. 간단히 말하면 그들은 누군가를 유태인이라고 우기고 싶어 한다. 친해지기 위해서는 그 사람의 부모 중 어느 한 쪽이 유태인이어도 되고, 심지어 어머니의 할아버지가 유태인이라는 사실 정도로도 충분하다.

나도 이러한 기질을 강하게 물려받아 신인 클래식 음악가나 위업을 달성한 수학자, 또는 과학자들의 이야기를 들으면 반드시 그 사람의 배경에 대해 조사하지 않고서는 견딜 수가 없다. 만약 그가 유태인이 아니라고 해도 그 사람에 대한 존경심이 줄어드는 것은 아니지만 말이다. 나에게도 비유태인인 영웅이 몇 사람 있다. 그중 한 사람은 삼국지의 영웅 제갈공명이다. 그는 진정한 이디쉬 코프를 실천한 사람이다.

만약 뛰어난 누군가가 유태인이라는 사실이 확인되면 대개의 유태인은 진심으로 기뻐하며 그를 자랑스럽게 생각할 것이다.

물론 어떤 나쁜 사람이 유태인일 경우 나의 기분은 정반대가 된다. 1980년대부터 1990년대 초, 증권업계에 부조리가 연달아 발생했을 때 유태인인 이반 보스키나와 마이클 밀켄 등의 스캔들은 생각만 해도 끔찍하다.

그리고 엔론 스캔들의 주모자 중에도 몇 사람의 유태인이 포함되어 있어 실망스러웠다. 이런 사람들을 지칭하는 이디쉬 코프의 표현이 생겼다. 그 말은 '슈렉트 파 이덴shlect far yidn'이라고 하는데, '유태인에게 도움이 되지 않는 악'이라는 뜻이다.

나와 같은 반응은 유태인들 사이에선 매우 전형적인 현상이다. 이러한 경향이 극단적으로 강한 사람들도 가끔 있다.

1970년대에 세계 대부분의 나라들이 석유수출기구OPEC의 이름을 접하게 되었다. 당시 OPEC 대변인은 사우디아라비아 왕자 출신으로 히버드대학을 졸업한 미남 청년 셰이크 아후메드 자키 야마니였다. OPEC가 미국 국민들에게 상처를 주었음에도 불구하고 그의 인상은 매우 호의적이고 지적이었다.

그의 기사가 여러 주에 걸쳐 지면을 장식한 후, 어떤 화젯거리가 「뉴욕타임스」에 실렸다. 기사에 의하면 이스라엘의 한 나이든 유태인 부부가 셰이크를 '어릴 적 유괴당한 자신들의 아들'이라고 주장했다는 것이다. 결국 그들의 주장은 증명되지 않았다. 하지만 그 소동은 어떤 인물이 우수하고 매력적이면 그가 아랍의 왕족일지라도 어떤 이유를 들어서든 자신들의 사람이라고 주장하는 유태인들의 전형적인 성향을 보여주는 사건이었다.

나는 이러한 성향이 유태인의 자기 인식의 특수성에서 오는 것이라고 생각한다. 유태인은 언제나 소수자 집단이었기 때문에 자신을 '큰 연못에 사는 작은 물고기'라고 인식한다. 유태인이 대부분인 이스라엘조차 언제나 긴장이 고조되어 있는 중동 지역에서 보면 소수자 집단이다.

그렇기 때문에 유태인에게 있어 다른 유태인의 성공은 험난한 전장 속의 승리자로 비춰진다. 다른 유태인의 성공을 바라보는 것은 매우 마음 든든한 일로서, 그 성공을 통해 유태인들은 자신의 문화에 대한 자부심을 느끼며 자신도 성공하리라는 믿음을 갖는다.

이것이 유태인의 범위가 넓어지게 된 이유이다. 범위를 넓히면 유태인의 성공 사례는 더욱 늘어나게 되기 때문이다. 이러한 소수파 의식과 배타적인 의식, 우호적인 의식의 상호관련성은 다음 장에서 더 심도 있게 다룰 것이다.

유태인 발명가들

컴퓨터 관련 분야의 유태인 발명가는 많이 있다. 그중에서도 컴퓨터의 기반이라 할 수 있는 로직, 메모리, 저장, 입출력 디바이스(키보드와 스크린 등)는 헝가리계 유태인 이민자인 존 폰 노이만(1903~1957)이 발명했다. 기본적으로 세계의 모든 컴퓨터는 그의 발명에 근거한다. 노이만은 20세기 최고 수학자 중 한 사람이다. 그의 업적은 게임이론과 인공지능 등 최첨단 컴퓨터 분야에서 빛을 발했다.

볼펜 헝가리계 유태인 라즐로 비로(1899~1985)가 발명했다. 그는 아르헨티나로 이민을 간 후 펜 사업을 시작했다.

인터넷 TCP/IP 프로토콜을 포함한 인터넷의 기반은 유태계 미국인 빈트 서브와 로버트 칸이 발명했다.

피임약 오스트리아에서 태어나 나치의 핍박을 피해 미국으로 이민 간 스탠포드대학 교수 칼 제라시가 발명했다. 그는 과학 분야를 주제로 한 소설과 각본으로도 유명하다.

CDMA 및 GMS 휴대전화 이탈리아계 유태인 이민자인 앤드류 비터비가 발명했다. 이는 '비터비 알고리즘'이라는 수학적 알고리즘에 기초를 두고 있다. 비터비 박사는 역시 유태계 미국인 어윈 제이콥스와 공동으로 퀄컴 사를 설립했다.

브래지어 오늘날 브래지어의 형태, 즉 신축성이 있고 사이즈를 나눈 컵이 합쳐진 형태는 러시아계 유태인 이다 코엔 로젠탈(1886~1973)이 발명했다. 그녀는 미국 최고의 비공개 란제리 제조 기업이 된 메이덴폼 사의 공동 설립자로서 남편의 타개 후에는 회사의 사장을 역임했다.

레이저 레이저는 4명의 발명가에 의해서 개발되었다. 그들은 코든 굴드, 아서 샤로우, 시어도어 메이만, 찰스 다윈스이다. 고든과 샤로우는 유태인 아버지를 두고 있었고, 메이만은 양친 모두 유태인이다. 다윈스 도 물론 유태인이며 노벨상을 수상했다. 레이저를 활용할 수 있게 된 물 리학적 기초는 또 다른 유태인인 알베르트 아인슈타인이 발표했다.

유태인 연예인들

동양인은 유태인의 외모에 대해 일종의 편견을 가지고 있는 것 같 다. 그러나 다음 인물들 중 외모만 보고 유태인인지 알 수 있는 사람이 몇 명이나 될까? 이들은 모두 유태인들이다.

케니 지Kenny G, 해리슨 포드Harrison Ford, 밥 딜런Bob Dylan, 폴 뉴먼Paul Newman, 사이몬과 가펑클Paul Simon & Art Garfunkel, 우디 앨런Woody Allen, 마 이클 볼튼Michael Bolton, 진 사이몬Jean Simmons, 바버라 스트라이샌드Babara Streisand, 골디 혼Goldie Hawn, 사라 제시카 파커Sarah Jessica Parker 등

1. 가장 유태인다운 태도는 "이 문제는 애매하다."며 비난하는 것이다. 왜 이 질문에서 잃어버린 사과에 대해 언급했을까? 우리들은 그 소년의 사과가 몇 개 없어졌는지 알 수 있는 방법이 없지 않은가? 그렇기 때문에 당신은 불필요한 가정을 요구하는 이런 문제에 대해 쓸데없는 문제라고 잘라 말해도 좋다.

문제 자체를 비판할 목적이라면 (e) 즉, "소년은 사과를 한 개도 잃어버리지 않았다."라고 대답해도 좋다. 왜냐하면 문제에는 사과가 없어졌다고 가정해야 할 어떠한 근거도 제시되어 있지 않기 때문이다. 어쩌면 소년은 사과 몇 개를 다른 사람에게 주었을지도 모른다. 제5장의 'Rule 3. 모르는 것이 무엇인지 알라'를 떠올려보라.

질문이 너무 애매하기 때문에 다른 답들도 정당화시킬 수 있다. 예를 들어, '모든 사과는 썩었기 때문에 사과는 여섯 개가 없어졌다'는 (d)도 정답이 될 수 있다. 진짜 썩었는지는 알 수 없다. 혹은 '그 소년은 반값에 사과를 샀기 때문에 없어진 사과는 두 개다'라는 (a)도 정답이 된다. 반값에 사과를 샀다는 것은 두 개분의 원가를 잃어버린 것과 같기 때문이다. 또는 '사과 세 개는 어딘가에서 잃어버리고 와서 남은 사과 중 한 개를 먹었기 때문에 없어진 사과는 세 개이다'라는 논리로 (b)도 정답이 될 수 있다. 당연한 정답이라 할 수 있는 (c) '없어진 사과는 네 개이다'는 가장 유태인답지 않은 대답이다. 당신이 충분히 생각하지 않았다는 점이 드러나는 대답이기 때문이다.

2. (c)가 가장 유태인다운 태도이다.

왜냐하면 당신은 딸에게 어떻게 하면 정답을 알 수 있는지 방법을 알려주고, 또 문제에 대한 당신의 관심을 딸에게 보여줄 수 있기 때문이다. 만약 (e)처럼 딸에게 정답을 알려준다면 당신은 딸에게 배우는 법을 가르쳐줄 기회를 놓쳐버린다. 다른 답변들도 중요한 기회를 놓치는 태도들이다. 이런 방식들(a, b, d)은 지적 활동에 도움이 되지 않는다. 이는 딸의 호기심에 주의를 기울이지 않는 태도들이며, 마치 딸의 질문이 예의가 없고 번거롭다고 생각하는 것과 마찬가지이다. 질문에서 아이는 과학과 언어에 대해 놀랄 만큼 깊은 통찰력을 가지고 있다. 그리고 아이에 대한 교사의 태도는 분명히 잘못되어 있다.

3. (d) 또는 (e)가 가장 유태인다운 태도이다.

학교는 사실을 배우는 곳 이상의 장소여야 한다. 학교는 '배우는 방법을 배우는 곳'이며, 동시에 '배움은 즐겁다'고 가르치는 곳이어야 한다. 단순한 사실에 관한 질문 하나로 아이에게 창피를 준다면 어떤 교육적 가치가 있겠는가? 가령 교사가 과학적으로 옳다 해도 당신 아이가 과학의 원칙을 이해하는 데 그것이 무슨 의미가 있겠는가?

이러한 이유로 (a)와 (c)도 좋은 태도가 아니다. 교사는 교육적으로 매우 중요한 '사실을 이해한다'는 것과 '배움 자체를 즐겨야 한다'는 것 대신에 '사실을 배운다'는 것만 지나치게 강조했다. (b)는 당신 아이에게 '잘못된 권위일지라도 복종해야 한다'고 가르치는 꼴이다. 이러한 태도는 이디쉬 코프와는 정반대인 최악의 가르침이다.

그러면 (d)와 (e) 중 어느 것을 선택해야 할까? 이 문제는 교사가 얼마나 상식이 통하는 사람인지에 달려 있다. 만약 교사가 잘못된 행위에 대해 사과한다면 지금 다니는 학급에 아이를 그대로 두어도 괜찮을 것이다. 그럼으로써 아이는 수치심을 극복하고 인간관계를 개선하는 방법을 배울 수 있을 것이다. 만약 교사가 무능하여 자기가 저지른 잘못을 이해하지도 못하고 사죄할 성의도 없다면 당신은 가능한 한 빨리 이 학급에서 아이를 꺼내야 한다. 그렇지 않으면 아이는 교육에 대해 매우 나쁜 인식을 갖게 될 것이다.

사실 이 문제는 내가 초등학교 6학년 때 실제로 과학 선생님이 했던 질문이다. 물론 그는 이 설문에 나오는 교사처럼 무례하지는 않았다.

4. (c)가 가장 유태인다운 태도이다.

그 지휘자는 유태인이다. 이 경우에는 유태인 모두가 그의 성공 이야기를 듣고 자랑스럽게 생각할 것이다. 베를린 같은 음악 도시에서 오케스트라를 지휘한다는 것은 대단한 일이다. 따라서 특별히 클래식 음악을 좋아하지 않는 유태인이라 할지라도 그 지휘자를 자신들의 자랑이라고 느낄 것이다.

이 질문의 포인트는 '유태인은 일반적으로 누군가를 유태인이라고 인정하는 조건이 매우 관대하다'이다. (c) 외의 대답은 있을 수 없다.

제8장
날아오른 새에게는 국경이 없다

다음 질문에서 '가장 유태인답다'고 생각하는 것을 고르시오.

1. 약혼자가 신혼여행을 이탈리아로 가자고 하면 당신은 어떻게 하겠는가? (   )

   a. 이탈리아어 회화 책을 구입한다.

   b. 이탈리아어 회화 학원에 등록한다.

   c. 언어가 통하지 않는 나라에 가는 것은 불편하므로 국내 여행을 하자고 약혼
   자를 설득한다.

   d. 이탈리아어를 못해도 문제없는 패키지 여행상품을 구매하여 이탈리아에
   간다.

   e. 간단한 영어 회화가 가능하므로 별 문제없다.

2. 파리 루브르박물관에서 당신의 가족이 길을 잃었다. (루브르박물관의 규모는 상당히
   크다.) 그런데 마침 근처에서 지도를 들여다보고 있는 자국 여행자 가족을 발견했
   다. 당신은 어떻게 하겠는가? (   )

   a. 그 가족을 못 본 척하고 가지고 있는 지도를 보고 길을 찾는다.

   b. 그 가족을 못 본 척하고 다른 나라 사람에게 길을 묻는다.

   c. 그 가족에게 다가가 인사하고, 서로 도우며 길을 찾는다.

   d. (c)와 마찬가지이다. 하지만 만약 길을 못 찾을 경우, 다른 나라 사람에게
   길을 묻는다.

   e. 미술관을 나온다.

3. 당신은 미국 뉴저지에 위치한 회사의 CEO가 되어 아내, 딸과 함께 살고 있다. 당신의 부모님은 몇 해 전에 돌아가셨고, 장인과 장모는 아내의 오빠와 홍콩에 거주하고 있다. 당신은 곧 미국에서 처음으로 새해를 맞게 된다. 이때 당신은 어떻게 하겠는가? (   )

   a. 설을 보내기 위해 잠시 귀국한다.
   b. 미국에서 알게 된 미국인 가족의 신년 파티 초대에 응한다.
   c. 아내가 새해 음식을 만들 수 있도록 특별히 음식 재료들을 구해준다.
   d. 아무것도 하지 않는다.
   e. 뉴욕 타임스스퀘어의 유명한 신년 행사를 보러 간다.

4. (질문 3에 이어, 미국 거주 3년째이다.) 곧 당신의 미국 근무 기간이 끝난다. 본사에서 당신에게 귀국할 것인지 미국 근무 기간을 2년 더 연장할 것인지 의견을 물어왔다. 아내와 딸은 미국 생활에 상당히 만족하고 있고 딸은 고등학교 졸업을 1년 남겨두고 있다. 딸의 학교 성적은 아주 우수하고 모국어가 조금 서툴러졌지만 영어가 유창하다. 이때 당신은 어떻게 하겠는가? (   )

   a. 본국에 돌아가고 싶으므로 바로 귀국한다.
   b. 딸이 미국의 대학에 진학할 수 있도록 준비한 뒤, 아내와 딸을 남겨두고 혼자 귀국한다.
   c. 딸이 부모보다 영어를 잘하는 것은 당치도 않는 일이므로 가족과 함께 귀국한다.
   d. 2년 더 미국에 머무른다.

[해설은 338페이지에 있다]

'국경 초월 의식'의 비밀

오늘날 유태인의 수는 약 1,318만 명으로, 그중 80%는 미국과 이스라엘에 살고 있다. 하지만 이 두 나라에 유태인이 자리 잡은 것은 불과 150년 전의 일이다. 그리고 나머지 20%는 세계 110여 개국에 흩어져 살고 있다.

오랜 세월 동안 유태인은 서로 다른 다양한 문화권에 섞여 살면서 국제 관계에서 중요한 역할을 해왔다. 그들은 자유롭게 여러 나라를 넘나들며 통상을 했다.

그렇다면 유태인은 어떻게 다른 문화를 수용하면서 자기만의 독자적인 문화를 유지할 수 있었을까?

과거에는 태어나고 자란 나라를 벗어날 일이 별로 없었지만, 요즘에는 유학과 비즈니스 등으로 외국에서 생활하는 일이 많아졌다. 외국에서 살아가려면 그 문화를 이해하고 빨리 익숙해질 필요가 있다. 그런 점에서 유태인이 어떻게 타 문화에 쉽게 적응할 수 있었는지 알아둘 만하다. 이것에 관해 자세히 알아보려면 역시 책 한 권으로는 모자라므로 여기서는 기본적인 것들만 짚어보도록 하자.

국경 초월 의식의 뿌리

〈그림 8.1〉에서 알 수 있듯이 유태 문화의 많은 요소가 유태인으로 하여금 국제적으로 성공할 수 있는 요인이 되었다. 그중에서 가장 중

요한 요소는 지리적 분산이다. 유태인만큼 세계 각국에 흩어져 사는 집단은 거의 없다. 따라서 각각의 유태인 집단은 독자적인 문화를 형성할 수 있었을 것이다. 하지만 여기서 주목해야 할 것은 유태인이 흩어져 살았다는 것이 아니라, 그들이 어디를 가든 '소수자 집단Minority'이었다는 것과, 그들 스스로 그 점에 대해 충분히 인식하고 있었다는 사실이다. 이 점은 유태인을 이해하는 중요한 바탕이다.

〈그림 8.1〉의 상세도인 〈그림 8.2〉를 보자.

〈그림 8.2〉에서 가장 주목해야 하는 것은 다른 나라의 언어와 문화를 학습하는 유태인 특유의 기술이다. 이들 중 가장 중요한 개념은

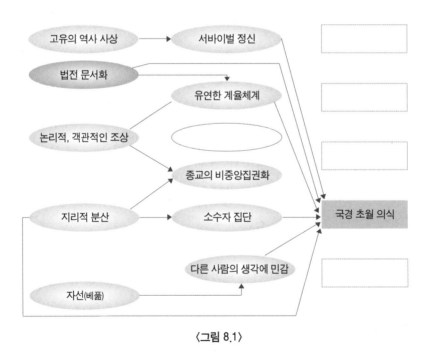

〈그림 8.1〉

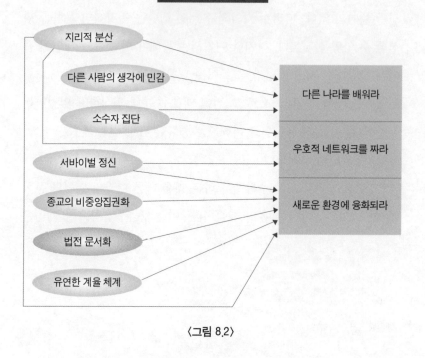

〈그림 8.2〉

'소수자 집단'이다. 소수자 집단이 이번 장의 핵심이다.

　그리고 다른 나라를 배우는 데 있어 또 하나 눈여겨 볼 대목은 '다른 사람의 생각에 민감'하다는 점이다. 앞 장에서 말했듯이 다른 사람의 생각에 민감하다는 것은 일종의 생존 기술이다. 유태인들은 자신이 살고 있는 나라의 국민들로부터 미움을 사 언제든 추방당할 위험이 있었기 때문에 주변 사람의 평판에 민감할 수밖에 없었다. 이처럼 유태인이 다른 사람의 생각을 헤아리는 데에는 자기 방어 목적이 깃들어 있다.

시간이 지나면서 이 생존의 기술은 다른 문화를 이해하려는 마음으로 바뀌어갔고, 그것이 유태인의 성공에 강력한 무기가 되었다. 타 문화 연구의 일인자들 대부분이 유태인이라는 사실은 이러한 사실을 뒷받침하는 좋은 증거가 된다.

유태인은 한 나라에서 다른 나라로 이주하거나, 사업상의 이유로 어떤 나라를 방문할 경우 당분간 그 나라에 살고 있는 유태인에게 의지한다. 만약 유태인에게 우호적인 네트워크를 짜려는 의지와 기술이 없었다면 그들이 서로 돕는 일은 힘들었을 것이다. 이것도 유태인이 오랜 역사를 거치며 습득한 일종의 생존 기술이다. 이러한 생존 기술은 시간이 지나면서 유태인의 불문율로 변해갔다.

마지막으로 유태인의 디아스포라에서 가장 중요한 점에 대해 알아보자. 그것은 여러 나라에 흩어져 살면서도 유태인이 유태인으로서의 동질성을 유지하고 있었다는 사실이다. 이것은 세 번째 룰 '새로운 환경에 융화된' 결과이다. 세계 전역에 흩어져 살면서 민족의 정체성을 보존하는 것은 결코 쉬운 일이 아니다. 〈그림 8.2〉에서 많은 화살표가 이 요소를 향하고 있는 것을 보면 이 장에서 중요한 요소라는 것을 알 수 있다.

제3장에서 살펴보았듯이 유태인의 정체성의 기원에는 여러 가지가 있다. 그중에서도 종교적 기원인 성문법과 중추 조직을 갖지 않는 체제, 즉 종교의 비중앙집권화는 매우 획기적이다. 이 덕분에 유태인들은 흩어졌지만 유태교는 오늘날까지 이어질 수 있었다. 제2장에서 언급했듯 디아스포라는 바빌론 유수 말기에 일어났다.

유연한 계율 체계도 유태교 존속의 중요한 요인이 되었다. 지역에 따라 랍비의 가르침이 달라졌다. 그리고 유태인 스스로도 새로운 환경에 맞는 새로운 습관을 만들어냈다. 이것에 대해서는 나중에 예를 들어 다시 이야기하겠다.

이 정도면 배경 설명은 충분할 것이다. 그럼 이디쉬 코프가 어떻게 국경을 넘었는지 알아보자.

:: Rule 12 다른 나라를 배워라

이 책이 이디쉬 코프를 다루고 있다는 점은 이미 알고 있을 것이다. 그리고 각각의 소제목들은 대부분의 유태인이 실천하는 불변의 가르침들이다. 그렇다면 많은 유태인이 '다른 나라를 배우는' 이유는 무엇일까?

사람들은 유태인이 다른 나라의 언어와 문화를 학습하는 이유를 다음과 같다고 생각할지도 모른다. 첫째, 유태인은 자기가 주로 쓰는 언어 외에 히브리어를 할 줄 알고, 유전적으로 언어 습득 능력이 뛰어날 것이다. 둘째, 유태인은 세계 각지에 흩어져 살기 때문에 타 문화에 관심이 많을 것이다.

정말 이런 이유 때문일까?

첫 번째 생각이 맞다면 왜 많은 이슬람교도 중에는 타 문화 전문가의 수가 적은 것일까? 이슬람교도는 모국어 외에 아랍어를 사용한다. 이란, 인도네시아, 파키스탄, 아프리카 등이 그 예이다. 그리고 두 번째 생각이 옳다면 중국인 타 문화 전문가가 많아야 하지 않을까? 현재 전 세계에는 5,500만 명의 화교가 있다. 유태인 총인구의 네 배가 넘는 숫자이다.

그렇다면 이슬람교도나 화교와 유태인의 차이점은 무엇일까?

내 생각에 그 차이는 소수자 의식의 유무이다. 어느 곳에 살든 유태인은 그 나라에서 자신이 소수자라는 사실을 당연하게 받아들이고 있다. (물론 이스라엘은 제외다.)

나는 이것이 유태인의 성공 요인이라고 생각한다. 소수자 의식이 있는 사람이 다른 나라로 이민을 가면 다음과 같이 행동한다.

• 문화는 저절로 이해할 수 있는 것이 아니므로 그 나라에서 적극적으로 배우고 적응한다.

• 이주한 나라의 언어를 배운다.

• 이주한 나라의 사람들과의 문화적 차이를 예상하고 자신의 생각을 설명하기 위해 노력한다.

여기서 잠깐 내 경험을 소개하겠다.

내가 어렸을 때 미국은 WASPWhite Anglo-Saxon Protestant, 즉 앵글로색슨계 백인(정통 미국인)이 문화를 지배하고 있었다. 현재 WASP의 영향력은 예전만큼 강하지 않지만 아직도 미국 문화의 중심은 기독교이다. 종교는 미국 정치에 많은 영향을 끼친다. 과거 수천 년 동안은 더욱 심했을 것이다. 그래서 나는 미국인으로서 자부심을 가지고 있었지만, 항상 문화의 중심에서 소외된 느낌이었다.

특히 뉴욕 근교를 조금 벗어난 곳에서 생활할 때는 더욱 미국 문화를 공부할 필요성을 느꼈다. (뉴욕 문화는 미국 어느 곳보다도 유태색이 짙다.)

하버드대학 시절 나는 약간 충격을 받았다. 당시 하버드에는 유태인 학생들이 꽤 있었지만 대부분은 WASP였다. 실제로 하버드는 미국 건국 이래 140년 동안 WASP의 중심지였다. (마늘을 전혀 넣지 않은 맛없는 음식을 그렇게 많이 먹은 것도 하버드에 들어가서가 처음이었다. 마늘은 유태 요리의 주요 재료이다.)

그리고 캘리포니아로 이주했을 때, 나는 그 지역에 자연스럽게 녹아들고 싶었다. 옷 입는 스타일을 바꾸고 캘리포니아 역사를 공부했다. 그리고 뉴욕 억양을 없애려고 노력했다.

유태인이라면 누구나 비슷한 경험을 했을 것이다. 모든 유태인이 타 문화 전문가인 것은 아니다. 하지만 유태인은 제3자의 입장에서 문화를 바라보는 법을 배웠기 때문에 완전히 생소한 문화라도 배우는 데 큰 어려움을 겪지 않는다. 미국인의 관점에서 본 아시아 문화처럼 그 문화가 이국적이고 매력적이라면 더욱 쉽게 받아들인다.

여기서 잠시 유태인 메이븐에 누가 있는지 알아보기로 하자. 메이븐Mavens은 전문가라는 뜻으로 타 문화 전문가를 지칭하는 말이다. 미국의 타 문화 전문가는 대부분 유태인이다.

일본 문화 전문가

일본인이 뽑은 현재 활동 중인 일본 연구(또는 아시아 연구) 분야에서 가장 저명한 인물은 최근 하버드대학 교수직에서 물러난 에즈라 보겔이다. 일본에서 고등학교를 졸업하고 통상 문제에 관해 많은 저서를 낸 클라이드 프레스토비츠도 유명하다. 또 한 사람, 존 네이든은 몇 년 전에 소니의 역사에 관한 책을 저술했다. 또한 그는 미시마 유키오, 오에 겐자부로의 소설을 영어로 번역하기도 했다.

일본의 헌법 편찬에도 유태인이 참여했다. 일본 헌법의 여성인권과 평등 보장에 관한 부분에는 베아테 실로타 고든이 깊게 관여했다. 그녀는 고등학교 때까지 일본에서 살았기 때문에 유창한 일본어를 구사한다. 그리고 세파라딤 찰스 케이디스가 헌법 편찬의 총감독을 맡았다.

중국 문화 전문가

미국에서 가장 유명한 중국 문화 전문가는 제롬 코엔과 에즈라 보겔이다. 그 외에도 중국 법률 연구가 스탠리 라브먼, 마크 코엘, 중국 미술 연구가 제롬 실버겔드가 있다. 현대 중국 문학 번역가 중 가장 유명한 사람은 하워드 골드브라트이며 물론 이들 모두 유태인이다.

이슬람 문화 전문가

미국(아마도 전 서양)에서 가장 유명한 이슬람 연구가는 프린스턴대학 교수인 버나드 루이스이다. 그는 영국 태생 유태인이다.

이탈리아 문화 전문가

이탈리아 르네상스 미술, 특히 기독교에 관한 미술 연구 분야에서 유명한 유태인은 매우 많다. 아비 바르부르크, 엘빈 파노프스키, 메이어 샤피로, 버나드 베리슨이다. 그중 하버드대학 교수 시드니 프리드버그가 특히 유명한데, 그는 1966년 홍수로 피렌체 소장 미술품이 큰 피해를 입었을 때 이탈리아 정부의 요청으로 복구 활동을 하기도 했다.

이들 유태인이 오직 소수자 의식 때문에 타 문화 전문가가 되었다고 단정 지을 수는 없다. 어쩌면 그들 중 일부는 유태인이라는 의식도 없고, 따라서 소수자 의식 따위는 전혀 지니고 있지 않았을지도 모른다. 몇 명은 젊은 시절 우연히 본 영화에 끌려서 그 문화에 관심을 가졌을 수도 있다.

하지만 내 생각이 맞을 가능성도 있다. 아까의 의문으로 돌아가서 왜 이슬람교도나 화교 중에는 유명한 타 문화 전문가가 없는 것일까?

나는 이 두 집단이 '주류 의식Majority'을 가지고 있기 때문이라고 생각한다.

이슬람교는 종파에 따라 일상생활을 엄격히 제한하는 율법을 가지고 있다. (초보수파인 하시디즘도 마찬가지다.) 그러한 규제는 일상의 사고를 내향적으로 만든다. 그리고 보수적인 종교는 결과적으로 개종을 부추기는 특징이 있다. 이슬람교도는 다른 종교인이 이슬람교로 개종하면 더 행복해질 거라고 믿는다. 이런 점으로 미루어 볼 때 이슬람교도는 아마도 타 문화를 이해할 필요성을 별로 느끼지 않을 것이다. 중국인도 마찬가지이다. 전 세계를 통틀어 중국인의 수가 가장 많다. 화교들은 자체 네트워크가 잘 짜여 있다. 예를 들어, 내가 살고 있는 실리콘밸리에 사는 중국인들은 중국어만으로도 생활에 전혀 지장을 받지 않는다.

　하지만 유태인이 이디쉬어나 히브리어만으로 일상생활을 할 수 있는 곳은 이스라엘과 미국의 일부 유태교 급진파 지역뿐이다. (물론 유태인은 대부분 둘 중 어느 언어도 제대로 구사하지 못한다.)

　만약 당신이 유태계 미국인이라면 인종 전시장 속에서 생활하는 것보다 타 문화 연구에 매진하는 것이 심리적으로 더 안정될 것이다. 물론 모든 사람이 타 문화 전문가가 되는 것은 아니다. 그렇다면 이것 말고 소수자 의식을 통해 얻을 수 있는 이점은 무엇이 있을까? 누구나가 쉽게 실천할 수 있는 것은 없을까?

　물론 있다. 그것을 설명하기 위해 앞에서 살펴본 것을 다시 되짚어 보자. 다음 표를 보자.

	소수자 의식의 영향
실천 두뇌 능력 (모르는 것이 무엇인지 알라)	여행하기 전에 그 지역의 언어를 학습한다
무제한 사고방식 (다른 의견에 관대하라)	자신의 입장을 협상 상대에게 설명한다
학습광 기질 (아이에게 학습의 즐거움을 가르쳐라)	아이들이 다른 나라의 언어와 문화를 배우도록 장려한다

　당신이 "어떤 두뇌에 국경이 없는 거야?"라고 묻는다면, 대답은 한 가지뿐이다. '모든 두뇌'이다. 실천 두뇌 능력, 무제한 사고 방식, 그리고 학습광 기질은 모두 국제적인 문제에도 응용할 수 있다.

　그러면 각 항목별로 자세히 알아보자.

A. 실천 두뇌 능력에 국경은 없다 - 습관과 언어

만일 당신이 '소수자'라면 당신이 여행할 나라 사람들의 언어와 습관은 당신의 것과 분명히 다를 것이다. 모르는 것이 무엇인지 알려면 반드시 여행하기 전에 그 나라의 언어와 문화에 대해 학습해야 할 것이다.

이와 관련된 흥미로운 사실이 두 가지 있다. 하나는 미국의 가장 큰 두 여행사인 프로머 사와 포더 사를 유태인이 만들었다는 사실이다. 그리고 또 하나는 국제어 에스페란토의 개발자 자멘호프가 폴란드 출신의 유태인이라는 사실이다.

나는 여행을 할 때 반드시 회화 책과 사전을 준비한다. 사전을 두 권이나 가져가는 경우도 있다. 큰 사전과 작은 사전을 챙겨 작은 것은 항상 휴대하고, 큰 것은 호텔에 두고 여러 가지 팸플릿이나 책자를 읽어보는 데 활용한다.

물론 출발하기 전에 '고맙습니다' 정도의 그 나라 말을 반드시 외운다. 만약 시간이 충분하다면 '안녕하세요', '잘 가요', '죄송합니다', '화장실이 어디입니까?'와 같은 간단한 말을 머릿속에 넣어둔다. 그리고 그 나라를 처음 방문할 경우 어떤 제스처나 행동이 무례하게 여겨지는지 조사한다. 미리 조사해두면 실수할 일이 그만큼 줄어들기 때문이다.

이런 것은 기본자세이다. 하지만 가끔 이러한 기본을 모르는 사람들도 있다.

내 아내는 실리콘밸리에 있는 은행에서 일을 한다. 주로 일본인 고객을 상대하는 것이 주된 업무이기 때문에 많은 일본 기업의 임원을 만나는데, 그들이 은행을 나설 때 내 아내나 장애인을 위해 문을 열어 주는 일은 아주 드물다고 한다.

이런 태도는 일본에서는 일반적이지만 미국에서는 상당히 무례한 처사이다. 일본 사정을 잘 아는 미국인은 이해하겠지만, 휠체어나 보조 기구를 사용하는 미국인은 이해할 수 없을 것이다. 그런 행동은 정상인인 미국인도 무례하다고 느낄 것이다.

대부분의 사람들은 굳이 이런 제안을 받지 않아도 그 나라의 언어와 에티켓을 공부하고 여행을 떠날 것이다. 하지만 각별히 주의하지 않으면 작은 실수로 모든 노력이 헛수고가 될 수도 있다.

12–1
일본의
중국 여행
안내서

여행지에서 그 나라의 요리를 맛보는 것은 상당히 흥미로운 일이다.

나는 1~2년 전부터 사업상 중국에 갈 일이 많은데, 중국에 갈 때는 일본에서 출판된 상하이-베이징 여행 안내서를 자주 사용한다. 일본의 여행 안내서에는 사진과 지도, 추천 레스토랑 등이 자세하게 나와 있기 때문이다. 도쿄에 있을 때 영어, 일본어, 중국어 3개 국어로 구성된 회화 책도 구입했다.

그런데 일본어로 된 여행 안내서가 도움이 되지 않을 때도 있다. 지도상의 주소나 도로명이 일본식 한자로 표기되어 있기 때문이다. 같은 한자를 두고도 중국식 한자와 일본식 한자는 쓰는 방식이 전혀 다르다. 따라서 도로나 레스토랑 표기법이 안내서와 완전히 다른 경우도 있다.

이것은 아주 심각한 문제이다. 그 책을 가진 여행객이 중국어를 전혀 모른다면 어떻게 택시 운전사나 호텔 직원에게 가고 싶은 곳을 설명하겠는가? 아무리 책의 지도를 보여줘도 중국인들은 지도의 글씨를 읽을 수 없을 것이다.

회화 책도 가끔 두통의 원인이 된다. 중국어에는 알다시피 네 가지 성조가 있다. 성조에 따라서 말의 의미는 완전히 달라진다.

외국인이 중국어를 쉽게 배울 수 있도록 중국 정부는 핀인을 개발했다. 핀인은 중국어의 한자음을 로마자로 표기하는 발음기호이다. 영어로 출판된 중국어 회화 책에는 반드시 이 핀인이 함께 표기되어 있다.

그런데 일본은 의무교육에서 로마자를 가르치는데도, 일본의 중국어 회화 책은 대부분 핀인이 없고 가타카나로만 발음이 표시되어 있다. 그런데 가타카나만으로는 정확한 중국어 발음을 표기할 수가 없다.

• • •

장애자를 위해 문을 열어줄 줄 모르는 회사 임원과 도움이 되지 않는 여행 안내책자에는 공통점이 있다. 그것은 바로 대부분의 일본인이 가지고 있는 '주류 의식'이다. 일본인들은 자신들이 단일 민족이라고 주장한다. 일본에는 외국인이 많지만 외국인이 일본 사회에 합류하는 것은 결코 쉬운 일이 아니다.

그리고 외국인을 자주 접하는 일본인은 많지 않다. 따라서 많은 일본인이 비현실적인 미디어를 통해 얻은 이미지만으로 외국인에 대한 선입견을 가지고 있다. 일본의 미디어에서 백인은 멋있는 사람으로 묘사되는 반면 유색인종은 범죄자로 그려지는 경우가 많다. 그리고 업무상 외국인을 자주 접하는 사람들조차 문화의 차이에 대해 따로 회사에서 교육을 받는 경우는 거의 없다.

이런 상황에서 일본인이 일본의 일상적인 매너를 보이는 것은 어쩌면 당연한 일이다.

해외여행의 경우에도 일본 여행사는 여행자와 현지인과의 접촉을 아무렇지도 않게 차단해버린다. 안전을 위한다며 여행자들을 누에고치처럼 가두어버리는 것이다.

이러한 누에고치에 싸여 살 필요가 없음에도 불구하고 오랫동안 누에고치를 벗어나지 못하는 일본인들은 의외로 많이 있다. 내가 아는 일본인 중에 미국에 13년간 거주한 어느 기업의 임원이 있다. 대학 졸업 후 지금까지 그는 지금의 회사에서 근무해왔다. 그는 아주 유명한 대학 출신이며 그것을 자랑스럽게 생각한다. 그래서 신입사원이 들어오면 출신 대학부터 묻는다. 하지만 10년 이상 미국에 살았는데도 미국의 대학에 대해서는 잘 모른다. 그가 알고 있는 것은 일본 대학들의 랭킹뿐이다.

누에고치 안에 숨어 있으면 쾌적하지만 어느 곳을 가든 고립을 피할 수 없다는 문제점이 있다. 그러면 현지의 현실보다 자신의 환상만을 보게 될 가능성이 높아진다.

만일 세계인이 되고 싶다면, 즉 앞으로 거래할 가능성이 있는 나라와 그곳 사람들의 현실을 알고 싶다면 누에고치를 과감하게 벗어버려야 한다.

누에고치를 벗으려면 먼저 소수자 의식을 가져야 한다. 어디를 가든 모국을 벗어나면 당신은 소수자이다. 현실은 냉정하다. 하지만 부담을 느낄 필요는 없다. 소수자라는 의식이 오히려 생존에는 더 유리하기 때문이다.

언어를 예로 들어보자. 많은 사람들이 오랫동안 영어를 공부했음에도 불구하고 외국인과 영어로 대화하는 것을 두려워한다. 문법이 틀리거나 발음이 이상할까봐 걱정되기 때문이다.

회화 시험을 볼 거라면 완벽한 영어를 구사하기 위해 노력하는 것은 당연하다. 하지만 실제 생활은 시험보다 간단하다.

일상생활에서 영어를 완벽하게 구사하는 것과 대화를 통해 의미를 전달하는 것 중 어느 것이 더 중요할까? 당연히 의미가 전달되는 쪽이다. 대화는 입으로만 하는 것이 아니다. 손짓과 몸짓은 훌륭한 의사소통의 도구가 된다. 그리고 외국인과 대화할 때 가장 중요한 것은 미소이다.

부정확한 발음이 걱정이라면 귀를 활용하라. 정확한 발음을 하려면 네이티브의 발음을 잘 듣고 흉내를 내면 된다. 만일 대화 도중 실수를 해도 걱정할 필요는 없다.

외국어가 서툴러도
겁먹지 말고 외국인에게 말을 걸어보라

나 역시 해외여행을 하며 수도 없이 실수를 저지르곤 한다. 하지만 내가 실수를 했을 때 그 나라 사람들이 부정적인 반응을 보인 적은 여태까지 한 번도 없었다. 대개 그 반대이다. 미국인을 싫어하기로 유명한 프랑스인조차 부정적인 반응을 보인 적이 없었다.

그 이유는 무엇일까? 앞의 〈그림 8.2〉에서 소수자와 관련한 룰 중 세 번째 '새로운 환경에 융화되라'를 떠올려보라.

비록 말이 조금 서툴더라도 여행지의 언어로 말하는 것은 그들 사회에 들어가기 위해 노력한다는 것을 의미한다. 여행 중에 그 나라 사람들과 조화를 이루려는 노력은 대단한 일이다. 그러한 노력은 높게 평가받는다. 여행지의 습관을 따르는 것이나 그 나라의 음식을 칭찬하는 것도 같은 효과가 있다.

B. 무제한 사고방식에 국경은 없다 – 협상 스타일

이스라엘인이나 유태계 미국인과 회의를 해본 적이 있는가? 유태인과 회의를 해본 사람은 대부분 "아주 피곤한 회의였다."라고 말한다. 유태인 측이 오랜 시간에 걸쳐서 그들의 거래 철학이나 허용할 수 있는 것과 없는 것에 대해 줄줄이 설명을 늘어놓기 때문이다. 때로는 유태인 측이 세세한 결정 과정이나 결정권자에 대해서까지 설명하기도 한다. 긴 시간 설명에 설명을 거듭하고 나서야 겨우 계약서의 첫 번째 페이지로 들어간다.

유태인이 이런 행동을 하는 이유 중 하나는 그들이 문화적, 전통적으로 자세한 설명을 좋아하기 때문이다. 이것에 관해서는 제7장에서 이미 언급했다.

그런데 유태인은 왜 자세한 설명을 선호하는 걸까? 왜 신속하게 계약서를 검토하고 즉시 본론으로 들어가지 않는 걸까?

그것은 바로 소수자 의식 때문이다. 전부 그런 것은 아니지만 유태인은 강한 소수자 의식을 가지고 있기 때문에 협상 상대가 자신의 견해를 이해하지 못할 거라고 판단한다.

또 협상 상대에게 전후관계를 설명하지 않으면 계약서에 적힌 자신의 입장을 이해하지 못할 거라고 생각한다. 그들이 사소한 부분까지 설명하는 이유가 여기에 있다.

그리고 또 한 가지 이유가 있다. 유태인은 협상 상대의 예, 아니오와 같은 단답형 대답을 원하는 것이 아니라 협상 상대의 의견을 알고 싶어 한다. 그러한 의견을 가진 이유, 결정 과정 그리고 타협의 여지는 어느 정도인지 알고 싶어 한다. 이것은 윈-윈 해결법을 찾는 데 도움이 된다.

다시 말하면 유태인은 다른 사람이 자신을 이해해주길 원하고, 다른 사람을 이해하고 싶어 한다. 그래서 많은 사람이 힘들어하는 긴 설교를 하는 것이다.

나는 유태인과 일본인의 협상 자리에 참석한 적이 있다. 유태인의 입장이었던 경우도 있고 일본인 측을 대변했던 경우도 있었다.

일본인과의 협상을 통해 나는 일본 측이 그들의 대략적인 관점에 대해 거의 설명하지 않는다는 것을 느꼈다. 물론 회사에 관한 몇 장의 슬라이드를 보여주기는 하지만, 경영 철학이나 결정 과정에 대해 설명하는 것을 한 번도 본 적이 없다.

이것은 일본 측이 지닌 주류 의식의 반영이라고 할 수 있다. 일본 기업은 일본인끼리 거래하는 경우가 많을 것이다. 같은 일본인끼리라면 자세한 설명이 없어도 서로를 이해할 수 있다. 또는 이해하지 못하는 경우에도 상대방이 '진심'을 보여주길 기대하지 않기 때문에, 자신의 진심도 보여주지 않아도 된다고 생각한다.

그러므로 일본인은 협상 상대에게 설명의 필요를 느끼지 못한다.

이런 마음가짐을 보여주는 또 다른 사례가 있다. 바로 TOEIC 시험이다. TOEIC은 Test Of English for International Communication의 약자로, 듣기와 독해 두 부분으로 나뉘어 있다. 많은 일본의 회사가 직원을 미국이나 영어권 나라에 파견할 때, 일정한 TOEIC 점수를 얻을 것을 의무화하고 있다.

그런데 이 시험에서 한 가지 빠진 것이 있다. 바로 회화이다. 말을 듣고 이해하는 것과, 그것에 대답하는 것 사이에는 커다란 차이가 있다. 하지만 일본인은 해외근무를 떠나기 전에 따로 회화 능력을 시험하지 않는다.

우리 부부는 캘리포니아에 살면서 영어를 거의 할 줄 모르거나 미국인과 대화하는 것을 꺼리는 외국인을 많이 보았다. 그런데 그들은 도대체 어떻게 고객과 종업원으로서 미국인을 상대하는 것일까?

이것은 반드시 파견 직원만의 책임이라고는 할 수 없다. 그들의 자유의지로 발령된 것이 아니기 때문이다. 하지만 일본 본사의 경영진에게는 책임이 있다. 직원을 미국으로 보내면서 그가 미국인과 영어로 대화하거나 설명할 일이 없다고 생각한 것일까?

다른 문화를 접할 때 이러한 설명 부족은 나중에 오해를 부를 가능성이 크기 때문에 아주 위험하다. 비단 유태인과 협상 데이블에 마주할 경우로 국한되지 않는다.

일본인의 의사결정 과정은 서양인에게는 특이하게 보일 정도로 너무 많은 시간을 들이며 까다롭다. 나는 지금까지 미국이나 유럽의 여러 회사가 일본의 의사결정을 기다리다가 지쳐서 협상을 포기하고 다른 제휴 상대를 물색하는 경우를 많이 보았다.

또한 협상 초기 단계에서 사전 협상, 품의, 결재와 같은 과정을 적극적으로 보여준 일본 기업을 한 번도 만난 적이 없다. 미국 측이 이의를 제기한 다음에야 가까스로 설명을 한다. 내 경험으로 볼 때 일본인은 기본적인 설명의 필요성을 느끼지 못하는 것 같다.

의사결정 과정뿐만이 아니다. 대개 유태인은 양측의 이해를 부드럽게 하기 위해 설명을 첨가하는 경우가 많다. 만일 유태인과 협상을 하게 된다면 유태인 측의 끊임없는 설명을 귀찮다고 생각하지 말고, 그들이 당신에게 제공하는 정보를 기록해두기 바란다. 만일 당신이 먼저 그들에게 정보를 제공한다면 서로의 관계는 한층 발전하고 유효한 정보 교환이 될 것이다.

어쩌면 내가 너무 유태인의 방식만을 강요한다고 느낄 수도 있다. 물론 유태인도 상대방의 방식에 맞추어야 할 때가 있다. 천천히 분명하게 말해야 한다거나, 은어를 쓰지 않아야 한다거나, 문서를 사용하라는 것 등으로 말이다.

하지만 유태인은 대개 정보의 공유를 제한하는 것이 아니라 개선하고 싶어 한다. 협상을 할 때 당사자들은 정보에 관해 서로 다른 문제를 느끼게 된다. 그러므로 문제 해결법도 각각의 입장 따라 다르다.

정리해보면, 이디쉬 코프를 활용해 외국인과 협상을 벌일 때는 '자국인끼리의 협상과 똑같은 방식으로 하지 마라'는 것이다.

> 국제적인 협상일수록
> 적극적으로 자신의 견해를 설명하라

C. 학습광 기질에 국경은 없다 – 자녀의 언어 학습

모든 유태인 부모의 소원은 자식이 그들보다 더 성공하는 것이라고 했다. 미국에 이주한 유태인은 대부분 영어에 서툴렀다. 그들은 억양이 강하고 문법과 단어에 취약했다.

하지만 그들의 자손은 영문학에서 많은 상을 수상했다. 노벨 문학상 수상자인 솔 벨로우Saul Bellow가 그중 한 명이다. 그 밖에도 배우, 가수, 텔레비전 뉴스 캐스터 등 영어를 많이 쓰는 직업을 가진 사람들이 많아졌다.

여기 실리콘밸리에서는 이러한 패턴이 외국인들에게서도 생겨나는 것을 볼 수 있다. 캘리포니아에는 영어를 전혀 구사할 줄 모르는 중국, 베트남, 라틴아메리카 출신의 많은 이주민이 살고 있다. 그들은 은행, 병원 또는 자동차 영업소에 갈 일이 있으면 그들의 자녀를 통역으로 데리고 간다.

때로는 아이가 아주 어린 경우도 있다. 나는 예전에 대만에서 온 중년 여성과 얘기를 나눈 적이 있는데, 그때 그녀의 4살 난 손녀가 완벽하게 통역을 해주었다.

이민 1세대는 자손에게 의지하는 것을 부끄러워하지 않는다. 오히려 자신의 자식들이 아주 똑똑하다고 자랑스러워한다. 그들의 자식은 영어와 부모의 모국어를 다 할 수 있다. 그렇지 않다면 통역은 불가능한 일이다.

하지만 회사의 발령 때문에 미국에 온 일본인 가정에는 이런 일이 없다. 캘리포니아에 몇 년간 살면서도 영어를 배울 마음이 없는 사람도 있다. 하지만 그들이 통역을 위해 그들의 자식이나 다른 사람을 데리고 있는 것도 본 적이 없다.

나와 내 아내는 얼마 전 일본에 귀국한 주재원과 이야기를 나누다가 깜짝 놀랐다. 그는 미국에서 4년간 살았는데, 3년 더 연장하라는 회사의 제안을 단번에 거절했다고 한다. 그의 아내는 캘리포니아 생활을 아주 마음에 들어했고, 10살이 채 안 된 두 아들도 마찬가지였다. 그런데도 그는 왜 일본으로 돌아가기로 결정한 것일까?

그는 아이들이 자기보다 영어를 잘하게 되었기 때문에 아버지로서 체면이 서지 않기 때문이라고 말했다.

이민자와 해외근무자 사이에는 큰 차이가 있다. 이민자는 보통 새로운 나라에 적응하는 것을 첫 번째 목표로 삼는다. 한편 해외근무자는 몇 년간의 임기를 마치면 대부분 본국으로 돌아간다. 따라서 해외근무자보다 이민자들이 영어 학습에 더 많은 노력을 기울인다.

자신의 체면이 깎일까 걱정한 그는 아이의 학교 문제는 별로 걱정하지 않았다. 결국 그 부부는 둘 다 자녀의 학교 문제는 별로 중요시하지 않았다.

한 가지 사례로 판단하기는 섣부르지만, 우리 부부와 친밀한 어느 일본인 남성도 아이의 영어가 유창해지는 것에 대해 복잡한 심경을 토로한 적이 있다.

이민자와 해외근무자 사이의 의식의 차이는 소수자 의식과 주류 의식 사이의 차이에 있다고 할 수 있다. 이민자는 소수자이다. 그리고 그들은 자녀가 빨리 새로운 나라에 익숙해지기를 원한다. 하지만 해외근무자는 본국과 밀접한 관계가 있고, 언젠가 돌아갈 것이기 때문에 주류 의식을 가지고 있다. 동시에 영어를 비롯한 외국어를 불쾌하게 느끼고 있는지도 모른다.

이러한 견해도 있다. 만약 당신이 소수자에 속한다면 당신에게 가장 중요한 것은 당신이 속한 소수자 집단이 경쟁에서 생존하기 위해 습득해온 기술이다. 하지만 주류 집단에 속한다면 당신의 우선순위는 달라질 것이다. 생존 기술보다 집단 안에서의 지위 유지가 더 중요해질 수도 있다. 이른바 연장자로서의 체면을 유지하는 것처럼 말이다.

이러한 분석이 일본인 아버지가 아이에게 경쟁심을 품은 이유를 설명할 수 있는지 모르겠다. 아마추어 심리 분석은 그만두고 요점을 말하자면 소수자 의식이 태도에 큰 차이를 가져온다는 점이다.

그렇다면 주류 의식을 가지고 살아가는 것은 생존에 도움이 되지 않는가? 이제부터 이것에 대해 말하고자 한다.

:: **Rule 13** 우호적인 네트워크를 짜라

일상생활이나 비즈니스에서 외국인보다는 같은 민족과 거래하는 것이 편하다고 느끼는 것은 당연하다. 인간은 원래 민족, 종교, 언어 등 공통점을 가진 상대를 더 신뢰하기 마련이다. 미국인, 그리스인, 중국인, 아랍인, 기독교인 등 모두가 그렇다.

몇 세기에 걸쳐 유태인의 비즈니스 네트워크는 이 룰에 따라 만들어졌다. 오랜 역사를 거치면서 유태인은 여러 나라로 흩어졌다. 국외로 추방되기도 했고 기회를 잡기 위해 자발적으로 외국에 이민을 가기도 했다. 그리고 그들이 떠난 후에도 그들과 인연이 있거나 그들을 신뢰하는 사람들이 그곳에 남아 있었다.

새로운 나라에 이민 간 유태인은 이런 국제적 끈을 곧바로 자산으로 바꾸기 시작했다. 끈은 대부분 혈연이나 결혼에 의한 것이었다. 혈연관계가 없는 유태인과의 거래는 차선책이었지만, 유태인들은 그들을 '확대가족'으로 간주해 비즈니스를 확대했다. 이러한 국제적 끈은 특히 중세 아랍 제국 간 거래, 17세기 네덜란드의 세파라딤, 19세기 독일의 유태인 은행가들의 성공 기반이 되었다.

그리고 이러한 끈은 신용 네트워크뿐만 아니라 정보 네트워크의 역할도 수행했다. 외국 도시에서 발생한 사건을 편지로 가장 먼저 알고, 해외에 정보 거점이 없는 사람들보다 먼저 행동할 수 있게 만드는 기능을 했다.

물론 이러한 시스템은 전보나 라디오의 출현으로 상당히 달라졌다. 돈만 있으면 누구나 정보를 입수할 수 있는 시대가 되었다. 이것이 1920년대부터 로스차일드 가문이 고전하는 원인이 되었다. 그들은 혈족에 의한 정보 네트워크라는 경쟁력의 우위를 잃어버렸다.

최근 50년 동안, 은행이나 대규모 비즈니스는 종교와 혼재하는 경향이 강했다. 종교에 대해 관용적인 분위기가 확산되었고, 가족 기업이 주식 공개로 상장을 지향하게 되면서 비즈니스와 종교의 혼재 경향을 촉진시켰다.

오늘날 유태인의 비즈니스 네트워크는 별로 중요하지 않다. 최근 행해진 유태계 미국인에 대한 조사에 의하면, 미국 중서부와 서부에 사는 유태인들 대다수가 자신의 친구들 중 대부분은 유태인이 아니라고 대답했다. 하지만 인적 네트워크의 비중이 줄어들었다 해도 여전히 유용한 것은 사실이다.

13−1
유태인의
대화

지금까지 이 책을 읽어서 잘 알겠지만 유태인에게는 독특한 대화, 협상, 토론 스타일이 있다. 그중에서도 가장 유태인다운 느낌이 강한 것은 '대화'이다. 하지만 나는 대화할 때 유태인이라는 느낌이 나지 않게 하려고 노력한다.

마치 도시 한복판에서 시골 사투리를 쓰기가 꺼려지는 것과 비슷하다고 하면 이해하기 쉬울 것이다. 상대방도 같은 고향 사람이라면 사투리로 말해도 아무 문제가 없다. 오히려 더 친근감을 느낄 수 있고 관계도 부드러워질 것이다. 평생친구가 되지는 않더라도 대화를 나눈 그 짧은 순간만큼은 사투리 덕분에 분위기가 좋아지고 거래도 수월하게 성사될 수 있다.

유태인 사이에도 비슷한 일이 일어난다. 보통은 서로의 고향을 묻는 일이 대수롭지 않은 일이지만, 유태인은 상대가 유태인인지 아닌지 직접적으로 물어보기를 꺼린다.

그 이유는 소수자 의식에 있다. 세상 사람의 98%는 유태인이 아니다. 또 한 가지 이유는 특정 인종에게 차별 대우하는 사람이라고 오해받고 싶지 않기 때문이다.

하지만 역시 대화 상대가 유태인인지 아닌지 알고 싶기 마련이다. 그래서 유태계 미국인은 그것을 알아낼 우스울 정도로 신중한 방법을 개발했다.

우선 상대방의 외모를 보고 이름에 대해서 생각한다. 그리고 억양이 동부 억양인지 아닌지 힌트를 놓치지 않기 위해 귀를 기울인다. (캘리포니아에 사는 유태인조차 나처럼 동부 출신이거나, 부모가 동부 출신인 경우가 많다.) 하지만 이것만으로는 상대방이 유태인인지 아닌지 100% 판단할 수 없다.

이런 것을 관찰한 결과 만일 상대방이 유태인일 가능성이 있다고 생각되면 다음 단계로 넘어간다. 그 사람과 대화하는 도중에 슬쩍 이디쉬어를 섞어서 말해본다. 미국에 사는 유태인은 대부분 아슈케나즈이기 때문에 상대방이 유태인이라면 이디쉬어에 대한 반응이 있을 것이다.

예를 들어, 이런 식이다.

"맞아요, 하지만 이 조건으로 우리가 투자를 한다면 다음 분기까지 우리 주식은 '바프켓스(아무것도 아니라는 뜻)'가 될 거예요."

또는 이런 식으로 말한다.

"만일 양측이 서로 합의하지 않겠다고 한다면 왜 우리 고객이 일부러 런던까지 '수레프(끌려간다는 뜻)'해야 하는 거죠? 워싱턴에서 회의를 하지 않겠습니까?"

여기서 중요한 것은 위의 문장처럼 한 단어만 이디쉬어를 섞어야 한다는 점이다. 너무 지나치게 사용하면 안 된다. 그리고 상대방의 반응을 기다린다.

어떤 반응을 기다릴까? 상대가 이디쉬어를 사용해서 대답하기를 기다리는 것이다. 그것은 바로 다음 대답에 나올 수도 있고, 10분 뒤에 나올 수도 있다. 참고 기다리는 것이 중요하다. 하지만 만일 상대가 이디쉬어로 대답한다면, 그 다음부터는 마음 편하게 대화할 수 있다. 단 이 방법은 종종 오진이 발생할 수도 있다. 왜냐하면 뉴욕이나 로스앤젤레스에 사는 비유태인도 이디쉬어 단어로 말하는 경우가 있기 때문이다. 그중에는 아랍계 미국인도 있다.

· · ·

조금 설명을 덧붙인다면, 이 방법은 딱히 누군가에게 배운 것이 아니다. 다른 사람이 대화하는 것을 어깨 너머로 관찰하며 배운 것이다. 이 방법으로 유태인이라는 것을 확인하고는 나중에 상대방과 함께 그때의 대화를 떠올리며 웃었던 일도 있다. 유태인은 다른 사람에게 불쾌감을 주는 것을 두려워하면서도 호기심을 억누르지 못한다.

만일 상대가 이디쉬어 단어를 사용하는데도 유태인이 아닐 경우에는 무슨 일이 일어날까? 그런 경우에는 한바탕 웃어넘기겠지만, 분위기는 한층 친근해질 것이다.

이것이 유태인의 네트워크 방식이다.

유태인의 네트워크는 우호적이다. 새로운 사람을 배척하기 위한 이유를 찾기보다는 받아들이기 위한 이유를 찾아내려고 노력한다.

내 아내의 사무실에는 20명 정도의 직원이 있다. 그중에는 유태인인 동료와 아버지가 유태인인 동료가 있다고 한다. 아내가 직장에서 일하기 시작한 처음 몇 주 동안은 두 사람 모두 아내에게 말을 걸지 않았다. 두 사람은 아내와 다른 부서라서 마주칠 기회가 없었고, 아내는 그들이 유태인이라는 것을 전혀 몰랐다.

그러던 어느 날, 그들은 우연히 아내가 유태인과 결혼했다는 사실을 알게 되었다. 그들은 아내의 자리로 찾아와 대화를 나누었다. 그날부터 두 사람은 아내에게 따뜻한 태도를 보이기 시작했다. 그들은 아내에게 유태인의 명절이나 유태인의 음식에 관한 이야기를 하는 등, 전과는 달리 아주 우호적인 태도를 보였다고 한다. 그들은 내 아내가 일본인이지만 유태인이나 다름없다고 생각하는 것이다.

얼마 전 나와 내 아내, 그리고 아내의 일본인 친구와 셋이서 샌프란시스코 시내를 걷고 있을 때였다. 건널목에서 신호를 기다리는데 일본어로 된 여행안내 책자를 든 채 길을 찾지 못해 헤매는 2명의 일본인 여성을 발견했다. 한눈에 봐도 길을 잃었다는 것을 알 수 있었다. 그때 반대편에서 마찬가지로 길을 잃은 것으로 보이는 일본인 커플이 다가왔다.

가까운 거리에 이르러 그들은 서로를 발견한 듯했지만, 상대에게 미소를 짓거나 인사도 하지 않았다. 서로 눈을 피한 채 상대를 못 본체하고 지나쳤다. 그때 아내와 아내의 친구가 두 여성에게 다가가 일본어로 길을 안내해주겠다고 하자, 여성들은 괜찮다고 말하고는 빠른 걸음으로 그 자리를 떠났다.

또 한 가지 예를 들어보겠다. 내가 살고 있는 실리콘밸리에는 인종별로 많은 교류 모임들이 있다. 가장 많은 것이 중국계 교류회, 다음이 인도 그리고 일본계도 몇 개 있다. 나는 종종 중국계 교류회나 일본계 교류회에 참석한다. 영어로 진행되는 일본계 교류회에는 일본인 외에도 많은 중국인이나 이스라엘인이 참석한다. 하지만 중국인 모임에서는 일본인을 찾아볼 수 없다. 중국 비즈니스가 부흥기를 맞고 있는데 일본인은 중국에 흥미가 없는 것 같다.

그중에는 영어로 진행되는 교류회도 있다. 일본 대학의 동창회나 특정 지역의 교류회 등이다. 하지만 그런 모임에 참가하려면 특정 대학을 나오거나 부모님이 특정 지역 출신이라는 조건을 충족시켜야만 한다. 참으로 배타적인 조직이라고 할 수 있다.

해외근무자에 대한 태도도 일본의 배타적 문화의 한 예로 들 수 있다. 해외근무자가 자국으로 복귀했을 경우 서양인이라면 당사자의 해외근무지 경험을 직장에서 활용하도록 도울 것이다. 하지만 일본의 경우 동료들은 그 사람을 이미 '순수한' 일본인으로 취급하지 않는다. 그러면 모처럼의 좋은 아이디어를 활용하기 어려워지는 것은 물론, 그는 앞으로도 새로운 제안을 하지 않게 될 것이다. 그렇지 않으면 그들 사이에서 배척당할 위험이 있기 때문이다.

해외근무자의 자녀도 마찬가지이다. 어렸을 때 아버지의 사업상 미국에서 어린 시절을 보낸 학생이 있었다. 그녀가 본국으로 돌아갔을 때 학교의 영어 교사는 그녀를 불러 앞으로는 수업 시간에 영어책을 소리내어 읽지 말라고 했다. 그녀의 유창한 영어가 자신의 체면을 깎는다고 생각했기 때문이다.

이 사례는 앞서 이야기한 해외근무자 아버지와 같은 경우이다. 해외 경험으로 축적된 젊은이의 기술이 연장자의 체면을 해친다고 생각하는 일본인의 전형적인 발상이다.

영어 교사가 그녀에게 그런 명령을 하지 않았다면 그녀의 친구들은 그녀에게 좋은 발음을 배웠을 것이다. 말하자면 그녀의 지식은 네트워크 밖으로 밀려난 셈이다.

유태인과 일본인의 상황별 대처법의 차이는 어디에서 생겼을까? 두 가지 요소가 복합적인 원인이 된 것이 아닐까?

첫 번째는 소수자 의식과 주류 의식의 차이이다. 만일 당신이 소수자 집단에 속해 있다면 동료가 많으면 많을수록 좋다고 생각할 것이다. 하지만 주류 집단에 속해 있다면 그 안에서 특별한 존재가 되고 싶을 것이다. 그리고 점점 더 다른 사람을 배척하게 될 것이다.

두 번째 요소는 자국 문화(또는 자기 자신)에 대한 자부심의 유무이다. 유태인은 대부분 자신이 유태인이라는 것을 자랑스럽게 생각한다. 아내의 직장 동료도 자신의 아버지가 유태인이기 때문에 자신이 유태 문화와 관계가 있다는 점에 자부심을 가지고 있다. 하지만 지금까지의 예를 살펴보면 일본인은 자신이 일본인이라는 것을 부끄러워한다. 혹은 스스로 외국의 환경에 대해 모르는 점이 많다는 것을 부끄럽게 여기는 것 같다.

샌프란시스코의 일본인 여성들은 멋진 휴가를 보내고 싶었기 때문에 다른 일본인에게 여행안내서를 들고 있는 모습을 보이기 싫었을지도 모른다. 앞에서 말한 교사도 학생의 훌륭한 발음에 위협을 느꼈을 것이다. 귀국한 해외근무자의 동료들 역시 자신들의 위치에 위협을 느껴 그를 따돌림으로써 스스로를 방어했을지 모른다.

네트워크가 취약하면 성공은 멀어진다

네트워크가 약하면 중요한 정보를 놓치고 기회를 잃는다. 일이 일어날 때마다 밀어내기를 반복한 배타적 네트워크는 적극적으로 새로운 사람을 받아들이는 네트워크보다 취약해질 것이다.

당신 역시 배타적 태도를 보여왔다면 다시 한 번 제6장의 '다른 의견에 관대하라'를 읽어보기 바란다. 유태인의 성공 사례는 같은 그룹의 구성원이라고 해서 모두가 같은 생각을 하는 것은 아니라는 사실을 증명한다. 의견은 오히려 서로 다른 것이 좋다.

배척할 것이 아니라 더 많은 사람들을 당신의 네트워크에 엮을 구실을 찾아라.

:: Rule 14 새로운 환경에 융화되라

'디아스포라'는 원래 '이산離散'을 의미하는 말로 구약성서 그리스어판에서 유태인을 가리키는 말이었다. 그 후 다양한 민족들에서 여러 형태의 디아스포라가 발생했다. 박해 때문에 발생한 경우도 있다. 또한 19세기 중국인들이 대거 미국으로 이민한 일이나 일본인들이 하와이 및 미국으로 이민 갔던 일 등 가난한 노동자들이 일자리를 찾기 위해 다른 나라로 이주하면서 발생한 경우도 있다. 그리고 20세기 후반에는 중국인과 인도인들이 실리콘밸리나 오스틴 등 과학기술 중심지로 이민 간 것처럼 높은 수준의 교육을 받은 전문가들의 이민도 발생했다.

이 책 전반에서 '유태인이란 어떤 사람들인가?'에 대해 살펴보았다. 이 질문에 한마디로 답하는 것이 어려웠던 이유는 디아스포라 때문이었다. 흩어져 살면서 어떻게 정체성을 유지할 것인가?

이 문제는 몇 세기 동안 유태인을 괴롭혔다. 내 서재에는 미국계 유태인, 프랑스계 유태인, 독일계 유태인, 러시아계 유태인, 중국계 유태인, 라틴아메리카계 유태인, 네덜란드계 유태인, 폴란드계 유태인, 아마존 및 이슬람계 유태인, 세파라딤 등에 관한 책이 줄지어 꽂혀 있다. 유태인 종파에 대한 책을 다 모으면 책장 하나로 모자랄 것이다.

각각의 종파들은 정체성을 유지하기 위해 많은 노력을 했다. 하지만 어느 하나 똑같은 선택을 한 집단은 없다.

정체성을 비교적 간단하게 환경에 적용한 경우도 있다. 유월절(과월절)이라고 불리는 유태교의 중요한 축제가 그 예이다. 이 기간 중 8일 동안은 허락된 음식 외에는 먹을 수 없다. 특히 곡물에 물을 섞은 음식과 모든 종류의 과일을 먹을 수 없다. 그런데 이 규칙을 따르자면 세파라딤 지역에서는 먹을 수 있는 음식이 거의 없다. 그래서 세파라딤의 랍비는 쌀과 평두(콩의 한 종류)는 먹어도 된다고 허락했다. 하지만 아슈케나즈계는 유월절 기간에도 금지된 음식 외에 선택할 수 있는 메뉴가 많다. 따라서 아슈케나즈 랍비는 이 축제 기간 동안 쌀과 콩의 섭취를 일절 금지하고 있다.

전통적인 유태 문화가 가장 많이 변한 곳은 미국이다. 가장 좋은 예가 하누카Chanukah라고 불리는 축제이다.

14-1
하누카의
진화

하누카의 시초와 변화에 대해 살펴보자.

하누카는 원래 가장 사소한 유태교의 명절이었다. 가장 사소하다고 표현한 것은 하누카 자체가 종교적인 의미를 별로 갖지 않았기 때문이다. 이 축제는 기원전 167~165년경의 제2사원 파괴 전에 일어난 사건과 관계가 있다.

당시 예루살렘은 그리스의 통치를 받고 있었는데 사원 안에서 유태교의 의식을 치르는 행사가 허용되었다. 하지만 왕이 바뀌면서 그 전통을 없애버렸다. 그는 사원에 그리스 신화에 등장하는 신의 동상을 세웠다. 이에 대해 유태인 용사들은 지도자였던 마카베아 가문을 중심으로 반란을 일으키기로 결심했다. 오랜 전쟁 후 결국 유태인이 승리를 거두었다. 전란의 더러움을 씻어내기 위해 마카베아와 동지들은 사원으로 갔다. 그들은 '메노라'라는 일곱 대의 촛대로 만들어진 특별한 초를 밝혔다. 그들이 가진 기름은 하루밖에 쓸 수 없는 양이었다. 그런데 기적적으로 그 하루 분량의 기름으로 촛불이 8일 동안 꺼지지 않았다. 하누카는 이 기적을 8일간 기념하기 위한 날로 기원전 164년에 시작되었다.

하누카가 시작됐을 때는 이미 구약성서의 집필이 끝난 뒤였다. 구약성서의 본문은 하누카가 발생하기 수세기 전에 기록이 끝난 상태였다. 유태교의 중요한 휴일들은 일하는 것을 금지하는 안식일(토요일)에 이어지는 하루나 이틀로 되어 있다. 하지만 안식일을 빼고 하누카 기간에는 언제든 일을 해도 상관없다. 아무리 기적을 기린다고는 하지만 하누카를 기리는 것은 아주 지루하다.

그래서 가장 사소하다고 한 것이다.

몇 세기 동안 하누카는 단순히 메노라에 초를 밝히는 날이었다. 8일 밤에 걸쳐 촛불을 하나씩 늘려간다. 세어보면 알겠지만 전부 합하면 44자루의 초가 필요하다. 그래서 하누카는 '빛의 축제'라고도 불린다. 19세기에 들어서 동유럽 제국의 유태인들은 이 기간 중 자식들에게 용돈을 주기 시작했다. 한편 세파라딤 유태인은 축제 때 달콤한 음료수를 사 마시도록 아이들에게 매일 밤 동전을 주었다.

유태인이 대거 미국으로 이주하기 시작한 시대에 하누카는 어떻게 변했을까? 그들은 하누카를 점점 잊어갔다. 그 이유는 미국에서 하누카의 강력한 적을 만났기 때문이다. 하누카 축제는 12월에 치러진다. 그리고 미국에서는 그 시기에 하누카보다 훨씬 대중적인 축제가 열린다. 바로 크리스마스이다.

물론 유태인은 크리스마스가 기독교인의 축제라는 사실을 알고 있다. 하지만 크리스마스는 이미 아주 상업적인 축제가 되어 있었다. 크리스마스 선물을 교환하는 것은 자신을 아주 세련된 미국인으로 보이게 했다. 집에 크리스마스 트리를 장식하는 유태인까지 생겨났다.

1900년경부터 미국의 유태인 지도자들은 이것을 걱정하기 시작했다. 그들은 기독교인들의 축제에 대항할 수 있는 유태인의 축제를 찾았다. 그런 그들이 발견한 것이 바로 하누카였다.

랍비와 유태인 지도자들은 크리스마스 대신 하누카 축제를 알리기 시작했다. 제1차 세계대전 이후 그들의 노력은 결실을 맺기 시작한다. 크리스마스처럼 상업화한 것이 그 계기가 되었다. 이디쉬어 신문은 하누카 축제에 선물로 와플 만드는 기계부터 자동차까지 온갖 종류의 광고를 싣기 시작했다.

1940년대에 이르자 하누카 축제는 거의 현재의 모습으로 정비되기에 이른다. 크리스마스처럼 선물도 하고, 모든 제사를 보다 간단하게 치렀으며, 종교 관련 상품도 갖추어졌다. 옛날에는 하누카 축제에 사용하던 메노라 촛대가 조잡한 목재 제품에 불과했다면, 지금은 모든 유태인 가정이 화려하게 장식된 메노라를 가지고 있다.

그 밖에도 노래, 카드, 냅킨, 종이 장식, 리본(대부분 파란색과 흰색), 요리 레시피, 초콜릿 그리고 게임 등과 같은 하누카 상품이 갖추어졌다. 물론 여러 색깔이 들어간 44자루의 특제 양초도 빠뜨릴 수 없다.

하누카는 유태인에게 어떤 의미를 지니고 있을까? 2000년과 2001년에 행해진 '미국 유태인 인구조사' 중 '유태인으로서 정체성 유지에 도움이 되는 활동은 무언인가?'라는 항목이 있었다. 종교와 관련이 없는 활동이어도 상관없었다. '친구들이 대부분 유태인이어서'라든가, '홀로코스트 같은 유태인 역사에 관한 책을 볼 때'와 같은 보기가 항목에 포함되어 있었다.

조사 결과 종교, 연령, 유태인과의 결혼 여부, 시나고그에 나가는지 등에 관계없이 대부분의 유태인이 한 가지 특정한 활동을 선택했다. 그것은 바로 하누카에 촛불을 켜는 일이었다. 조사 결과에 따르면 응답자의 73%가 매년 하누카에 촛불을 켠다고 대답했다. 하누카는 보잘 것 없는 명절이었다. 게다가 한때는 잊혀진 적도 있었다. 하지만 지금은 유태계 미국인을 비롯한 대다수의 유태인들에게 유태인으로서의 정체성을 느끼게 해주는 가장 중요한 행사로 자리 잡았다.

• • •

'순수함'을 잃어버리면 문화가 사라지지 않을까 걱정하는 것은 당연하다. 유태인도 마찬가지였다. 하지만 신의 가호 덕분인지 유태 문화는 계속 존재해왔다.

시대의 변화에도 불구하고 문화적 순수성을 유지하기는 어려운 일이다. 시간이 흐르면 인간이 필요로 하는 것도 변하기 마련이다. 인간은 욕구에 방해가 된다면 전통을 잊어버린다. 전통이 변화에 순응하지 못하면 그 전통을 지키려는 사람의 숫자도 점점 줄기 마련이다.

그런데 이러한 현상을 별로 중요하지 않다고 여기는 사람들이 있을 것이다. 문화가 맥이 끊기지 않고 오랫동안 남아 있기만 하다면 어떻게든 문화를 이어가는 것이 명예로운 일이라고 느끼는 사람도 있을 것이다.

하지만 그것은 살아남는 문화의 특성이 아니다. 살아남는 문화는 유연성을 띠고 있으며 독창성과 적응 여지를 지니고 있다.

유태교 중에서도 초보수파인 하시디즘파는 하누카 축제의 보급에 반대하지 않았을까? 모든 유태인 중에서 그들만큼 하누카 축제가 역사적으로 얼마나 사소한 기념일이었는지 알고 있는 사람은 없을 테니 말이다. 하지만 실제로 몇몇 보수파는 유태계 미국인이 유태교와의 관계를 지속하게끔 돕기 위해 하누카 축제 보급 운동에 앞장섰다.

그들은 전통의 순수성이 가장 중요한 것은 아니라는 점을 이해하고 있었다. 살아남고 성장하는 것이 보다 중요했다. 이것이 하누카 축제의 진짜 의미이다.

문화적 순수성에 대해서 또 다른 견해가 있다. 하지만 그것은 나도 이 책을 집필하면서 처음으로 깨달은 것으로 깊은 역사적 이해에 따른 것이라고 장담할 수는 없다.

수백 년 동안 서유럽의 유태인은 게토에 살고 있었다. 그들은 인생의 대부분을 기독교인과 떨어져 고립되어 살았다. 게토에서 나올 수 있던 것은 일주일 중 단 하루였고 그것도 정해진 시간뿐이었다.

한편 동유럽 유태인은 비유태 사회 속에서 살았다. 그들은 기독교인을 고객으로 대했고, 때때로 기독교인 가정부를 고용하고 아기를 위해 기독교인 간호사를 부르기도 했다.

그리고 19세기, 유태인의 생활양식에 혁명이 일어났다. 나폴레옹의 선도로 게토의 벽이 무너졌다. 동유럽에서는 수백만 명의 유태인이 고향을 떠나 신세계로 향했다.

이 혁명기에 가장 높은 비율로 기독교로 개종한 집단은 어디일까? 유태인으로서의 정체성을 포기한 사람들은 누구일까? 그건 바로 게토에 살았던 사람들이었다. 가장 순수한 유태성을 지켜왔던 사람들이 가장 먼저 개종에 나섰다.

동유럽 유태인 중에 기독교로 개종한 사람의 수는 지극히 적었다. 매일 기독교인과 접촉해왔던 긴 세월이 유태인의 정체성을 오히려 강하게 다져놓았기 때문이다.

만일 당신의 나라에서 디아스포라가 생긴다면 어떻게 하겠는가? 중국인이나 인도인, 대만인처럼 고등교육을 받은 전문가들이 영주할 목적으로 다른 국가로 이동한다면 어떻게 될까?

해외로 이주한 전문가나 그들의 자녀, 또는 그 다음 세대가 자신이 어느 나라 사람인지 잃어버리는 데 어느 정도의 시간이 걸릴까? 그들이 이주한 나라의 시민권을 획득한다면 어떻게 될까? 자신의 원래 국적을 포기할까? 만약 당신이 해외로 이주하여 살게 된다면 자신의 정체성을 포기할 것인가?

어쩌면 정부도 이것에 미리 대비하고 있는지도 모른다. 하지만 정부의 시책보다 더 중요한 것은 당신의 태도이다.

문화가 생존하려면
전통보다 유연한 적응력이 필요하다

보나페티와 샤피로

샤피로는 오랫동안 열심히 일했다. 자식들도 이제 다 커서 모두 출가했다. 샤피로는 스스로에 대한 보상으로 태어나서 처음 프랑스 여행을 떠나기로 했다.

그가 탄 호화 여객선은 저녁식사 자리가 정해져 있었다. 여행 첫날, 샤피로는 세련된 프랑스 신사 옆에 앉았다. 그는 프랑스어를 전혀 할 줄 몰랐다. 물론 프랑스인 신사가 이디쉬어를 할 거라고 기대하기도 힘들었다.

저녁식사가 준비되고 두 사람은 손에 포크를 들었다. 그때 프랑스 신사가 샤피로에게 웃으며 말했다.

"보나페티!"

이것은 프랑스어로 '맛있게 식사하라' 는 말이다. 하지만 샤피로는 프랑스 신사가 자기소개를 하는 것이라고 생각했다. 그래서 그도 그 신사에게 웃으며 이렇게 대답했다.

"샤피로!"

비슷한 일이 며칠 동안 반복되었다.

그리고 여행 마지막 날, 지배인이 이디쉬어를 할 줄 아는 남자를 샤피로의 테이블에 같이 앉게 했다. 프랑스 신사와 샤피로 사이의 대화를 지켜본 남자가 이디쉬어로 말했다.

"보나페티는 저 사람 이름이 아니에요. 식사하기 전에 하는 프랑스 인사말이랍니다."

샤피로는 자신의 무식함 때문에 씁쓸해졌다. 하지만 그간의 실수를 만회해야겠다고 생각했다. 샤피로는 프랑스인에게 웃으며 말했다.

"보나페티!"

그러자 프랑스 신사는 깜짝 놀랐다. 그리고 매우 감격했다. 그래서 그는 이디쉬어로 답례하기 위해 활짝 웃으며 말했다.

"샤피로!"

1. (a) 또는 (b)가 가장 유태인다운 태도이다.

이디쉬 코프에 따른다면, 당신은 어떤 나라를 방문하면 반드시 그 나라의 언어로 대화해야 한다. 그것이 여행지의 현실을 알 수 있는 방법이다. 여행 안내서는 **빼놓을 수 없는 필수품**이다. 만일 시간과 돈의 여유가 있다면 그 나라의 언어를 배워두는 것이 가장 바람직하다.

패키지여행에 참가한다는 (d)는 매우 소극적인 선택으로서, 당신은 그 나라의 겉모습만 보고 돌아오게 될 것이다. (c)도 너무 소심한 선택이다. 그리고 약혼자도 상당히 실망할 것이다. 영어에 의지하는 (e)는 현지 사정을 고려하지 않은 선택이다. 대부분의 이탈리아인이 영어를 할 줄 아는지 모르기 때문이다.

2. (d)가 가장 유태인다운 태도이다.

특히 외국에 거주하는 경우 유태인은 유태인끼리 접촉하는 것을 좋아한다. 하지만 만일 당신과 상대방 가족이 서로 문제의 해결책을 찾지 못한다면, 이디쉬 코프는 도움이 될 만한 사람에게 부탁해볼 것을 권유한다. (c)가 가장 좋은 대답이 될 수 없는 이유는 문제 해결에 도움이 될지 안 될지 불명확하기 때문이다. (b)는 당신의 자녀가 급히 화장실에 가고 싶다는 등의 특수한 사정이 있는 경우라면 허용될 수 있다. (a)나 (e)는 비사교적인 데다가 문제 해결에 도움이 되지 않으므로 가장 유태인답지 않은 태도이다.

3. (b)가 가장 유태인다운 태도이다.

주어진 글을 보면 반드시 귀국해야만 하는 이유를 찾을 수 없다. 그렇다면 새로운 것을 시도해보면 어떨까? (b)가 그중 가장 유태인답다. 왜냐하면 새로 이주한 지역의 전통을 배우면서 동시에 새로운 인간관계도 맺을 수 있기 때문이다. (c)도 가능성은 있다. 만일 당신의 아내가 미국식으로 요리를 응용해보고 싶어 한다면 전통을 지키면서 새로운 환경에 융화할 수 있다. (e)는 새로운 환경에 익숙해진다는 점에서는 좋은 답이지만, 유태인은 보통 많은 사람이 모이는 곳은 피한다. 사람이 많이 모이는 곳은 사고가 발생하기도 쉽기 때문이다. (이런 지나치게 조심스러운 유태인의 성향도 문화에서 고립되는 원인이 될 수 있지만 여기서는 설명하지 않겠다.) (a) 또는 (d)는 새로운 환경에 관심이 없다는 것을 뜻한다. 따라서 가장 유태인답지 않은 태도이다.

4. (d)가 가장 유태인다운 태도이다.

그 이유는 가족의 행복과 딸의 교육을 최우선으로 하기 때문이다. 당신 딸의 성적이 최상위라면 당연한 선택이다. 딸이 미국 유명 대학에 입학할 가능성이 있기 때문이다. 그리고 가족과 떨어져 살 수 없을 정도로 가족을 사랑한다는 것을 보여줄 수 있는 선택이다.

(b)는 두 번째로 좋은 선택이다. 왜냐하면 딸에게 좋은 교육의 기회를 주기 때문이다. (a)는 이기적인 태도이다. 당신 한 사람 때문에 가족 모두가 불행할 수도 있다. (c)는 가장 유태인의 생각과 동떨어진 대답이다. 이디쉬 코프에 의하면 당신의 딸이 당신보다 뛰어난 것은 자랑스러운 일이고, 딸에게 경쟁심을 갖는 것은 부끄러운 일이다.

제9장
마음을 터치하라

다음 질문에서 '가장 유태인답다'고 생각하는 것을 고르시오.

1. 당신은 지금 연인과 동남아시아를 여행 중이다. 택시를 타고 이동하던 중에 길이 막혀 꼼짝도 못하게 되었다. 그때 한 노파가 당신이 탄 택시로 다가와 돈을 구걸한다. 이때 당신은 어떻게 하겠는가? (   )

   a. 무시한다.
   b. 노파가 건강해 보이므로 아무것도 주지 않는다.
   c. 창문을 열고 동전을 준다.
   d. 돈을 줄까 생각하지만 알코올 중독이나 약물 중독일 수도 있기 때문에 아무 것도 주지 않는다.
   e. 연인과 의논해보고 연인이 돈을 주라고 하면 준다.

2. 최근 당신이 사는 동네가 어느 사립 종합병원에 관한 문제로 떠들썩하다. 그 병원에 근무하는 여자 간호사들이 남자 간호사와 임금 차이가 있다고 병원을 고발한 것이다. 병원 측은 남자 간호사가 여자 간호사보다 힘을 써야 하는 일을 많이 하기 때문에 월급에 차이가 있는 것은 당연하다고 주장하고 있다.
   하지만 여자 간호사의 말에 따르면, 그들의 평균 노동 시간은 남자 간호사에 비해 다섯 시간이나 길고, 남자들이 없을 때에는 자신들도 힘을 쓰는 일을 하고 있다고 주장한다. 그리고 그들의 주장을 뒷받침하는 병원의 근무 기록이 지방 신문에 공개되었다.
   어느 날, 그 병원 근처의 건널목에서 신호를 기다리고 있는데 여자 간호사가 다가와 이번 노동 쟁의를 지지하는 서명을 해달라고 부탁했다. 그리고 토요일에 열리는 지역 집회의 전단을 건넸다. 지방 정부도 이 병원이 지역의 유일한 종합병원이기 때문에 이 문제에 주목하고 있고, 토요일에 시민 집회에 참가하는 것을 환영하는 눈치이다. 이때 당신은 어떻게 하겠는가? (   )

a. 간호사에게 가겠다고 대답한다.

b. 정중하게 전단을 받지만 서명을 하지는 않는다.

c. 서명을 하고 시간이 있다면 토요일 집회에 참가한다.

d. 생각해보겠다고 대답하지만 실제로는 생각하지 않는다.

e. 생각해보겠다고 대답하고 실제로 그렇게 한다. 다음에 병원 앞을 지나갈 때 서명을 하는 것을 신중하게 검토한다.

3. 당신은 부동산 회사에 근무하고 있다. 당신은 다른 회사와 프로젝트를 진행하고 있고, 2명의 남자와 회의 중이었다. 그런데 갑자기 두 사람이 계약과 전혀 관계없는 엉뚱한 일로 서로 논쟁을 벌이기 시작했다. 회의실 분위기는 갑자기 냉랭해졌다. 이때 당신은 어떻게 하겠는가? (   )

a. 잠깐 휴식시간을 갖자고 제안한다.

b. 당신에게 일어난 황당하고 복잡한 이야기를 해서 그들의 기분을 풀어준다. 모두 웃으면서 다시 본론으로 돌아간다.

c. 두 사람에게 서로 상대방의 이야기를 들으라고 권하고, 제3자의 눈으로 문제 해결에 협력하고자 노력한다.

d. 오늘은 회의를 중단하고 나중에 다시 회의하자고 제안한다.

e. 두 사람의 대화에 방해가 되지 않도록 그들의 이야기가 끝날 때까지 조용히 기다린다.

4. 미국 남부의 어느 도시가 자기부상열차를 위한 철도 건설을 계획 중이다. 당신은 철도에 꼭 필요한 자석을 제작하는 부서의 부장으로 현재 미국 제네콘 사와 협상 중이다. 그리고 입찰을 위해 독일의 기업과 경합을 벌이고 있다. 이미 그 기업과는 다른 사업에서 경합을 벌여 패한 경험이 있다.

미국 측은 12월 19일에 당신의 나라에 도착해 당신을 비롯한 법무팀 직원들과 협상을 시작했다. 당신은 계약서 초안 준비에 여념이 없다.

미국 측은 크리스마스 휴가까지 반납하고 협상을 계속했다. 12월 27일, 드디어 당신은 미국 측과 악수를 나누고 계약을 체결했다.

그런데 1월 7일, 당신 회사의 법무팀이 갑자기 계약 내용 변경을 요구하는 10페이지 분량의 세세한 메모를 이메일로 미국 측에 보냈다. 그중 절반은 이미 몇 개월 전에 검토한 것으로 미국 측에 양보하기로 했던 사항을 뒤집는 내용이었다. 법무팀은 이 건에 대해 당신에게 아무런 사전 통보를 하지 않았다.

1월 8일, 당신은 미국 측의 서명이 담긴 계약서를 국제우편으로 수령했다. 계약서에는 물론 12월에 합의한 내용이 반영되어 있다. 계약서는 법무팀이 메일을 송부하기 전에 미국을 떠난 것이 분명했다. 이때 당신은 어떻게 하겠는가? (   )

a. 법무팀 담당자를 만나 의논한다.

b. 사업부장을 만나 메일을 취소하고, 12월에 합의한 계약서를 승인하도록 법무팀에 압력을 넣어달라고 부탁한다.

c. 미국에 전화해서 사과하고 메일을 취소하기 위해 노력하겠다고 말한다.

d. 아무것도 하지 않는다. 흔한 일이므로 미국 측의 태도를 지켜본다.

e. 미국 측의 책임자에게 전화해서 사과하고, 진지한 검토 결과 계약 내용에 변경이 필요하다는 의견에 도달했다고 설명한다.

[정답과 해설은 395페이지에 있다]

'마음 우선 사상'의 비밀

이 장에서 살펴볼 이디쉬 코프의 네 번째 요소는 얼핏 다른 요소들과 관련이 없어 보일 수 있다. 네 번째 요소의 주제는 공감과 유머 그리고 배려이다. 이 요소들은 유태인의 성공 기반이 되었으며 그중 몇 가지는 유태 문화의 중요한 특징을 반영하고 있다.

이 장은 끝으로 갈수록 지금까지와는 약간 다르게 전개될 것이다. 논리적인 면이 다소 약하고 직감적인 내용이기 때문이다. 그리고 지금까지와는 다르게 두뇌가 아니라 당신의 양심을 지키는 것에 중점을 두고 있다.

그렇다면 양심을 지키기 위해 어떻게 해야 할까? 유감스럽지만 그 질문에는 쉽게 대답할 수 없다. 따라서 이 장에서는 많은 예를 통해 설명하려 한다.

마음 우선 사상의 뿌리

다음 페이지의 〈그림 9.1〉을 보면 지금까지는 별로 관심을 두지 않았던 왼쪽 맨 밑의 요소, '자선(베풂)'에 중점을 두고 있다. 이것은 〈그림 9.2〉에도 확실하게 나타나 있다. 유태교에서 자선의 기원은 구약성서와 미슈나까지 거슬러 올라간다. 이 장의 마지막 룰 '자선을 베풀라'에서는 그 역사에 대해서도 자세히 서술할 것이다. 그런데 공감은 자선 말고도 다른 것에서도 찾아볼 수 있다.

지금까지 알아본 것처럼 유태인은 생존을 위해 '다른 사람의 생각에 민감'해졌다. 위험이 다가오는지 알기 위해 시대의 권력자 등 다른 사람의 생각에 민감할 필요가 있었던 것이다.

이 장의 첫 번째 룰은 '상대의 머릿속을 읽어라'로 '공감'이라는 요소의 한 가지 응용 방법에 대해 알아보려 한다. 이디쉬 코프의 비즈니스적인 응용에서 중요한 한 가지는 상대의 심리를 파악하는 것이다.

두 번째 룰 '유머를 살려라'에서는 유태 문화에서 유머의 역할에 대해 이야기하겠다. 솔직히 나는 왜 유머가 유태 문화에서 중요한 역할을 하게 되었는지 그 역사적 배경은 잘 모른다. 하지만 유머는 때때로

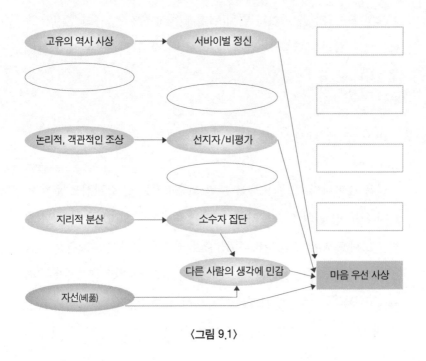

〈그림 9.1〉

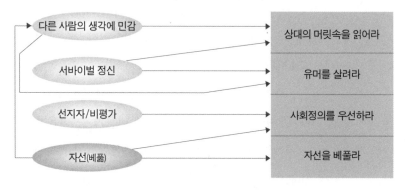

〈그림 9.2〉

난국을 빠져나가는 데 큰 도움이 되곤 했다. 따라서 서바이벌 정신과 관계가 있다고 여겨도 좋을 것이다.

그리고 유태인의 유머가 학습에 어떻게 활용되는지 살펴보겠다. 〈그림 9.2〉에서 '다른 사람의 생각에 민감'에서 '유머를 살려라'로 이어지는 화살표에 관한 것이다. 사람은 웃을 때 더 많은 것을 배운다는 사실을 이해하려면 심리적인 통찰이 필요하기 때문이다.

또 한 가지 이 장에서 이야기할 룰은 '사회정의를 우선하라'이다. 사회적인 불평등과 부정에 대한 대항은 선지자들이 활약하던 성서시대까지 거슬러 올라가는 유태인의 역사적 전통이다. 이것은 공감에서 비롯되기 때문에 자선과도 관련이 있다. 여기에서는 사회악을 시정해 온 유태인들에 대해 살펴보겠다. 그렇다면 어떻게 마음 우선 사상이 태어나게 되었는지 알아보자.

::Rule 15 상대의 머릿속을 읽어라

많은 서양 사람들이 유태인 하면 심리학자를 떠올린다. 정신분석학의 창시자 프로이트가 유태인이라는 사실은 잘 알려져 있다. 현재 미국 과학아카데미의 심리과학 부문의 멤버 중 약 40%가 유태인인 것을 비롯해 심리학자, 정신과 의사 등 심리 관련 전문가 중 많은 사람들이 유태인이다. 하지만 여기서는 학문이나 임상심리학에 관련된 것보다 현실적인 것에 대해 이야기하겠다.

상대의 머릿속을 읽는다는 말은 그것을 분석하거나 분류한다는 뜻이 아니다. 중요한 것은 상상력이다. 다른 사람의 생각을 상상하는 것이다. 그러기 위해서는 우선 자신의 사고방식에서 벗어날 필요가 있다.

이를 가장 잘 활용한 산업은 광고이다. 광고와 문화를 관련지어 논하는 것은 아주 어려운 일이므로 광고 분야의 개척자를 예로 들어 설명하겠다. 지금부터 이야기할 사람이 사용한 방식은 매우 성공적이었다. 따라서 이 방식은 오늘날까지도 여러 문화권에서 널리 사용되고 있다.

15-1
윌리엄 번벅

윌리엄 번벅(1911~1982)이 미국 광고업계에 미친 충격은 대단했다. 번벅은 의류 산업에 종사하던 유태인 이민자의 아들로 태어났다. 그는 당시 미국의 백인들이 독점하고 있던 광고업계에 뛰어들어 최초로 유태인이나 소수민족을 고용한 광고회사를 세웠다. 그는 광고 기법에 혁명을 가져온 인물로도 유명하다.

그가 등장하기 전까지의 광고는 화려한 그래픽과 선정적인 이미지를 활용한 '하드 세일'이라는 기법이 대부분이었다. 이에 반해 번벅은 유머와 풍자, 단순한 그래픽을 사용하는 방식을 도입했다. 지금은 심플한 배경에 유명인이 혼자 등장해 있는 세련된 이미지 광고 기법이 잘 알려져 있다. 이것이 바로 40년 전 번벅의 폭스바겐 광고에서 시작된 기법이다.

당시 폭스바겐 광고가 더 충격적이었던 것은 한가운데 보이는 '레몬'이라는 단어 때문이었다. 레몬은 미국에서 '결함이 있는 차'라는 뜻으로 쓰이기 때문이다. 자동차를 선전하면서 결함이 있다고 써 붙이는 사람이 어디 있을까? 이런 의문에 이끌려 광고 카피를 읽어보면, 이 차는 일반인은 잘 알 수 없는 결함을 가지고 있었지만 폭스바겐의 정비사가 그것을 발견했다는 내용이 쓰여 있다. (실제 정비사의 이름도 실려 있다.) 그만큼 정밀한 차라는 뜻이다.

이런 기법은 번벅의 전형적인 광고 형식으로서, '네거티브 어프로치'라고 불린다. 부정적인 면에서 접근해 약점이 아니라 강점을 부각시키는 기법이다. 대중의 눈에는 부정적인 타이틀과 심플한 그래픽이 인상에 남을 것이다.

번벅의 광고 중 또 하나 유명한 것이 에이비스 렌터카 광고이다. 당시 에이비스는 미국 렌터카 시장 2위 업체였다. 광고에서 그들은 '2등에 지나지 않는다'는 사실을 강조했다. 어째서 2등이라는 것을 강조했을까? 사실 그 다음에, '그래서 1위 회사보다 더 열심히 일한다'는 문구가 이어진다. '첫 번째가 아니기 때문에 더 좋은 서비스, 청결한 자동차, 그리고 짧은 대기 시간 등을 위해 열심히 노력하고 있다'는 내용이다.

하지만 모든 번벅의 광고가 이러한 네거티브 어프로치 방식을 쓴 것은 아니다. 따뜻한 유머가 넘치는 광고도 많다. 그 대표적인 예가 제빵회사 레비 사의 유태인식 검은 호밀빵 광고이다. 이 광고에는 호밀빵으로 만든 샌드위치를 먹으며 미소짓는 사람들이 등장하는데 모델은 흑인 소년, 중국인 노인 등 민족성이 강하게 드러나는 얼굴을 가진 사람들이다. 이 광고 카피는 '유태인이 아니라도 레비의 호밀빵을 좋아할 수 있습니다'이다.

폭스바겐 광고 중에도 유머가 넘치는 광고가 있다. 그것은 '내

차는 무비 스타'라는 제목의 광고로, 폭스바겐이 새하얀 배경을 뒤로 하고 거대한 선글라스를 끼고 있는 모습을 정면에서 찍은 모습이다.

번벅은 미국 광고업계에 획기적인 한 획을 그었다.

어느 광고 회사의 경영자는 구약성서의 한 구절을 인용해 "태초에 폭스바겐이 있었다."라고 말을 하기도 했다.

2000년 미국의 대표적인 광고 잡지인 「광고인의 시대Advertiser Age」는 '미국 광고 톱 100'이라는 특집 기사에서 폭스바겐 광고를 1위로 꼽았다. (에이비스는 10위였다.) 그리고 윌리엄 번벅은 20세기 미국 광고계에서 가장 중요한 인물로 선정되었다.

• • •

네거티브 어프로치는 '소수자 의식'에서 출발했다. 폭스바겐 광고는 주류 광고 기법과 달랐기 때문에 대중의 눈을 끌 수 있었다. 그리고 에이비스 광고의 '2위에 지나지 않는다'라는 카피는 소수자의 입장(약자의 입장)을 부각시켰다.

광고는 한 방향을 향한 1대 다수의 커뮤니케이션이다. 광고 작가는 그가 말을 걸고 있는 상대방과 실제로는 아무런 접촉을 하지 않는다.

이번에는 번벅의 사례와는 전혀 다른 예를 소개하겠다. 그것은 다른 사람의 언어에 숨겨진 감정을 헤아리는 능력에 관한 내용이다.

15-2
대학
영화 연구회

이 짧은 이야기는 나의 대학 친구가 신입생 시절에 겪은 일이다. 날카로운 통찰력에 관한 이야기일 뿐 아니라, 이디쉬어로 '후츠파chutzpah'라고 하는 뻔뻔함, 배짱과 용기 그리고 오만함을 한꺼번에 보여주는 사례이다.

그의 이름은 데이브 코헨이었고 열렬한 영화 애호가였다. 대학에 입학한 해 11월경, 그는 아주 유명한 유태인 영화감독이 1월에 신작을 공개할 예정이라는 소식을 들었다. 아카데미상을 수상한 스타 영화배우가 캐스팅된 막대한 예산의 SF영화였다.

데이브는 감독에게 하버드대학에서 시사회를 열어달라고 요청하기로 결심하고 편지를 썼다. 그러자 영화감독으로부터 하버드가 명예학위를 준다는 조건이라면 수락하겠다는 내용의 답장이 돌아왔다. 답장을 받은 데이브는 곧장 '물론입니다. 문제없어요!'라는 답장을 다시 보냈다. (데이브는 그때 19살이었다.)

데이브는 서둘러 하버드대학 사무국에 그것이 가능한지 문의했다. 대학 측의 대답은 물론 '말도 안 되는 소리'라는 것이었다. 하지만 영화감독이 대학에 기부금을 낸다면 경의를 표하는 차원에서 리셉션 정도는 열어줄 수 있다고 했다. 그러자 데이브는 또 "알았다."고 대답했다. (이쯤 되면 '후츠파'의 의미를 짐작할 수 있을 것이다.)

데이브는 감독에게 하버드대학이 명예학위를 주기로 했다고 연락했다. 그때의 대화 내용은 잘 모르지만, 그 후 데이브가 한 일은 정확히 기억하고 있다. 그는 바로 학생회관으로 달려갔다. 그곳에서는 대학의 이름이 새겨진 여러 가지 기념품을 팔고 있었다. 그중 가장 인기 있는 것이 금속으로 만든 맥주잔이었다. 그 맥주잔을 구입하면 바닥에 원하는 문구를 새겨준다.

데이브는 그 컵을 사서 '커다란 감사의 마음을 담아 ○○○씨에게, 하버드대학 영화연구회'라는 문구를 새겨넣었다. 사실 그 당시 '하버드대학 영화연구회'라는 조직은 존재하지도 않았다. 그가 즉석에서 만든 이름이다.

서둘러 결론을 말하자면 영화감독은 하버드에 왔고 하버드는 리셉션을 열었다. 그 자리에는 하버드의 재무담당 이사도 몰래 와 있었다. 데이브가 축하 연설을 하고 나서 감독에게 그 컵을 선물했다. 감독은 아주 기뻐했고, 시사회는 무사히 끝났으며, 시사회 후 감독은 하버드에 3만 달러를 기부했다.

• • •

이 이야기를 소개한 이유는 당신이 이와 같은 일을 하길 원해서가 아니다. 이런 일은 나라도 할 수 없을 것이다. 데이브는 젊은이 특유의 열정과 순수함을 가지고 있었다. 그래서 이처럼 무모한 일을 할 수 있었다.

동시에 데이브는 다른 사람이 원하는 것을 꿰뚫어보는 이디쉬 코프를 활용했다. 그는 영화감독이 명예학위를 원한 배경에는 다른 사람이 받들어주기를 바라는 허영심이 존재한다는 것을 알고 있었다. 그리고 만일 그만큼의 대우를 해준다면 감독의 허영심이 충족될 것이고, 자연스럽게 지갑도 열릴 것이라고 예상했다. 감독이 하버드에 거액의 기부를 한 행동에는 미디어에 좋은 인상을 줄 수 있을 것이라는 계산이 숨어 있었다.

예리한 심리 분석이 조금 더 큰 범위로 적용된 예를 살펴보자. 주인공은 이미 몇 번 이름이 언급되었던 조지 소로스이다.

15-3 소로스의 투자 전략

조지 소로스는 투자에 깊은 심리 분석 기법을 적용해 수천억 달러를 벌었다. 그의 투자 전략은 '모든 투자 이론에는 결함이 있다'는 생각에 근거한다고 알려져 있다. 조금 모순처럼 들린다. 과연 그는 어떻게 성공할 수 있었을까?

이 궁금증을 해결하기 위해 우선 한 가지 의문에 대해 생각해보자. 소로스는 어떻게 모든 투자 이론에 결함이 있다고 확신할 수 있었을까? 소로스는 투자 이론의 증명은 불가능하다면서 "그저 도움이 되는 가설 중 하나일 수 있다."라고 말한다.
왜냐하면 '투자 이론은 합리적 프로세스의 결과로 생긴 것이 아니라 감정을 가진 인간이 만들어낸 것이기 때문'이라는 것이다.
소로스는 다음과 같이 말한다.

인간은 추리와 감정을 모두 사용한다. 실제로 상황에 따라 추리보다 감정이 앞서는 경우가 종종 있다. 대부분의 경우 사람들은 결정을 내릴 때 많은 투자 관련 정보를 일일이 따져볼 시간이 없고 서둘러 결정하게 된다.

소로스는 경제학자들이 당연하게 여기는 '시장은 언제나 옳다' 와 '한 기업의 재무상태는 주가에 영향을 미친다'는 주장은 난센스라고 말한다. 경제학자가 감정을 고려하지 않기 때문이라는 것이다. 그는 주가란 "투자가投資家 개개인의 이해가 집적된 것에 지나지 않는다."라고 말했다.

'결함' 이야기로 돌아가자. 미인대회를 예로 들어보자. 많은 경우 미인대회에서 우승하는 사람은 가장 아름다운 여성이 아니다. 결점이 많더라도 가장 많은 사람들이 아름답다고 느낀 여성이다. 단, 사람들이 그녀의 결점을 눈치 채지 못했을 뿐이다.

이 미인대회를 금융시장과 비교해보자. 자신의 투자 기법의 결함을 눈치 채지 못한 사람들은 그 기법이 유효하다고 믿는다. 사람들의 이런 선입관이야말로 소로스와 그의 펀드에 막대한 이익을 가져다준 가장 큰 요소이다. 소로스에 따르면 '결함을 찾는 것은 유용한 일이다. 만일 시장보다 결함을 먼저 찾아낸다면 손절매로 승부에서 선수를 칠 수 있다'는 말이다. 즉, 미인대회에서 가장 많은 표를 얻을 것 같은 미인을 먼저 발견해내고, 그녀의 결점을 가장 먼저 찾아내겠다는 말이다.

이는 운이 따른다면 싸게 주식을 살 수 있다는 말과 같다. 그리고 다른 사람보다 결함을 빨리 알게 되면 먼저 손절매를 할 수 있다. 소로스는 또 주가의 가치가 수동적 지표가 아니라는 것을 알아차렸다. 가격은 스스로 시장에 영향을 주는 존재이기 때문이다.

일반적으로 증권시장은 경기 후퇴를 예측한다고 생각하는데, 정확하게 말하면 증권시장이 경기 후퇴를 촉진한다고 보아야 할 것이다. 따라서 나는 '시장은 언제나 옳다'는 말을 다음 두 문장으로 바꾸어보았다.

1. 시장은 항상 정해진 방향으로 흘러간다.
2. 시장은 발생하기를 기대하는 사건에 영향을 줄 수 있다.

위의 소로스의 두 가지 이론은 구체적으로 어떻게 작용하는 것일까? 주가 상승과 하락의 주기적 운동이 좋은 예이다. 소로스는 약 35년 전에 모기지 트러스트(일종의 REIT)를 구체적인 예로 들었다.

그는 보다 많은 주식을 팔면 그만큼 트러스트의 이익이 상승한다는 사실을 발견했다. 실제의 경영에서가 아닌 서류상의 이론이다. 그리고 트러스트 이익이 상승하면 투자가의 흥미를 끌어 가격이 올라간다. 이것이 또 소득으로 이어지고, 보다 많은 투자가의 이목을 집중시키게 된다. 말하자면 비탈길에서 굴러 내려오는 눈덩이처럼 점점 커지는 '눈덩이 효과'이다. 이 '주가 상승' 사이클에서 중요한 것은 투자자의 포트폴리오 성적이 아니라 투자 심리다.

그러면 어디서 이 상승세가 정지하는 것일까? 이 눈덩이식 확대 과정이 매력적이기 때문에 결과적으로 시장에 많은 트러스트가 난립하게 되는 한편, 실제 모기지 시장은 비정상적으로 과열된다. 이때 각 기업합동 투자 포트폴리오를 짤 때보다 큰 위험을 떠안게 된다. 모기지 포트폴리오로 커다란 위험 부담이 생긴다는 것은 불량 성적이 많다는 것을 뜻한다.

주택시장이 침체되기 시작하면 트러스트는 불량한 성적 때문에 더 심한 재정 악화에 시달리게 된다. 이것이 투자가의 열을 식히고, 자기 증식의 사이클은 실패의 길로 접어들게 된다.

시장 관찰에서 얻은 이 투자 수법을 살려 소로스는 장래 투자가를 끌어들이는 투자는 무엇인지 예측했다. 그리고 상품의 가격이 상승하기 전에 매수에 나섰다. 그럼으로써 다른 투자가가 매도하기 전에 장을 빠져나왔다.

주식시장에서 정확한 매수 매도 타이밍을 잡는 것은 어려운 일이다. 다른 사람의 생각에 민감해지기 위해서 소로스는 자신의 투자 심리를 다음과 같이 바꿀 필요가 있었다.

인간은 감정을 버릴 수 없다. 외부 평가에 동요하지 않기 위해 자신의 감정을 가능한 한 안정시키는 것은 투자에 있어 아주 중요하다. 감정적으로 반응하면 시장 변화를 객관적으로 관찰하기는 어려워진다.

대개의 투자가들은 감정을 이입한 채 시장을 이해하려고 한다. 그러나 강한 자제력을 가져야 한다. 대개 나는 일반적인 의견에 반대되는 투자를 하기 위해 의식적으로 노력한다. 왜냐하면 바로 그곳에 이익을 얻을 기회가 숨겨져 있는 경우가 많기 때문이다.

• • •

나중에 소로스는 투자 활동이 평생 하고 싶은 일이 아니라는 것을 깨달았다고 한다. 그는 50살이 되었을 때 이미 큰 부자였는데, 보유하고 있는 헤지펀드의 경영을 다른 사람에게 위임했다.

이러한 통찰력을 얻기 위해서는 도대체 무엇이 필요할까? 아쉽지만 이 질문에는 대답할 수 없다. 왜냐하면 이것은 과학이 아니고 예술이기 때문이다.

하지만 이것만은 확실하게 말할 수 있다. 당신은 다른 사람의 생각을 상상하기 위해 항상 노력해야 한다. 특히 상대가 당신과 다른 의견을 가질 때는 더욱 그렇다. 평소 자신의 생각의 틀 안에서만 사물을 바라보면 당신은 성공할 수 없을 것이다.

마케팅 담당자는 사람들이 어떤 생각을 하는지 밤낮으로 연구한다. 그리고 조사에 따르면 포커스 그룹 등 많은 기업이 이 과학적 기법을 사용하고 있다. 하지만 우리에게 필요한 것은 과학적 논리나 사고방식이 아니다. 우리에게는 공감을 기반으로 하는 직관이 필요하다.

이런 능력을 가진 대표적인 인물, 소니의 창업자 모리타 아키오의 경우를 보자.

그는 신제품을 출시하기 전에 직접 제품을 사용해본다고 한다. 소니의 '핸디캠' 제1호에 관한 이야기는 인상 깊다. 핸디캠의 시제품을 사용해본 모리타는 양손으로 조작해야 한다는 점과 디자인에 만족할 수 없었다. 하지만 그런 불만은 자신이 불편하다고 느꼈기 때문에 생긴 것이 아니었다.

모리타는 프로젝트 매니저에게 몇 가지 이유를 들어 핸디캠을 한

손으로 조작할 수 있도록 개발하라는 명령을 내렸다. 모리타가 들었던 이유는 다음과 같았다. 핸디캠 구매자 중에는 어린 자녀의 걸음마 장면을 찍으려는 사람이 많을 것이다. 그리고 그런 일은 아빠가 집을 비운 낮에 주로 일어난다. 필연적으로 촬영자는 아이 엄마가 될 것이다. 더구나 둘 이상의 아이가 있는 가정이라면 촬영을 하면서 엄마가 자유롭게 양손을 사용하기는 어려울 거라는 생각이었다.

이 사례는 모리타가 다른 사람(이 경우는 고객)의 물리적인 상황에 대한 훌륭한 공감을 가지고 있음을 보여주고 있다. 이처럼 다른 사람의 심리 상황에 대한 공감을 활용하면 틀림없이 상대방의 생각을 예상하는 기술을 몸에 익힐 수 있다.

> 다른 사람의 눈으로 사물을 보라

:: Rule 16 유머를 살려라

앞에서 나는 문화와 광고를 설명하는 것은 어렵다고 했다. 하지만 유머를 설명하는 것처럼 어려운 일도 없을 것이다.

유머는 유태 문화의 특징적 요소이다. 예를 들어, 미국에는 많은 유태인 코미디언이 있다. 약 25년 전의 「타임」 지 조사를 보면 당시 활동하던 코미디언의 약 80%가 유태인이라는 것을 알 수 있다. 지금은 흑인이나 아시아계 코미디언이 늘었기 때문에 유태인의 비율은 조금 줄어들었지만 아직도 많은 비중을 차지하고 있다. 텔레비전이나 영화의 코미디 작가 분야에 종사하는 유태인 비율은 더 높다.

유태의 유머는 '말'이다. 무성영화 시대에 할리우드에는 많은 코미디언이 있었는데 그들 중에는 유태인이 1명도 없었다. 그런데 라디오와 유성영화가 보급되자 유태인 코미디언의 수가 폭발적으로 증가했다. 라디오로 데뷔한 코미디 스타가 훗날 상업 텔레비전 방송의 개척자가 되기도 했다.

여기에서는 코미디언에 관한 것이 아니라 일반 유태인의 유머에 관해 말하고자 한다. 유태인의 유머는 농담이다. 코미디언만 농담을 하는 것이 아니다. 랍비도 농담을 한다.

유머도 문화에 따라 차이가 있는 것 같다. 처음 아내를 만났을 때 나는 시험 삼아 그녀에게 유태인식 농담을 들려주었다. 하지만 그녀는 말없이 나를 빤히 쳐다볼 뿐이었다. 내가 농담을 하면 그녀는 그게 재미있냐는 식의 반응을 보였다. (이제는 익숙해졌는지 가끔 웃는다.)

개인적인 견해이지만, 유태인의 유머와 일본인의 유머는 상당히 다르다. 일본의 코미디는 전형적인 상황에 말도 안 되는 캐릭터를 등장시키는 경우가 많다. 사무실에서 벌거벗은 남자가 춤을 춘다든지, 황소의 탈을 뒤집어쓰고 토크쇼를 진행하는 것처럼 말이다. 일본의 유머에는 말장난이나 만담, 다른 사람의 특징을 과장하는 것이 많다.

유태인의 코미디도 비슷한 유머를 구사할 때가 있다. 특히 여러 인종을 대상으로 하는 경우에는 모두가 공감할 수 있는 농담을 해야 한다. 하지만 진짜 유머는 따로 있다.

도대체 유태인식 유머의 특징은 무엇일까? 그것은 풍자와 해학이다. 가끔은 자기 자신을 자폐적으로 풍자하는 경우도 있다. 유태인식 농담의 대부분은 '종교'와 '종교의 위선'에 관한 것이다. 하지만 유태인식 유머의 가장 중요한 특징은 사고思考에 도움이 된다는 점이다.

물론 이러한 특징이 모든 유태인식 유머에 해당된다고는 할 수 없다. 다음에 몇 가지 유태인식 유머를 소개하겠다. 지금 소개할 유머들은 '좋은 유머'라기보다 '유태인 아저씨 유머'라고 하는 편이 더 어울릴지도 모르겠다.

장소는 맨해튼, 어느 화려한 파티에 30살 가량의 한 아름다운 여성이 키가 작고 늙은 남자와 함께 들어왔다. 남자는 파티 장소에 들어서자마자 음식을 먹기 위해 여자 곁을 떠났다. 아름다운 여성 옆에 서 있던 한 젊은 아가씨는 그녀의 가슴에 시선이 고정되었다. 아름답고 커다란 다이아몬드 목걸이가 눈부시게 빛나고 있었다. 젊은 아가씨가 여자에게 말을 걸었다.

"목걸이가 정말 예쁘네요. 그 다이아몬드도 '호프 다이아몬드(세계 최대의 인도산 블루 다이아몬드)'나 '코이누르(1849년 이래 영국 왕실이 소장하고 있는 106캐럿의 인도산 다이아몬드)'처럼 역사가 있는 건가요?"

"맞아요. 이건 플로토닉 다이아몬드예요. 하지만 저주가 걸려 있죠." 여자가 대답했다.

"어머, 정말이에요? 멋지네요! 그런데 무슨 저주가 걸려 있는지 물어봐도 될까요?"

젊은 아가씨가 궁금증을 숨기지 않고 물어보았다.

그러자 목걸이의 주인은 이렇게 대답했다.

"여기에는 남편 플로토닉의 마음이 담겨 있어요."

또 하나의 유머를 소개하겠다.

90살이 된 한 유태인 여성이 건강 진단을 받기 위해 주치의를 방문했다. 그녀는 의사에게 무릎이 아프다고 불평했다. 그러자 의사는 무릎을 진찰하고 나서 그녀에게 상냥하게 말했다.

"무릎에는 별다른 이상이 없는 것 같습니다. 하지만 파인골드 씨, 다시 젊어지게 해드릴 수는 없습니다."

"무슨 말을 하는 거죠? 내가 바보인 줄 알아요?"

그녀는 소리쳤다.

"난 젊어지게 해달라고 하지 않았어요. 나를 더 늙도록 만드는 게 당신의 직업이잖아요!"

이런 이야기들의 결말은 우리의 사고를 극적으로 전환시킨다. 유태 문화에서 유머의 사용 범위는 단순히 농담에만 머무르지 않는다. 유태교의 시조 아브라함에 대한 이야기가 있다. 그 이야기는 유태교의 기원이라는 아주 흥미로운 주제를 담고 있다.

아브라함은 가장 큰 신상을 남겨두고 나머지 신상들을 다 가루로 만들어버렸다. 그리고 남겨진 신상 옆에 망치를 놓아두었다. 그러고 나서 그가 아버지에게 한 말은 빈정거림이었지만 한편으로는 현명한 화법이기도 했다. 실례를 저지르지 않기 위해 유머를 사용하였다. 아브라함의 목적은 아버지 테라의 신념에 담긴 모순에 주의를 주기 위함이다.

아브라함이 왕에게 "태양을 서쪽에서 뜨게 할 수 있다면 더욱 숭배받을 것이다."라고 한 말도 빈정거림이었다. 자신을 신이라고 착각하는 왕에게 이런 말을 했다고 해서 아무도 아브라함을 비난하지는 않았다. 아브라함의 유머 감각은 그를 죽음의 위기에서 건져냈다. 그리고 후대로 전해지면서 청중의 흥미를 끌기 위해 더 진한 오락성이 가미되었다.

이야기로 전달하는 형식은 유태인이 좋아하는 교육 기법의 하나이다. 최근 하시디즘이 이것을 즐겨 사용한다. 다음은 하시디즘의 이야기이다. 주인공은 1858년, 러시아의 보르키 마을에 살았던 랍비 이츠하키이다.

랍비 이츠하키는 항상 손님이 원하는 것을 미리 알아서 대접하는 어느 여관 주인을 칭찬했다.

"그 사람만큼 '남을 대접하라'는 계율을 잘 지키는 사람은 또 없을 것이오."

그러자 그 말을 듣고 있던 한 남자가 이렇게 말했다.

"하지만 그 대가로 잘 먹고 잘 살지 않습니까? 손님한테 돈을 받으니

까요."

그러자 랍비가 말했다.

"맞소. 그는 손님한테서 돈을 받습니다. 그러니까 살아서 계율을 지키는 것 아니오?"

이 이야기는 생계유지를 위한 일도 그것이 훌륭하다면 존경해야 한다는 사실을 가르쳐준다.

그런데 이 이야기를 꺼낸 이유는 그 교훈 때문이 아니다. 이 이야기에서 주목해야 하는 것은 이야기의 구조이다. 앞의 의사와 할머니 이야기를 다시 한번 살펴보자. 두 이야기의 구조는 아주 비슷하다. 결론에서 일반적인 사고방식을 뒤집는 계기를 유도한다.

이런 이야기를 보면 알 수 있듯이 유태 문화에서 유머와 교육의 경계는 모호하다. 이는 '모든 것에 배움이 있다'는 말에 가치를 두는 유태 문화에 완벽하게 일치한다.

랍비 사드가라가 어느 날 제자들에게 말했다.

"너희는 모든 것에서 무엇이든 배울 수 있다. 신이 창조한 것뿐만 아니라 인간이 창조한 것에서도 배울 수 있다. 만물이 우리에게 무언가를 가르쳐준다는 것을 이해하라."

제자들은 이 말에 의심을 가졌다.

"스승님, 그렇다면 열차는 우리에게 무엇을 가르쳐 줍니까?"

"한순간 모든 것을 잃을 수도 있다는 것을 가르쳐주지."

"그렇다면 전보는요?"

"모든 말이 새어나가고 거기에는 돈이 든다는 것이다."

(전보는 글자 수대로 돈을 받는다. 여기에서는 '신은 당신의 모든 말을 듣고 있고 그것의 가치를 측정하고 있다'는 의미이다.)

"그럼 전화는요?"

"이쪽의 말이 저쪽에 들린다는 것이지."

(이는 '신이 당신의 기도를 듣고 있다'는 뜻이다.)

유태인들은 유머를 통해 지나치게 심각한 상황이나 어려워 보이는 협상을 풀어내곤 한다. 유머는 긴장을 사라지게 하고 서로를 더 잘 이해하는 도구로 이용되어 왔다.

16-1
인텔의 협상

몇 년 전에 나는 미국 최대 규모의 완구 회사의 대리자로서 인텔과 협상을 한 적이 있다. 완구 회사에 모여 회의를 하던 날이었다.

몇 개의 상품에 관해 조인트 벤처를 세우기 위한 협상이었다. 이 프로젝트는 인텔에게는 완전히 새로운 사업이었다. 인텔 측의 대표자와 변호사들은 자사의 위험을 줄이기 위해 신경을 곤두세우고 있었다. 인텔 측의 자세는 고압적이고 차가웠다. 하지만 완구 회사 측에도 중요한 협상이었기 때문에 시간이 흐를수록 회의실에는 긴장감이 고조되었다.

그런데 완구 회사 측의 여성 임원 한 사람이 갑자기 회의실을 나갔다. 몇 분 후에 돌아온 그녀는 장난감이 들어 있는 달걀 모양의 용기를 들고 있었다. 점토로 만들어진 장난감으로 잡아 늘이거나 둥글게 뭉쳐서 가지고 노는 것이었다. 둥글게 공처럼 만들어 튀기며 놀 수도 있다. (실제로 이 점토는 잘 튀는 성질이 있다.) 또 평평하게 펴서 신문 기사나 사진을 점토에 찍어낼 수도 있다. 그리고 덩어리를 만들어 가만히 놓아두고 30분 정도가 지나면 녹아서 물웅덩이 모양으로 굳어졌다.

그녀는 회의 참석자 전원에게 그것을 하나씩 나누어주었다. 그러자 모두의 얼굴이 환해졌다. 그리고 모두가 어렸을 때 이것을 어떻게 가지고 놀았는지 이야기하기 시작했다. 몇 분 뒤 우리는 다시 협상의 주제로 돌아왔다. 여전히 여러 문제가 해결되지는 않았다. 하지만 우리는 조금 전처럼 서로 으르렁거리는 대신, 점토 완구를 뭉치거나 늘어뜨리는 등 가벼운 손 놀이를 하며 대화를 이어갔다. 시간만 따져보면 다소 낭비였을 것이다. 하지만 회의가 끝날 무렵, 협상은 커다란 진전을 보이고 있었다. 회의실에서 더 이상 분노나 긴장은 찾아볼 수 없었다.

• • •

이 여성 임원이 유태인인지 아닌지는 모른다. 하지만 그것은 중요하지 않다. 그녀는 이디쉬 코프를 충분히 활용했다. 잠깐의 웃음은 높아지기만 하던 긴장을 풀어주었다. 긴장이 풀리자 회의는 건설적인 방향으로 나아갔다.

블라디미르 아놀드는 러시아와 파리에 있는 연구소의 수학 교수이다. 그는 1937년 구소련에서 유태인 어머니와 비유태인 아버지 사이에서 태어났다.

그는 19살 때 20세기 최대의 미해결 수학 문제 중 하나를 풀었다. 이 문제를 풀기 위해 50년 넘게 노력한 사람도 있었다. 그리고 아놀드는 현재 물리학과 카오스 이론 관련 분야에서 세계 최고의 수학자 중 한 명으로 꼽히고 있다.

앞에서 나는 수학과 과학책에는 그림이 있는 것과 없는 것이 있다고 말했다. 그런데 그림이 있다고 해서 꼭 흥미를 끄는 책이라고는 할 수 없다.

아놀드의 책들은 대부분 '그림이 있는 책'이다. 그의 저서 중에는 200개 이상의 그림과 도표가 실려 있는 것도 있다. 그는 유명한 수학자이지만 훌륭한 유머 감각을 지닌 사람이기도 하다.

가끔 그의 유머 감각은 용감하기까지 했다. 1960년대에 그는 어떤 물질이 다른 물질과 섞이는 방법에 대해 연구했는데 예를 들어, 우유와 커피 같은 두 가지의 액체를 섞는 식이었다. 하지만 1966년, 그가 발표한 논문에는 커피와 우유 대신 다른 두 가지 액체가 등장한다. 그것은 럼주와 코카콜라였다. 당시에는 냉전이 한창이었다. 아놀드는 주로 소련에서 활동했고 코카콜라는 미국의 상징이었다.

그의 장난기는 여기서 멈추지 않았다. 그는 코카콜라에 럼주의 '작은 덩어리'가 떠 있는 그림과 두 액체가 잘 섞이는 그림을 '쿠

바 리버럴(자유의 쿠바)'라고 불렀다. 이것은 실제로 럼주와 코카
콜라로 만든 칵테일의 이름이 되어 반反 카스트로 세력 사이에
인기가 있었다. 카스트로는 물론 공산주의자로서 소련과 동맹 관
계에 있었다. 당시에는 매우 위험한 유머였다.

이 그림이 실린 책에는 이것 말고도 풍자적인 표현이 몇 가지 더
있었다. 그러나 가벼운 유머와 진지한 수학과의 혼합으로 그의
진가를 보여주는 최고의 걸작은 이보다 조금 후에 발표된 한 연
구였다.

아놀드는 또 다른 '혼합'에 흥미가 있었다. 그것은 카오스 이론
에 가까운 내용이었다. 종이에 사각형을 그리고, 가운데에 서로
근접한 두 개의 점을 찍는다. 액체를 섞는 것처럼 평면을 움직여
사각형의 면적은 유지하면서 두 개의 점을 점점 멀어지게 할 수
있을까?

아놀드는 이 명제를 해결하는 방법을 찾아냈다. 그것은 사각형
의 면적을 바꾸지 않는 어떤 수법으로 사각형을 늘리는 방식이
었다. 그 방법으로 사각형을 늘린 다음 직소퍼즐처럼 그것을 자
르고 원래의 사각형과 면적이 같은 다른 사각형 안에 집어넣는
다. 이것을 몇 번 반복하면 '잘 섞을 수' 있었다. 그는 이러한
과정을 설명하는 방정식을 발견했는데, 물론 그 때도 그림을 이
용했다.

그는 작은 덩어리나 다이아몬드 또는 원이 그려진 상자로도 이
이론을 설명할 수 있었을 것이다. 대강의 단순한 그림으로도 평

면이 합쳐지는 과정을 볼 수 있다. 그러나 그것만으로는 너무나 시시했다. 그래서 아놀드는 결국 이런 그림까지 그렸다.

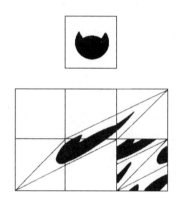

그는 고양이 윤곽을 사용했다. 이 그림은 그의 이론을 한층 이해하기 쉽게 해주었다. 이 그림에서 만일 그가 원이나 사각형, 거품 등과 같은 평범한 모양의 선 윤곽을 사용했다면 누가 이 그림을 기억했을까? (이 과정을 일정한 횟수만큼 반복하면 다시 고양이 얼굴로 돌아온다.)

'아놀드의 고양이 지도Arnold's cat map'라고 불리는 이 과정은 카오스 이론 교과서에 반드시 등장한다. 인터넷을 조금만 검색해보아도 젊은 물리학자가 자신의 애완동물 사진을 이용해 이 과정을 설명한 것을 찾을 수 있다.

• • •

당신은 평소에 얼마나 많은 글을 쓰는가? 봤을 때 기분이 좋아지는 글인가? 그런데 만일 당신조차 지루하게 느끼는 글이라면 다른 사람이 그 글을 읽고 좋아하는 일은 없을 것이다. 그리고 사람들은 지루한 글에서는 요점을 놓치고 지나칠 가능성이 높다.

그렇다고 회사 서류나 메모를 귀여운 캐릭터로 가득 채우라는 뜻이 아니다. 때로는 위트 섞인 표현이나 그림이 읽는 사람의 마음을 훨씬 쉽게 끌어당긴다는 말이다.

심각한 상황일수록 유머를 살려라

:: Rule 17 사회정의를 우선하라

유태인 중에 유태 문화의 핵심은 사회정의를 추구하는 데 있다고 말하는 사람이 있다. 또한 무신론자 유태인조차 사회정의에 무게를 두는 전통을 자랑스럽게 여긴다.

유태 문화의 이러한 특징은 유태교의 발상까지 거슬러 올라가는 오랜 역사를 가지고 있다. 사회정의에 관한 내용은 구약성서의 가장 오래된 부분과 토라에도 기록되어 있다. 그중에서도 가장 중요한 기술이 자선(베풂) 사상에 기초를 둔 계율, '네 이웃을 네 몸과 같이 사랑하라'(레위기 19:18)와 '너는 마땅히 공의만 좇으라. 그리하면 네가 살겠고 네 하나님 여호와께서 네게 주시는 땅을 얻으리라.'(신명기 16 :

20)이다.

공의란 정의를 말하는데 많은 선지자들이 공의를 강조했다. 여기서 선지자란 어떤 사람을 일컫는가? 당시 그들이 신의 이름을 걸고 예언을 하면 그것이 현실로 이루어진다고 믿어지는 특별한 사람들이었다. 탈무드에 따르면 지금까지 12만 명의 선지자가 있었다. 그리고 탈무드에는 선지자를 규정하는 특별한 종교 법규와 상세한 항목이 기록되어 있다.

한편 구약성서에는 후세의 사람들에게 메시지를 보낸 선지자의 이야기만 실려 있다. 랍비에 따라 주장이 다르지만, 구약성서의 선지자는 7명의 여성을 포함해 50명 이상이라고 한다.

구약성서에 실린 선지자 중 우리가 살펴보려는 내용과 가장 밀접한 관련이 있는 사람은 '이사야'이다. 현재도 유태교 최대의 명절 '욤 키푸르(대속죄일)'에는 이사야에 관한 구약성서 인용문이 전 세계의 시나고그에서 읽혀진다. 이것에 의해 유태인은 다음과 같은 신의 말을 떠올린다. (기독교인들도 이사야를 중요시하는데 그 이유는 조금 차이가 있는 것 같다.)

"나의 기뻐하는 금식은 흉악의 결박을 풀어주며, 멍에의 줄을 끌러주며, 압제당하는 자를 자유케 하며, 모든 멍에를 꺾는 것이 아니겠느냐. 또 주린 자에게 네 식물을 나눠주며, 유리하는 빈민을 네 집에 들이며, 벗은 자를 보면 입히며, 또 네 골육을 피하여 스스로 숨지 아니하는 것이 아니겠느냐."(이사야 58:6~7)

유태인의 사회 활동 및 자선의 원동력이 된 것은 이런 구약성서보다도 16세기에 기록된 카발라의 말이다. 그 구절은 바로 '세계를 치유한다'는 의미의 '티쿤 올람tikun olam'이다.

카발라에는 이런 내용이 실려 있다.

오래전 신은 높은 차원의 세계에서 신성한 빛을 비추기 위한 그릇을 만들고, 그것을 빛으로 채웠다. 하지만 그릇은 깨지고, 조각난 파편이 이 세계에 내려왔다.

신의 빛을 머금은 이 파편은 세상의 모든 생명에 내려와 영혼의 일부가 되었다. 그리고 영혼 안에 잠든 신성한 빛을 품어냈다. 산산이 흩어져 창조되지 못한 채 깨어진 세계를 다시 모아 신을 구할 수 있을지(티쿤 올람)는, 파편을 쥔 인간의 손에 달렸다.

사실 티쿤 올람이라는 말은 구약성서에도 탈무드에도 나오지 않는다. 그리고 카발라를 연구하는 유태인은 거의 없다. 그렇지만 오늘날 많은 유태인이 티쿤 올람을 '자신이 해야 할 일을 일러주는 신의 목소리'로 여긴다. 많은 사람이 이 말에 따라 고통받는 사람들을 '치유'하기 위해 의사가 되었다. 어떤 사람은 이 말이 사회 활동을 명한다고 해석하기도 한다.

이러한 원리를 충실히 지킨 사람들(때로는 물리적으로 아주 용감한 사람도 있다.)은 성공한 유태인들 중에서도 가장 훌륭한 사람들이라고 말할 수 있다.

17-1
유태인과
민권

미국계 유태인은 여러 민족을 위한 민권 운동에 적극적으로 참여해왔다.

흑인의 평등을 주장하는 단체 중 가장 오랜 역사를 자랑하는 조직은 1909년에 설립된 NAACP National Association for the Advancement of Colored People(전미 유색인종 인권향상협회)로 4명의 창립자는 랍비 1명을 포함해 모두 유태인이었다.

1960~1970년대까지, 미국의 많은 남부 주州가 흑인, 아시아인의 권리를 제한하는 특별법을 시행하고 있었다. 이것은 '짐 크로우법Jim Crow Laws'이라고 불린 일종의 아파르트헤이트Apartheid(인종차별)였다. 많은 백인들이 이 법률에 항의하기 위해 미국 남부에 모였다. 1964년에는 자원봉사자의 50%가 유태인이었다.

민권 획득을 위해 분투한 많은 사람들이 백인, 흑인을 막론하고 시위 중에 경찰에게 구타당하고 소화용 고압방류로 공격당했다. 1964년 여름에는 과격파에 의해 3명의 남성이 잔인하게 살해당했는데 1명이 흑인이고, 2명은 유태인이었다.

유태인은 단지 흑인의 권리만을 지지하지 않았다. 민권법은 물론 모든 민족의 권리를 지킬 필요가 있기 때문이다. 이 외에도 유태인이 권리를 지키려고 애쓴 대상에는 놀랄 만한 사람도 포함되어 있다. 여성의 권리를 주장한 '여성해방운동'의 지도자들은 유태인 여성들이었다.

ACLU The American Civil Liberties Union(미국 시민자유연합)은 미국인의 헌법상 권리를 보호하기 위해 창설된 기관이다. 유태인이 설립한 것은 아니지만 1970년까지는 최고 간부를 포함한 많은 멤버가 유태인이었다.

ACLU는 별로 인기가 없다. 그들의 활동 중에서 가장 사람들의 지원을 얻지 못한 것 중 하나는 미국계 나치 당원의 권리를 보호한다는 결정이었다. 1977년, 나치 당원은 일리노이 주 시카고 근교의 스코키 지역에서 퍼레이드를 하겠다고 선언했다. 스코키 주민의 대다수는 홀로코스트 생존자를 포함한 유태인이었다.

지역 의회는 나치의 퍼레이드를 금지하는 법안을 승인했다. 이에 대해서 ACLU는 언론의 자유를 보장하는 권리의 위기라고 규탄했다. 미국 헌법상 연설문의 내용이 마음에 들지 않는다고 정부가 연설을 규제하는 일은 불가능했다.

스코키 주민들이 나치의 연설을 싫어하는 마음은 이해할 수 있지만, 그런 이유로 퍼레이드를 금지하는 것은 지지할 수 없다는 주장이다.

ACLU는 지역 의회의 결정을 헌법 위반이라고 고소했다. ACLU의 담당 변호사도 유태인이었다. 게다가 당시 ACLU의 간부가 유태인이었을 뿐만 아니라 나치 독일의 생존자였다. 이 소송을 처리한 연방 재판관도 유태인이었다. 결국 재판관은 ACLU를 지지하는 판결을 내렸다. 최고재판소의 판단도 이 재판관의 결정을 지지했다.

결국 나치는 스코키가 아니라 시카고에서 퍼레이드를 했다. ACLU 회원들이 이를 계기로 많이 탈퇴했다. 개인적으로 말하면 나도 나치를 변호하고 싶지는 않다. 하지만 모든 사람의 언론 자유 보장을 위해 솔선한 ACLU의 객관적인 행동에는 경의를 표할 수밖에 없다.

• • •

17-2
다니엘
엘스버그

나보다 젊은 미국인은 아마도 다니엘 엘스버그가 누구인지 모를 것이다. 그는 베트남전 시대 논쟁의 중심에 있던 인물이다.

엘스버그는 미국 중서부 한 도시에서 유태인 부모 사이에 태어났다. 그는 하버드대학에서 경제학을 공부하고 그 후 영국의 케임브리지대학으로 유학을 갔다. 그리고 미국 해군에 입대했다가 다시 하버드로 돌아와 박사 학위를 취득했다. 그의 전공은 결정이론이었다.

그는 전공을 살려 캘리포니아 주의 '씽크 탱크'였던 랜드 사에 입사했다. 랜드 사는 동서 냉전시대에 미 국방부의 장기적 전략 수립에 고문 역할을 했다.

랜드 사를 통해 엘스버그는 1964년, 당시 린든 존슨 정권의 국방부 고문이 되었다. 임기 중 2년을 베트남에서 보내고, 1968년 리처드 닉슨 정권에 초청되어 전쟁 계획에 관련된 일을 했다. 그가 이 일을 맡게 된 것은 하버드대학 시절 친구이자 당시 닉슨의 국가안전보장회 고문이었던 헨리 키신저의 권유 때문이었다. (키신저는 미국 정부의 고위직에 오른 2명의 유태인 중 1명이다.)

엘스버그에게 주어진 임무는 1954년부터 1968년까지 기록된 7,000페이지에 달하는 베트남에 관한 자료를 분석하는 일이었다. 닉슨 정권은 이 역사에서 무엇인가 배울 점이 있을지도 모른다고 생각했기 때문이다. 물론 모든 서류는 일급 기밀이었다.

서류를 조사하던 엘스버그는 전 대통령 정권이 베트남의 상황에 대해 허위 사실을 퍼뜨렸던 것을 발견했다. '민주적으로 선택된' 베트남 정권은 실제로는 미국의 허수아비였다. 그리고 베트남 침공의 이유가 된 '미국 감시선 공격'은 단순한 유언비어였다.

게다가 서류에는 케네디와 존슨, 두 대통령이 베트남 전쟁에 승산이 없다는 것을 알고 있었다고 기록되어 있었다. 그 사실을 알면서 왜 두 대통령은 전쟁을 계속한 것일까? 그것은 자신의 선언을 번복하는 것이 싫었기 때문이었다. 한국의 경우처럼, 나라의 절반이라도 손에 넣고 싶은 욕심도 작용한 듯했다.

엘스버그는 승산 없는 전쟁에 젊은이들을 보내는 일은 도저히 할 수 없었다. 작업의 번거로움과 높은 위험성에도 불구하고 그는 7,000페이지에 이르는 자료 전체를 복사했다. (당시의 복사기는 지금과는 비교도 안 될 정도로 속도가 느렸다.) 그는 자료를 받아줄 상원의원을 찾아다녔지만 쉽게 찾을 수는 없었다.

1971년 봄, 그는 자신의 자료를 「뉴욕타임스」에 보냈다. 그 때부터 엘스버그의 자료는 '펜타곤 페이퍼'라고 불리게 되었다. 펜타곤이라는 이름은 알다시피 오각형 모양을 한 미국 국방부 건물의 애칭이다. 「뉴욕타임스」 외에도 많은 신문이 발췌 기사를 내보내기로 했다.

닉슨 정권은 격노했다. 그들은 펜타곤 페이퍼 공표를 방해하려고 했지만 그때마다 실패했다. 그리고 최고재판소는 자료를 공표하겠다는 신문사의 권리를 지지했다. 한편 FBI는 엘스버그를 찾기 위해 대규모 작전을 개시했다. 엘스버그는 잠시 도피 생활을 했지만 곧 당국에 자수했다. 그는 여생을 감옥에서 보낼 각오를 하고 있었다.

만약 일급기밀 자료 사취혐의로 유죄 선고를 받는다면 그는 최고 115년 징역형을 받을 지도 모를 상황이었다. 아무리 짧게 잡더라도 출옥은 2008년에나 할 수 있었다.

하지만 그는 곧바로 자유의 몸이 되었다. 닉슨 정권의 수단을 가리지 않는 추격 작전이 역효과를 냈기 때문이다. 닉슨 정권은 전 CIA 첩보원을 시켜 엘스버그가 다니는 정신과 의사의 사무실에 침입해 그의 평판을 떨어뜨릴 만한 증거를 찾으려고 했다. 재판소는 정부의 범죄 행위가 엘스버그에 관한 사건을 더럽혔다고 언급했다. (참고로 이 전 CIA 첩보원이 워터게이트 호텔의 민주당 본부에 침입한 사건은 1974년 커다란 스캔들이 되었고, 그 결과 닉슨 대통령은 사임하게 된다.)

엘스버그의 행위는 단순한 선행이라고 보기에는 복잡하다. 결국 펜타곤 페이퍼 발표도 전쟁 종결로는 이어지지 않았다. 신문의 발표에 의해 여론은 일시에 전쟁 반대로 기울어졌지만, 닉슨과 키신저는 아랑곳하지 않았다.

엘스버그는 눈에 띄는 매력을 가진 인물이 아니었다. 그는 나중에 반핵 운동가가 되었지만 30년에 이르는 활동에도 불구하고 크게 주목받지는 못했다. 하지만 그는 자신이 믿었던 공공의 이익을 위해 헤아릴 수 없는 위험을 감수한 사람임이 틀림없었다.

• • •

17-3
레 인텔로
(Les intellos, 프랑스 지식인)

프랑스는 유럽에서 가장 많은 유태인이 살고 있는 나라로서, 그 수는 약 50만 명에 이른다. 프랑스의 총인구와 비교하면 겨우 0.8%에 지나지 않지만, 현재 프랑스의 유명 지식인 중에는 유태인이 많다. 그중에서도 세계적으로 가장 유명한 사람은 최고의 인류학자 중 한 사람인 클로드 레비스트로스(1908년생)와 문학의 '탈구축Deconstruction'이론으로 유명해진 자크 데리다(1930년생)이다.

1890년대 이후 '레 인텔로Les intellos'라고 불리는 프랑스 지식인들이 대거 정치에 관심을 갖게 되었다. 그 계기가 된 것은 매국노의 오명을 쓰고 수차례 투옥된 유태인 장교 알프레드 드레퓌스 사건이었다.

이 사건은 프랑스 여론을 양분시켰다. 수많은 지식인이 드레퓌스 편에 서서 그의 무죄를 호소했다. 그들은 드레퓌스의 무죄를 호소하다 투옥되기도 했다.

1930년대부터 1970년대까지는 많은 레 인텔로가 마르크스주의에 매료된 시대였다. 당시에는 마르크스주의자가 아니면 머리 나쁜 사람 취급을 받을 정도였다. 그런데 1968년 5월, 흐름이 바뀌었다. 학생운동이 확대되고 전국의 대학, 특히 파리의 대학이 좌익 학생들에게 점거되었다. 사실 이 학생운동이 일어난 목적의 절반은 젊은이의 남아도는 혈기 발산을 위한 것이었다. 따라서 과격한 분노와 함께 약간은 유머러스하기도 했다. 그들은 좌익이었지만 마르크스주의 지식계급에 대한 반감도 가지고 있었다.

1977년, 이 폭동에 관해서 『인간의 탈을 쓴 괴물』이라는 책이 출판되었다. 저자는 1968년, 폭동에 참가했던 학생 활동가 베르나르 앙리 레비이다. 그는 1948년에 알제리의 유태인 부모에게서 태어났다. 이 책에서 레비는 마르크스주의와 공산주의를 부정하고 스탈린의 정치가 파시즘과 유사하다고 지적했다.

이 책은 프랑스 전역에 충격을 주었다. 이 책으로 레비가 우익이라고 단정할 수는 없었다. 왜냐하면 그는 분명히 좌익 활동가였기 때문이다. 그는 파키스탄 독립 지원을 위해 방글라데시에 간 적도 있었다.

레비는 젊고 잘생긴데다 카리스마까지 갖추고 있었다. 그는 영화배우 취급을 받을 정도로 인기있는 철학자였다.

유명한 미인 영화배우와 결혼했지만 아내보다 그가 훨씬 유명했다. 그는 허영심과 '완벽한 장발'로 유명하다. 어떤 철학자들은 그가 철학자로서 사상이 얕다고 비판하기도 한다.

그의 사상이 얕은지 어떤지는 모르지만 그는 진지한 일에 자신의 목소리를 낼 줄 알았다. 그는 특히 인권 보호를 위해 힘썼다.

1968년 폭동 이후, 많은 유태계 레 인텔로가 생겼다. 앙드레 글룩스만도 그중 한 사람이다. 그는 러시아, 특히 체첸에서 인권 수호를 강력하게 주장했다. 그는 대중들에게 레비보다 지적이라는 평가를 받았다. 또 한 사람의 대표적인 레 인텔로인 알랭 핀킬크라우트는 홀로코스트 생존자의 아들이다. 그는 최근 프랑스에서 세력을 넓히고 있는 반유태주의에 초점을 맞춰 활동하고 있다.

또 한 명의 잊어서는 안 될 사람이 있다. 바로 1968년 폭동을 지휘했던 다니엘 콘 벤디트이다. 정치적 수완과 눈에 띄는 빨간 머리 때문에 '빨간 머리 대니'라는 별명이 있다. 그녀는 지금도 카리스마 넘치는 미소와 뛰어난 유머로 유명하다.

그녀는 2004년 현재 '녹색당' 당원으로서 1999년부터 유럽 녹색당의 프랑스 대표 겸 회장으로 일하고 있다. 1990년대 초 그녀는 당의 기본 이념인 평화주의에 반하는, 보스니아와 이슬람교도 지지를 위한 군대 파견에 찬성하는 의견을 발표했다.

• • •

어쩌면 엘스버그 같은 인물과 민권운동가들, 긴 머리를 자랑하는 남자 사이의 공통점을 발견하지 못할 수도 있다. 하지만 앞서 예로 든 랍비 이츠하키와 여관 주인 이야기를 떠올려보라.

레비는 프랑스와 유럽, 나아가서는 세계의 인권 문제에 주목을 끌기 위해 진지하게 활동하지만, 카메라 앞에서는 머리카락을 쓸어올리며 폼을 잡는 것도 사실이다. 여관 주인이 생계를 유지할 필요가 있는 것과는 달리 철학자는 멋을 낼 필요가 없다.

하지만 이츠하키식으로 말해서 미디어의 주목이 레비의 '티쿤 올람(세계 치유)'의 수행력이 된다면 그가 진지하게 활동하는 한 눈감아 줘도 되지 않을까 싶다. 이것이 바로 25년 동안 엘스버그보다 레비가 더 높게 평가받아온 이유이다.

이 이야기를 끝내기 전에 세계 평화와 반핵 운동에 힘쓴 유태인들의 이름을 나열해보자. 노벨상 수상자인 알베르트 아인슈타인, 닐스 보아, 한스 베테 그리고 레오 지라드, 조지프 로트블랫 등이다.

로트블랫은 폴란드에서 영국으로 이민했다. 그는 제2차 세계대전 중 독일이 원자폭탄 제조에 실패했다는 보고를 받자마자 맨해튼 프로젝트(제2차 세계대전 중 결성된 원자폭탄 제조 프로젝트)에서 물러났다. 전쟁 종결 후 그는 과학자의 이해와 사회적 주의注意를 촉구하는 국제 회의를 주최했는데, 동서 양측의 과학자들이 출석했다. 이 회의는 지금도 계속되고 있다. 이러한 노력으로 그는 1995년에 노벨 평화상을 수상했다.

그렇다면 사회정의가 당신과는 무슨 관계가 있을까? 이에 대해서는 이 장의 마지막에 이야기하겠다.

:: **Rule 18** 자선을 베풀라

티쿤 올람의 개념상 사회운동과 자선은 별 차이가 없다. 사실 사회운동과 기부의 구별은 고대 히브리어 단계부터 애매해졌다.

히브리어로 정의를 뜻하는 '세덱tzedek'이 자선을 의미하는 '세다카 tzedakah'로 바뀌었다.

지금까지 이 책에서는 유태인의 지적 분야의 업적에 관해 주로 이야기했다. 하지만 유태 문화에서는 자선을 더 중요하게 여긴다.

미슈나(탈무드 중 가장 오래된 부분)에는 이런 구절이 있다.

"지혜를 넘어 선행을 베푸는 자의 지혜는 활용될 것이다. 하지만 선행을 넘어서는 지혜를 가진 자의 지혜는 활용되지 못할 것이다."

여기서 '선행'이란 자선 행위를 의미한다. 만일 당신이 뛰어난 학자라도 자선을 베풀지 않으면 당신의 지식은 쓸모없다는 뜻이다. 중세 프랑스의 유명한 랍비 라시는 그런 사람을 '결코 거둘 수 없는 씨를 뿌리는 사람'이라고 말했다.

또 한 가지 이런 글도 있다.

"모든 것이 예지되고, 자유의지가 주어졌다. 세계는 신에게 선행(의 횟수)으로 심판받을 것이다."

이 구절은 미슈나에 기록된 가장 뛰어난 랍비의 한 사람인 아키바의 말이다. '신의 계획과 당신의 행동 모두 중요하다. (언뜻 보면 모순된 것 같지만 아키바는 이것을 해결했다.) 신은 당신이 얼마나 여러 번 베푸는가에 가장 관심이 많고 항상 지켜보고 있다'는 뜻이다.

10달러씩 100번 기부하는 것이 1,000달러를 한꺼번에 기부하는 것보다 훌륭하다는 뜻이다. (이 해석은 하시디즘 랍비 마이모니데스에 의한 것이다.)

왜 이렇게 해석한 것일까? 생각해보라. 만일 당신이 100번 선행을 하면 당신의 마음은 한 번 선행을 했을 때보다 더 즐거울 것이다. 그리고 한 번에 큰 선행을 하고 나면 다음 선행을 하는 데 부담이 될 수 있다. 하지만 작은 선행을 100번 한다면 101번째 선행을 베푸는 것은 그리 어려운 일이 아니다.

자선의 여덟 단계

- 가장 숭고한 행위는 상대가 스스로를 지탱할 수 있도록 도와주는 일이다. 돈을 빌려주는 일, 공동으로 사업을 하는 일, 일자리를 마련해주는 일이 여기에 해당한다.
- 두 번째 숭고한 행위는 누가 베푸는지, 누가 받는지 서로 모르게 하는 선행이다.
- 세 번째 숭고한 행위는 베푸는 사람은 누가 받는지 알지만, 받는 사람은 누구의 도움을 받는지 모르는 선행이다.
- 네 번째는 받는 사람은 누구에게 도움을 받는지 알지만 주는 사람은 누가 받는지 모르는 선행이다.
- 다섯 번째는 부탁받기 전에 가난한 사람에게 직접적으로 도움을 주는 선행이다.
- 여섯 번째는 부탁을 받은 뒤에 가난한 사람에게 직접적으로 도움을 주는 선행이다.
- 일곱 번째는 필요한 금액보다 적은 금액을, 하지만 기쁜 마음으로 주는 선행이다.
- 여덟 번째는 싫은데 억지로 하는 선행이다.

모든 선행이 동등한 것은 아니다. 앞 페이지의 '자선의 여덟 단계'를 보자. 마이모니데스는 이와 같이 선행을 여덟 단계로 분류했다. 물론 첫 번째 자선이 가장 훌륭하겠지만, 그는 비록 여덟 번째 단계에 해당하는 경우라도 아무것도 하지 않는 것보다 낫다는 것을 강조하고자 했다.

유태의 자선 조직은 매우 긴 역사를 가지고 있다. 탈무드에 의하면 자선 조직이 없으면 그 지역사회는 종교법상 '마을'로 인정받지 못했다. 중세 폴란드에서는 유태 사회가 뛰어난 자선 조직을 가지고 있었던 탓에 원조를 받기 위해 유태교로 개종했던 기독교인이 있을 정도였다.

지금은 사정이 달라졌다. 유태 사회의 자선은 이제 유태인만을 위한 것이 아니다.

대지진이 일어나면 장소를 불문하고 제일 먼저 달려올 사람들은 이스라엘 지진 구조 전문가 팀일 것이다. 그들은 터키, 인도, 르완다, 아르헨티나 등에서 지진이 일어났을 때 열심히 구조 활동을 펼쳤다. 이란의 경우에는 이란 정부가 거절했는데도 이란에 구조 활동을 하겠다고 주장했다.

나는 로스앤젤레스에 거주할 때 한 가지 놀라운 이야기를 들었다. 로스앤젤레스에는 하시디즘 계통의 유태인 커뮤니티가 여러 개 있다. 그들의 대부분은 하바드 루바비치Chabad Lubavitch파에 속해 있다. 하바드는 약물과 알코올 중독자의 재활센터를 포함해 많은 자선 프로그램을 운영하고 있다.

당시 나는 프로테스탄트계 기독교인 부부에게 놀라운 이야기를 들었다.

"어떤 남자가 술에 취해 개천에 빠졌다고 하자. 그 남자가 가톨릭 신자이면 가톨릭 신자가 구해줄 것이고, 개신교도이면 개신교도가 구해줄 것이다. 그가 누구든 신경 쓰지 않고 구해줄 사람은 로스앤젤레스에 딱 한 부류밖에 없다. 그것은 하바드이다."

이 이야기를 들은 것은 약 15년 전의 일이다. 그 후 로스앤젤레스의 종교 단체들이 당시보다 관대해졌기를 바란다. 하지만 유태 문화에서 사람은 어느 종교의 신자이기 이전에 사람이다. 이 원칙을 충실히 지키는 몇 사람의 예를 들어보자.

18-1
베르나르
쿠시네

이 책에서 이야기하고 싶은 또 한 사람의 프랑스인이 있다. 그는 레비, 글룩스만, 콘 벤디트의 친구이지만 나이는 그들보다 약간 많다. 그는 철학자가 아니라 행동하는 사람이고, 최근 프랑스에서 가장 인기 있는 정치인이다.

바로 베르나르 쿠시네Bernard Kouchner 박사이다. 쿠시네 박사는 '국경없는 의사회MSF'의 창립자이자 초대 대표로 알려져 있다. 그는 국경없는 의사회 활동으로 1997년 노벨 평화상을 수상했다.

쿠시네 박사는 1937년 유태인 아버지와 프로테스탄트 어머니 사이에서 태어났다. 그는 아버지의 뒤를 이어 의사의 길을 걸었다. 증조 할아버지는 아우슈비츠에서 살해된 최후의 유태계 프랑스인이었다. 이것이 어머니의 종교와 관계없이 쿠시네 박사가 아주 강한 유태인 정체성을 갖게 된 원인이 되었다.

1968년 여름, 쿠시네 박사는 당시 격렬한 민권 전쟁과 기근으로 고생하는 아프리카 서부 지역에서 자원봉사 의사 팀에 합류했다. 그 지역은 당시 나이지리아의 일부였는데 나이지리아에서 분리되기를 원하고 있었다. 아프리카 서부의 전쟁은 정치적인 의미로 볼 때 옳은 것이 아니었다. 그것은 아프리카인들끼리의 세력 다툼이지, 좌익과 우익의 항쟁이 아니었다. 파리에 있는 쿠시네 박사의 친구들은 '자선 사업을 하러 혁명 속으로 뛰어들었다'고 그를 놀렸다.

하지만 이 사건은 쿠시네 박사의 인생의 방향을 결정하는 계기가 되었다. 1971년, 그는 아프리카 서부 지역의 자원봉사 동료였던 몇 명의 프랑스인 의사들과 국경없는 의사회를 만들었다. 이 조직이 세계 최초의 긴급 의료 원조를 전문으로 하는 NGO(국제 비정부 기구)이다.

1979년, 쿠시네 박사는 레비, 글룩스만과 함께 화물선을 해상 병원으로 만들어 공산주의 국가 베트남에서 도망쳐온 '보트 피플'을 도와주기로 결심했다. 그는 화물선에 수많은 기자들을 태워 그들의 인권 침해 현장을 취재하게 했다.

하지만 이 사건으로 인해 쿠시네 박사와 친구들 사이에 불화가 생겼다. 그의 좌익 친구들은 쿠시네 박사가 공산주의를 비판했다고 화를 냈고, 국경없는 의사회 친구들은 중립적인 입장에서 한 일에 너무 많은 미디어를 끌어들였다고 비난했다. 이 일을 계기로 쿠시네 박사는 몇 명의 동료들과 함께 국경없는 의사회를 떠나, 새로운 그룹 '세계의 의사회'를 조직한다.

친구들을 화나게 했지만 쿠시네 박사는 사과할 필요가 없다고 생각했다.

"기자들이 없었다면 사람들의 이목을 끌지 못했을 것이다."

쿠시네 박사는 또 "민주주의 국가에서는 다른 나라에서 일어나고 있는 인권 유린 행위를 저지할 권리뿐 아니라 의무가 있다."라고 주장했다.

쿠시네 박사는 폭탄이 떨어지는 곳에서도 수술을 집도한다. 또한 그는 필요할 경우 직접 트럭을 운전하면서까지 인도적 지원을 하기도 한다. 쿠시네 박사도 레비처럼 미디어의 사랑을 받는다고 비난하는 사람이 있지만, 그는 한 번도 인도적 지원의 현장을 떠난 적이 없다.

1988년, 쿠시네 박사는 인도적 지원 담당 장관으로서 사회당 정권에 합류했다. 그 후 그는 건강보건청 장관으로 3대에 걸쳐 사회당 출신 수상들에게 힘이 되어왔다. 한편으로는 유럽연합회의에 대표로 참가하면서 1999년부터 2001년까지는 UN 파견 코소보 자치정부 의장을 지냈다. 2002년, 사회당이 정권의 자리를 내놓은 이후에도 쿠시네 박사의 인기는 식을 줄 모르고 있다.

• • • •

18-2
소로스의
자선 사업

49살이 된 조지 소로스는 중년의 위기에 들어섰다. 그는 자신의 인생에 불만을 느꼈다.

당시 그는 이미 엄청난 부자였지만 금융업계 외에는 그다지 알려지지 않았다. 그는 모든 종류의 명성을 원했다. 하지만 그는 그것이 자신의 헤지펀드 경영에 악영향을 주리라는 사실을 잘 알고 있었다. 펀드 관리에서 오는 스트레스도 커져갔다. 이런 스트레스는 가정불화로 이어져 3년 만에 첫 번째 부인과 이혼하기에 이른다.

1979년은 그에게 운명적인 해였다. 그 해 소로스는 자선 사업에 열을 올린다. 그 결과 그가 원했던 주위의 관심을 얻었다. 하지만 그와 동시에 헤지펀드 운영에서 은퇴한다.

소로스가 자선 사업을 시작할 때 그의 목표는 사소한 것이었다. 그것은 자식들을 위한 상속세 대책이었다. 하지만 그가 만든 재단 이름에는 그의 철학적 관심이 담겨 있다. 그는 은사 칼 호크의 저서에서 따온 '오픈 소사이어티 재단'이라는 이름을 붙였다.

소로스는 처음에는 민주주의를 촉진하는 프로젝트에 투자했다. 그러면서 몇 년 동안은 성공과 실패를 반복했다. 몇 가지 활동은 아주 잘 되었다. 그는 폴란드의 레흐 바웬사의 노동당 결성과 체코슬로바키아의 바츨라프 하벨의 77헌장(1977년 지식인 241명이 인권 존중을 요구한 것) 발표를 지원했다. 두 가지 모두 공산주의의 붕괴를 촉진시켰고 바웬사와 하벨은 각각 초대 대통령에 취임했다. 하지만 남아프리카와 중국에서의 프로젝트는 실패로 끝났다.

그는 자신의 실패를 통해 더 발전했다. 1984년, 소로스는 자신의 고향 헝가리에 재단을 설립했다. 당시 그는 서양의 출판물을 헝가리의 도서관이나 대학에 기부했다. 하지만 그 대부분이 공산주의 정권에 의해 폐기되었다. 이를 본 그는 더 좋은 아이디어를 생각해냈다. 수백 대의 고성능 복사기를 헝가리에 보낸 것이다.

그 이전까지 헝가리에서 복사기를 사용하는 것은 아주 어려운 일이었다. 복사기는 특정한 기관에만 설치되어 있었고, 그것을 사용하려면 무엇을 복사하든 몇 페이지 몇째 줄부터 몇째 줄까지 복사할 것인지 신청서에 상세하게 기입해야만 했다. 그리고 신청서는 당국의 검열에서 통과되기까지 보통 몇 주일이 걸렸다. 아예 신청이 거절당하는 일도 있었다.

소로스의 이 프로젝트 덕분에 헝가리 사람들은 해방된 사회가 어떤 사회인지 느낄 수 있었다. 이 프로젝트에는 겨우 30억 원 정도의 돈이 들었는데, 소로스 스스로 아직도 자랑하는 프로젝트 중의 하나이다.

오픈 소사이어티 재단의 프로젝트들은,

- 러시아의 156개 도시에 사는 약 560만 명의 러시아인들의 생활 원조
- 부다페스트, 바르샤바, 프라하에 사립 대학교 설립
- 1991년 걸프전 이후 40만 명의 쿠르드족 난민을 위한 원조
- 보스니아에 전기, 가스, 수도 시설 재건 지원

등이었다.

1993년, 소로스는 자선 사업을 재구축한다. 오픈 소사이어티 연구소OSI를 뉴욕에 설립하고 부다페스트 등 유럽 몇몇 도시에 사무소를 열었다. 오픈 소사이어티 연구소는 현재 아시아, 유럽, 미국 등 50여 개 나라에서 활동하는 기금과 재단의 네트워크 역할을 하고 있다. 이로써 소로스는 '세계에서 단 한 명뿐인, 자신의 외교정책을 가지고 있는 사람'이 되었다.

1994년 창립 이래 오픈 소사이어티 연구소는 자선 사업에 연간 약 30억 달러 이상을 투입하고 있다. 이 돈은 영리 목적이 아니라 자선을 목적으로 소로스의 개인 자금에서 나왔다. (이 돈은 소로스의 미국 내 정치적 활동 자금과 엄밀하게 구별되었다.) 오픈 소사이어티 연구소에 따르면 최근 몇 년간의 투자 자금은 연간 4억 달러라고 한다. 해에 따라 이 금액이 상승할 때도 있다. 예를 들어, 1998년과 1999년에는 5억 7,000만 달러에 달했다.

2003년, 소로스는 자신의 금융업계 경력과 자선 사업에 관해 흥미로운 말을 했다.

사실 나는 진실에는 강한 흥미를 지니고 있지만 돈에는 별로 관심이 없다. 그렇지 않으면 이렇게 많은 돈을 남을 위해 쓰지 않을 것이다. 솔직히 말하면 진실에 대한 관심이 자선 사업에 대한 것보다 크다. 나는 내 철학 때문에 자선 사업을 한다. 그리고 자선 사업은 이익을 추구하는 데서 오는 고독함에서 나를 구해주었다. 그래서 나는 자선 사업을 시작하길 정말 잘했다고 생각한다. 헤지펀드보다 이 일을 하는 것이 훨씬 행복하다.

• • •

조지 소로스의 말에서 알 수 있듯이 베푸는 행위는 도움을 받는 사람뿐만 아니라 주는 사람에게도 보상을 준다.

그렇다면 아까의 의문으로 돌아가자. 자선이나 사회적인 활동이 당신과 무슨 관계가 있을까?

유태 문화는 '사람다운 사람이 되는 것'을 가장 중요한 가치로 여겨왔기 때문에 오랜 세월 동안 살아남을 수 있었다. 유태 문화에서는 종교나 돈, 지식보다 인간성이 중시된다. 그리고 그것이 유태교를 믿지 않는 유태인조차 '유태인이라는 것에 자부심을 느끼는 이유'이며, 수천 년 동안 상상을 초월하는 어려움과 비극을 견디면서 유태인이라는 정체성을 유지하고 있는 이유이다.

직업에는 회사원도 있고, 변호사, 연기자, 주부도 있다. 하지만 직업의 정체성이 인간으로서의 정체성보다 중요하다고 간주한다면 그 성공은 모래 위에 지은 집처럼 불안정한 것이다. 그런 정체성에는 아무런 기초가 없기 때문이다. 기초가 없으면 사회는 유지될 수 없다. 기초가 없는 문화는 다른 문화에 흡수되기 쉽다.

인간으로서의 정체성은 어떻게 유지할 수 있을까? 그것은 자신의 결정에 달렸다.

먼 땅에서 고생하는 낯선 사람들을 구원하기 위해 자신의 일을 제쳐놓고 떠날 수 있는 사람은 많지 않다. 다른 사람을 위해 투옥될 위험을 감수할 수 있는 사람도 드물다. 소로스처럼 남을 돕기 위해 자신의 막대한 자금을 쓸 수 있는 사람도 드물다.

"나도 그만큼 돈이 있으면 기부할 수 있다고!"

그러나 돈은 많을수록 내놓기가 힘든 법이다.

어떤 직업을 가지고 있든 우리는 살아가면서 우리보다 부당한 처우를 받는 사람들을 만나게 된다. 그들의 어려움은 정부 탓일수도 있고 사회 탓일 수도 있으며 개인적인 일 때문일 수도 있다.

우리의 도움을 필요로 하는 사람은 많다. 그것은 돈일 수도 있고 음식이나 옷 같은 물건일 수도 있다. 아니면 따뜻한 말 한마디라도 좋다.

자선이 이 땅에서 사라지는 일은 없을 것이다. 그것이 삶이다. 그러므로 도움이 필요한 사람들의 눈길을 피하지 말고 당신이 할 수 있는 일이 무엇인지 생각하라.

이디쉬 코프의 비밀을 알고 싶어서 이 책을 읽고 있는가? 자선도 이디쉬 코프의 한 요소이다. 다른 사람을 도와주려는 마음 없이 이 책의 제안을 실행하면 그 행위는 공허해진다. 단기적인 이익은 얻을 수 있겠지만 장기적으로는 아무것도 얻을 수 없을 것이다.

누구나 시간은 없다. 모든 일을 할 필요는 없다. 할 수 있는 것을 하나씩 하면 된다.

기회가 주어진다면 빨리 실천하기 바란다. 망설임은 금물이다. 이것도 이 책의 다른 항목과 마찬가지로 이디쉬 코프의 중요한 일부이기 때문이다.

당신이 먼저 도움의 손을 내밀어라

랍비 메슈라마 즈스야(1800년 사망)에 대한 이야기로 이 장을 끝맺으려 한다. 그는 하시디즘 랍비 중에서 가장 많은 사랑을 받았으며 매우 소박한 인물이다.

옛날에 어떤 젊은이가 있었다. 그는 아버지의 사업을 이었지만 유감스럽게도 사업이 잘 되지 않았다. 그런데도 젊은이는 동네 거지에게 매일 동전을 적선했다. 그리고 그는 아주 가난한 랍비 즈스야에게도 매일 돈을 건넸다. 그는 랍비의 기도용 숄을 넣기 위한 통 안에 돈을 매일 넣었다. 즈스야가 보지 않을 때를 노렸다가 몰래 돈을 넣기도 했다. 하지만 랍비의 가족이 먹을 음식을 사기에는 부족한 돈이었다.

그런데 해가 갈수록 남자의 사업이 점점 번창했다. 물론 그는 매일 자비를 베푸는 것도 잊지 않았다. 그리고 40살이 되었을 때, 그는 마을에서 가장 큰 부자가 되었다.

그가 부자가 되자 예상대로 많은 사람이 그의 돈을 노리게 되었다. 하지만 그는 부자가 된 뒤로 어떤 책임감을 느꼈다. 부자가 됐으니 돈을 현명하게 기부하고 싶어졌다.

어느 날 그는 랍비 즈스야가 자신의 스승이 얼마나 훌륭한지 이야기하는 것을 들었다. 즈스야는 스승에 비하면 자신은 아주 하찮은 존재라고 말했다. 남자는 즈스야의 스승을 찾아갔다. 스승은 아름다운 건물의 랍비 학교 교장이었다.

학교는 훌륭한 학생들만 모이는 곳이었다. 남자는 그곳이 자신의 돈을 쓰기에 적합한 장소라고 생각했다. 그리고 자선 사업을 위한 돈을 모두 이 학교에 기부했다.

그러나 그 후 그의 사업에 이상한 기운이 감돌았다. 매일 실적이 떨어지더니 결국 3년 뒤에는 파산할 위기에 직면했다.

남자는 운세의 반전에 절망했다. 그는 즈스야를 찾아가 왜 이런 일이 일어났는지 물어보았다. 가장 현명하고 신성한 사람들을 도와주었는데 말이다.

랍비 즈스야는 말없이 그의 이야기를 듣고 고개를 끄덕였다. 그리고 말했다.

"혼란스러운 마음은 이해합니다. 하지만 아주 쉬운 이야기로군요. 처음에 당신은 이 사람 저 사람 가리지 않고 도와주었지요. 그래서 신께서도 같은 일을 한 겁니다. 하지만 이제 당신은 가장 현명하고 고상한 사람을 골라서 기부했어요. 그러니까 신께서도 당신과 똑같이 하신 겁니다."

1. (c)가 가장 유태인다운 태도이다.

'Rule 18. 자선을 베풀라'의 랍비 즈스야의 이야기를 읽어보면 답이 왜 (c)인지 알 수 있을 것이다. 동시에 (b)와 (d)가 적절한 답이 아니라는 것도 알 수 있을 것이다. 노파가 알코올 중독자이고 당신이 준 돈으로 술을 마신다고 해도, 행동을 고칠 가능성이 아예 없다고 단언할 수 없다. (e)는 두 번째로 적절한 대답이다. 앞서 언급한 자선의 여덟 단계 중 가장 낮은 단계에 해당하지만 아무것도 하지 않는 것보다 낫다.

2. (c) 또는 (e)가 가장 유태인다운 태도이다.

주어진 상황으로 보아 간호사의 주장은 정당하다. 만일 그들의 주장이 당신에게 설득력 있게 느껴졌다면 (c)가 정답일 것이다. 서명을 했다고 해서 당신이 잃는 것은 아무것도 없다. 서명을 한다는 내용이 포함된 선택지는 이것 하나밖에 없으므로 (c)가 가장 적절한 대답이다.

하지만 만일 당신이 간호사의 말을 충분히 납득하지 못했다면 (e)도 좋은 대답이다. 생각해보는 노력을 아깝게 여기지 말자. 간호사나 병원은 당신이 살고 있는 공동체에 속해 있다. 나머지는 불성실하거나 배려심이 없는 대답들이므로 유태인답지 않다.

3. (b)가 가장 유태인다운 태도이다.

이 문제에 대답하려면 약간의 판단력이 필요하다. 가장 유태인답지 않은 태도부터 하나씩 지워나가 보자. (c)는 최악이다. 당신과는 관계없는 일이다. 만일 양쪽 모두가 당신의 제안을 받아들이지 않는다면 어떻게 하겠는가? 그들의 논쟁에 당신이 끼어들 자리는 없다. 그러므로 (c)는 아니다. (e)도 좋지 않다. 왜냐하면 이런 일이 해결된다고 해도 중요한 협상에는 진전이 없다. 그들의 싸움에 시간을 허비할 이유가 없다. 그렇다면 (d)는 어떨까? 지금 당장의 상황만 생각하면 괜찮은 방법이다. 하지만 길게 생각하면 이것도 시간 낭비이다. 회의 날짜를 다시 조정하는 것도 불확실하고 번거로운 일이다. (a)는 괜찮은 아이디어이다. 냉각에 필요한 시간이 짧기 때문이다. 하지만 휴식 중에 싸움이 더 격해질 가능성도 있다. (b)는 이런 상황에서 긴장을 풀어주고 두 사람의 흥분을 가라앉힐 수 있는 방법이다. 당신이 협상을 주도하는 데 도움이 되기도 한다. 그리고 이 회의는 당신이 소집한 회의이다. 이 회의는 협상에 집중되어야 한다. 내 경험에서 볼 때도 (b)가 가장 효과적인 방법이다.

4. (b)와 (c)를 동시에 하는 것이 가장 유태인다운 태도이다.

이 문제는 실제 내 경험을 바탕으로 만든 것이다. 이 문제의 요지는 당신이 아닌 다른 사람들로 인해 빚어진 일에 대한 부정적 반응의 관리이다. 일종의 데미지 컨트롤이라고 할 수 있다.

회사의 법무팀이 계약 협상의 마지막 단계에 계약서의 트집을 잡는 것은 흔한 일이다. 하지만 이 경우 상대는 미국계 기업이다.

미국 측은 계약서의 세부사항을 채우기 위해 휴가까지 반납했다. 마지막에 악수했을 때 그들은 협상이 끝났다고 생각했을 것이다. 그들의 입장에서 볼 때 만일 법무팀이 다른 의견을 가지고 있었다면 협상 기간 중에 말을 했어야 옳다.

법무팀이 보낸 메일은 서양인의 눈으로 보기에 당신 회사가 성실하지 않은 곳이라는 메시지로 보일 뿐이다. 이미 이야기가 끝났는데 다시 되돌아가는 것은 최악의 상황이다. 이런 행동은 미국인의 기분을 상하게 하기에 충분하다. 아마 미국 측은 법무팀의 메일 때문에 협상 상대를 바꾸려고 검토할 것이다. 한편 입찰 경쟁을 벌이고 있는 독일의 방식은 미국인의 그것과 아주 잘 통한다. 그러므로 이 문제를 당신이 잘 해결하지 못한다면 당신 회사는 큰 발주를 잃게 될 가능성이 크다.

만일 당신이 이디쉬 코프를 지니고 있다면 이 상황을 금방 이해할 수 있을 것이다. 이것이 (b)와 (c)를 동시에 선택하는 이유이다. 한 가지만으로는 문제를 해결할 수 없다. 미국인에게 당신이 문제를 인식하고 있다는 것을 전하는 (c)와 문제를 해결하는 (b)가 결합해야 한다. 또는 그 메일 자체를 무효화하려는 노력도 필요할 수 있다.

(e)도 문제를 해결하기에는 부족한 대답이다. 아마 미국 측은 앞으로도 이와 같은 문제가 발생할지 모른다고 생각할 것이다. 그리고 (e)에는 왜 이런 문제가 생겼는지에 대한 설명이 빠져 있다. 이것은 미국 측에게 불성실하다는 인상을 줄 것이다.

(d)와 (a)는 전혀 상대방에 대한 배려가 없는 태도이다. 그러므로 가장 바람직하지 못하다.

제10장
룰은 당신에게 달렸다

지금까지 우리가 살펴본 유태인의 부와 생존에 관한 룰인 이디쉬 코프는 실생활에 얼마나 유용하게 활용할 수 있을까?

이 질문에 대해 두 가지로 대답하려 한다. 왜냐하면 이 질문에는 서로 다른 두 가지 문제가 숨어 있기 때문이다.

• 이 책의 제안을 실행하기 위해 별도로 어떠한 응용이 필요한가?
• 어느 문화권에서든 이디쉬 코프만으로 성공에 도달할 수 있을까? 아니면 다른 수단들이 더 필요한 것일까?

여기에서는 이 두 가지에 관해 이야기하겠다.

실행의 출발점

지금까지 많은 상황에서 적극적으로 당신의 의견을 말하라고 제안했다. 이 제안들을 그대로 실행하는 데는 이런저런 어려움도 따른다. 또한 단번에 실행하다가는 장애물이 나타나기도 한다. 하지만 단순히 불가능하다고 단정할 수는 없다.

이 책의 제안 몇 가지는 혼자서 실행할 수 있다. 당신의 지적 능력을 키우는 것은 분명 다른 사람의 도움 없이도 할 수 있는 일이다. 다른 나라의 언어와 문화를 배우는 일도 마찬가지이다.

사람은 누구나 한 가지 이상의 역할을 수행한다. 직장에서는 과장이고 집에서는 가장인 것처럼 말이다. 이디쉬 코프를 활용하려면 먼저 당신의 역할이 무엇인지부터 알아야 한다.

당신의 손을 보라.

왼손으로 주먹을 쥐고, 오른손으로 그것을 감싸보라.

다시 양손을 폈다가 이번에는 오른손으로 주먹을 쥐고 왼손으로 그것을 감싸보라.

주먹이 어떤 발언을 하는 사람이나 행동하는 사람이라면, 그 주먹을 감싼 손은 듣는 사람이나 그 행동의 영향을 받는 사람이다. 왼손, 오른손 모두 두 가지 입장이 될 수 있다. 누구나 행동하는 사람이 될 수도 있고, 행동의 영향을 받는 사람이 될 수도 있다.

이것은 무슨 의미일까? 만일 당신이 이디쉬 코프를 통해 이익을 얻고 싶다면, 다른 사람이 똑같은 것을 시도했을 때 그것을 살릴 수 있는 환경을 만들어주어야 한다는 뜻이다.

당신의 부하가 모른다고 대답했을 때 당신은 화를 내면 안 된다. 당신이 의견을 말하고 싶다면 다른 사람의 의견도 들어주어야 한다. 상대의 관점이나 방침에 대해 설명을 듣고 싶다면, 당신도 상대방에게 자신의 생각을 설명해야 한다. 유머로 사무실 분위기가 밝아지는 것을 느꼈다면, 당신도 유머를 할 줄 알아야 한다.

만일 당신이 속한 집단에서 근본적인 이디쉬 코프를 활용하기 시작했다면 매우 의미 있는 결과를 얻을 수 있을 것이다. 가장 중요한 출발점은 당신 자신이다. 이것이 바로 지금부터 하려는 이야기이다.

현실적인 꿈을 꾸어라

이 책을 시작할 때 약속을 했다. 유태인들이 어떻게 부와 생존, 성공을 달성했는지 알기 쉽게 설명하기로 말이다. 그리고 그러한 성공을 실현하기 위한 유태인들의 룰을 이디쉬 코프라고 말했다.

그런데 과연 이디쉬 코프만으로 성공에 이를 수 있을까?

대답은 '아니오'이다. 한 가지가 더 필요하다.

그것은 바로 '꿈'이다.

지금까지 예로 든 사람들은 모두 꿈을 가지고 있었다.

조지 소로스의 꿈은 존경받는 철학자가 되는 것이었다. 그의 재산은 그가 관심 분야에 집중할 수 있는 시간을 주었고, 자선 사업은 그의 철학을 실천하는 장이 되었다. 리처드 파인만은 세계를 구성하는 힘의 원리에 대해 알고 싶어 했다. 그리고 블라디미르 아놀드는 그것을 추상적이고 수학적인 방법으로 이해하고 싶어 했다.

샌디 코팩스는 최고의 투수가 되고 싶었다. 지그문트 바르부르크는 런던에 자신의 이름을 딴 투자은행을 세우는 것이 꿈이었다. 또 그의 숙부인 아비 바르부르크는 세계의 다양한 서적을 수집하는 것이 꿈이었다. 할리우드 메이저 영화사 설립자들의 꿈은 미국 문화에 녹아들어 이민자들의 문화 수준을 향상시키는 것이었다. 베르나르 쿠시네의 꿈은 가난하고 굶주린 사람들을 돕는 일이었다.

하지만 가장 멋진 꿈을 꾼 사람들은 동유럽에서 미국 대륙으로 이민 온 몇 백만 명에 이르는 유태인들이다. 1914년 이전에 미국으로 이민 온 유태인 남성의 40%가 조국에서 일자리를 잃은 사람들이었다. 그중에는 13세에 혼자 건너온 우리 할아버지도 포함되어 있었다. 그들은 대부분 이디쉬어, 히브리어, 독일어나 러시아어밖에 할 줄 몰랐다. 이디쉬어로 이런 사람들을 '루프트멘슈(공기를 먹고 사는 사람들)'라고 한다. 유태인 이민자의 90% 이상이 이민 당시 50달러 정도밖에 가지고 있지 않았다.

그들이 가지고 있던 것은 글자 그대로 꿈뿐이었다. 그것은 평화와 번영의 꿈이었다. 그리고 그들이 달성한 것, 그들과 그들의 자녀들이 이룬 성공은 실로 엄청났다.

유태인은 새로운 친구가 생기면 이런 질문을 한다.

"당신의 꿈은 무엇입니까?"

대부분의 사람들이 이 질문에 곧바로 대답하지 못한다. 아주 슬픈 일이다.

당신의 꿈은 무엇인가? 당신에게는 꿈이 있는가?

꿈은 기발하지 않아도 된다. 많은 물리학자가 리처드 파인만과 비슷한 꿈을 가지고 있었고, 많은 은행원이 지그문트 바르부르크와 동일한 꿈을 꾸고 있었다.

하지만 꿈에는 어떤 종류의 '질質'이 필요하다. 꿈은 당신의 마음 깊은 곳에서 끓어오르는 것이어야 한다.

꿈이 없다고 생각하는 사람도 있다. 하지만 당신의 꿈은 당신 마음 속에 있다. 자신의 마음을 자세히 들여다보면 반드시 찾을 수 있다.

꿈은 성공을 달성하는 데 영감을 준다. 하지만 꿈이 있다고 해서 모두 성공을 이룰 수 있는 것은 아니다. 그 꿈을 실현하려는 현실적인 노력이 필요하다. 여기서 이디쉬 코프를 활용하라.

만일 꿈이 있지만 도저히 실현할 방법이 떠오르지 않는다면 그것은 쓸모없는 꿈이라고 말해도 좋다. 그렇다면 다른 꿈을 찾아야 한다.

30살이 넘은 나이에 아이돌 가수가 되겠다거나 러시아의 금발 테니스 선수와 데이트를 하겠다는 꿈이 그런 꿈일지도 모른다. 물론 당신이 가수이거나 테니스 선수라면 현실적인 단계를 생각해볼 수도 있다.

하지만 만일 당신이 평범한 사람이라면 실현 가능성이 지극히 낮은 꿈에 시간을 낭비할 필요는 없다. 실제로 실현 가능한 꿈을 지녀라. 꿈은 결코 나이를 먹지 않는다. 당신이 20대이든 자녀를 둔 50대이든, 꿈을 지닌 당신과 꿈이 없는 당신은 단 일주일만 지나보아도 스스로 차이가 난다는 사실을 알 수 있을 것이다.

꿈의 실현 단계를 설명하는 〈그림 10.1〉을 보자.

제1단계: 마음 깊은 곳에서 꿈 발견

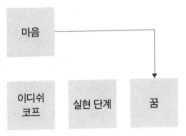

제2단계: 꿈에서 거슬러 올라가 실현 단계 설정

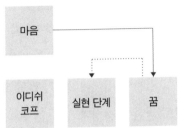

제3단계: 실현 단계로 올라가기 위해 이디쉬 코프 활용

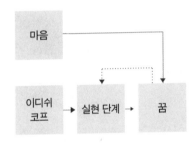

제4단계: 경험에 근거해 이디쉬 코프를 실천하고, 실현 단계를 조절하는 피드백을 거친다

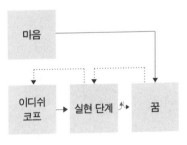

제5단계: 마음과 머리의 조화 꿈이 비현실적이라면 이디쉬 코프를 통해 꿈을 조정한다

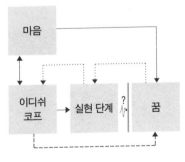

제6단계: 꿈의 실현

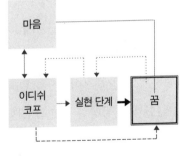

〈그림 10.1〉

꿈의 실현을 위한 제1단계는 이미 설명했다. 당신은 마음 깊은 곳에서 끓어오르는 꿈을 지녀야 한다. 이 단계에서 이디쉬 코프가 유용할까? 아마도 그럴 것이다. 하지만 이 단계에서는 이디쉬 코프보다는 당신의 마음에 초점을 맞춰야 한다. 여기서 말하는 꿈이란 실현 가능성이 있는 것이어야 한다. 얼핏 보았을 때는 허망하게 보이더라도 의외로 실현 가능성이 있는 경우도 있다. 이 단계에서는 이것을 확실하게 기억하기 바란다. '현실적인 큰 꿈'을 품는 것은 과학이 아니라 예술이다.

제2단계는 '어떻게 하면 꿈을 실현할 수 있을까'를 생각하는 단계이다. 현재 상황에서 할 수 있는 일이 무엇인지 생각하는 것이 중요하다. 이 단계에서는 꿈에서 현실을 거슬러 올라가면서 실현을 위한 계단을 하나씩 만든다. 이는 '리버스 엔지니어링(역공학)'과 같은 과정이다.

제3단계는 드디어 이디쉬 코프를 이용하는 단계이다.

하지만 이디쉬 코프를 활용한다고 해서 100% 성공한다고 단언할 수는 없다. 생각처럼 잘 풀리지 않을 경우도 있고, 당신이 설정한 실현 단계가 당신을 엉뚱한 방향으로 이끌 가능성도 있다.

한번 정한 방향을 끈질기게 고수해서 같은 시도를 반복하는 것이 중요하다고 생각하는 사람이 있지만, 이디쉬 코프의 관점에서 볼 때 현명하지 않은 생각이다.

제4단계는 이디쉬 코프와 경험을 함께 고려해 장애물을 극복하는 단계로서, 이디쉬 코프에 피드백을 실행하는 단계이다.

아무리 노력해도 꿈에 도달할 수 없을 가능성도 있다. 어쩌면 꿈을 선택하는 단계에서부터 잘못되었을 수도 있고, 당신이 처한 상황에 어울리지 않는 꿈일 수도 있다. 한편 9.11사태나 천재지변과 같은 예기치 않은 장애물이 생길 수도 있다. 이것이 제5단계이다.

이런 경우라면 현실을 직시해야 한다. 상황에 맞는 꿈을 다시 선택해야 한다. 당신의 마음과 머리 모두가 꿈에 협조할 수 있는지 확인해야 한다. 당신의 마음은 머리가 알고 있는 것에 귀를 기울여야 하고, 머리는 마음이 만족할 만한 대안을 내놓아야 한다. 따라서 이 단계는 마음뿐만 아니라 이디쉬 코프가 큰 역할을 하는 단계이다.

여기서 끝이 아니다. 제3단계부터 제5단계까지를 몇 번이고 반복해야 한다. 불굴의 정신력이 필요하다. 이 과정에서는 '손실을 끊어라'를 포함한 많은 이디쉬 코프의 룰을 구사해야 한다.

그리고 모든 과정을 거치면 이윽고 제6단계인 '꿈의 실현'에 도달한다. 당신 이전에도 이미 많은 성공한 유태인과 비유태인들이 이 과정을 밟았다.

물론 이 그림은 현실을 극단적으로 단순화시켰다. 가령 제2단계와 제3단계는 꿈의 실현 단계를 계획하고 하나씩 실행하는 과정인데, 필요 사항을 목록으로 만들고 그것을 빠짐없이 실행하는 것은 결코 간단한 일이 아니다.

나는 제2단계와 제3단계를 통과하는 데 적어도 두 가지 방법이 있다고 생각한다. 〈그림 10.2〉를 참고하기 바란다.

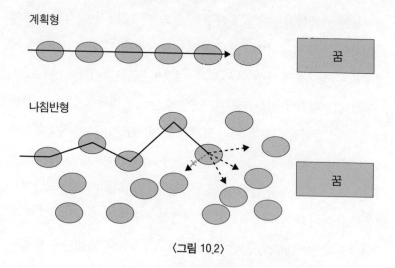

꿈에 도달하는 두 가지 방법

계획형

나침반형

〈그림 10.2〉

어떤 사람들은 자신의 목표를 향해 한 걸음씩 계획대로 나아갈 수 있을 것이다. 이런 사람들이 보여주는 방식이 '계획형'이다. (작은 원은 꿈을 실현하는 단계를 가리킨다.)

하지만 어떤 사람들은 실현 단계에 따른 계획을 사전에 세우지 않고, 대강의 감각에 의지해 꿈을 향해 나아간다. 각각의 실현 단계마다 여러 대상들 중 다음 단계를 적절하게 고를 수도 있지만, 잘못된 것을 선택할 수도 있다. 이런 사람들을 '나침반형'이라고 한다.

사실 모든 사람을 계획형이나 나침반형으로 정확하게 구분할 수 있는 것은 아니다. 나의 이야기를 하자면, 나의 본래 성격은 틀림없이 나침반형이다. 하지만 업무를 수행하기 위해 반드시 몇 가지를 사전에 계획하곤 한다. 그래서 나는 스스로를 80% 나침반형에 20% 계획형이라고 생각한다.

계획형에 가까운 사람도 예측하지 못한 장애물이나 예상하지 않은 매력적인 기회를 만나면 자신의 계획을 수정할 것이다. 그럴 때 일시적으로 나침반형이 된다.

제2단계와 제3단계에서는 자신이 계획형에 가까운지 나침반형에 가까운지 인식하는 것이 많은 도움이 된다.

한 가지 분명히 해두자면 이러한 유형 분류는 꿈의 실현과 같은 장기적인 과정에만 해당한다. 짧은 프로젝트의 경우는 대개 두 유형이 서로 혼합된다. 예를 들어, 나의 경우 비즈니스 거래나 법률적인 실무 처리에 있어서는 당연히 계획형이다.

만일 당신이 계획형 인간이라면 꿈의 실현 단계를 작성하고 도전하라. 하지만 제4단계와 제5단계에서는 유연성을 유지하면서, 원래 계획했던 꿈의 실현 가능성이 희박해 보인다면 단계 변경도 감수하는 자세를 가져야 한다.

만일 당신이 나와 같은 나침반형 인간이라면 상황은 조금 복잡해진다. 특히 제2단계에서는 당신의 꿈과 그 꿈을 실현하는 방법을 정확하게 파악해야 한다. 꿈에 대해 정의가 자세하면 자세할수록 이 단계에서 설정할 수 있는 방법은 많아질 것이다.

예를 들어, 만일 당신의 꿈이 '부자가 되는 것'이나 '인류에 공헌할 수 있는 발명을 하는 것', 또는 '가치관이 맞는 이성을 만나 가족을 이루는 것'과 같은 일이라고 하자. 이러한 꿈을 실현하기 위한 방법은 아주 다양할 것이다.

당신의 꿈이 가족을 이루는 것이라면 이성을 만나기 위한 계획을 세워야 한다. 당신의 꿈이 '아시아의 모든 주요 도시에 초고층 빌딩을 갖는 것'이라면 부동산 공부를 실행 단계에 포함시켜야 할 것이다. '덴마크 왕족과 결혼하는 것'이 꿈이라면 덴마크어를 공부하는 것도 하나의 방법이 될 것이다.

이러한 '현실적인 꿈'은 개인의 경우에만 해당되는 것일까? 당연히 그렇지 않다. 기업 역시 현실적인 꿈을 가져야 한다. 기업도 개인과 마찬가지이다.

인류가 처음으로 달에 착륙한 것을 기억하는가? 직접 보지는 못했어도 모르는 사람은 아마 없을 것이다. 그것은 NASA가 '아폴로 계획'이라고 부른 대규모 프로젝트였다.

나는 아폴로 계획을 아주 좋아한다. 달에 착륙한다는 것은 아주 커다란 꿈이었기 때문이다. 이 아이디어가 처음 나왔을 때 어느 누구도 어떻게 실현해야 하는지 알 수 없었다. 하지만 그들은 모르는 것이 무엇인지 알고 있었다. 그래서 필요한 것을 배우기 위해 하나씩 실현 단계를 계획했다.

기업의 꿈은 어떻게 실현해야 할까?

제1단계: 꿈(목표)을 정한다. 가장 중요한 단계이다. 기업의 꿈은 개인과 마찬가지로 '기업의 마음'에서 솟아나온 것이어야 한다. 그것은 그 기업의 장점과 능력, 정체성에 걸맞아야 한다. 하지만 가장 중요한 것은 고객을 생각하는 것이다. 고객이 없다면 기업은 유지될 수 없다.

그리고 고객이 원하는 서비스나 제품을 넘어설 수 있는 더 큰 꿈을 꾸어야 한다. 고객을 정말 행복하게 하는 것이 무엇인지 생각해야 한다. 아울러 어떻게 꿈을 실현할 수 있는지 계획해야 한다. 아마도 이 단계는 제품 개발보다 더 긴 시간을 필요로 할 것이다.

어떻게 하면 기업의 꿈을 찾아낼 수 있을까? 브레인스토밍을 활용해보라.

최대한의 아이디어가 나올 수 있는 환경을 만든다. 먼저 엔지니어, 마케팅 담당자 등 분야별 멤버로 회의를 연다. 이때 아이디어에 제한을 두면 안 된다. 장소는 회사를 벗어난 편안한 장소가 적당하다. 누구든지 자신의 의견을 주저 없이 말할 수 있는 여건이 중요하다. 그리고 절대 개인을 공격해서는 안 된다.

개인이 현실적인 목표를 정하는 것과 달리 기업은 제1단계부터 이디쉬 코프를 사용해야 한다. 신제품의 제조 가능성과 서비스 제공 가능성 같은 것에 이디쉬 코프가 필요하다는 의미가 아니다. 그보다는 기업의 꿈이 고객 제일주의에 부합하도록 하기 위해 이디쉬 코프가 필요하다는 말이다.

제2단계: 개인의 경우의 리버스 엔지니어링에 해당하는 단계이다. 하지만 이 단계의 설정은 계획형과 나침반형이 적절히 혼합된 형태여야 한다.

먼저 꿈을 실현하기 위해 해결해야 하는 문제를 산출하고 기록한다. 이 과정은 계획형 방법이다. 하지만 산출한 문제를 어떻게 해결할 것인가는 나침반형으로 접근해야 한다. 만일 문제를 해결하는 방법을 사전에 예측할 수 있는 것이라면, 그 꿈은 당신 회사의 '아폴로 계획'이 되기에는 너무 작다.

그리고 너무 세밀하게 계획을 세우면 일시적으로 후퇴하거나 새로 찾아온 기회를 살리는 유연한 대응이 어려워진다. '새로운 기회'란 비록 현재의 계획에 따라 신기술을 개발 중이라 하더라도 우연히 찾아온 또 다른 기회를 의미한다. 9.11사태 이후 보안 시스템에 사람들의 관심이 많아진 것이 그 좋은 예이다.

제3~6단계: 이 단계는 보통 기업이 실행하고 있는 제품 개발 과정과 비슷하다. 하지만 이디쉬 코프를 최대한 활용하기 바란다.

이와 같은 '아폴로 계획'을 세우려 한다면 CEO나 중역 직속 특별팀을 편성하는 것이 좋을지도 모른다. 그럼으로써 이 팀은 회사의 통상적인 운영의 간섭을 받지 않아야 한다.

꿈이 당신 회사의 것이든 당신 자신의 것이든 부디 실현되길 기도하겠다.

마지막 힌트

이디쉬 코프와 성공에 대해 마지막으로 이야기하고 싶은 것이 있다.

미국이나 기타 서유럽 국가에서 인구에 비해 매우 높은 비율로 유태인 성공 사례가 소개되는 것을 보면 이디쉬 코프가 얼마나 유용한지 알 수 있을 것이다. 하지만 그들은 결코 쉽게 성공하지 않았다. 이미 말했듯이 이디쉬 코프를 활용한다고 해서 저절로 성공으로 이어지는 것은 아니다. 많은 유태인들도 실패를 경험한다. 나에게도 실패는 흔한 일이다.

중요한 것은 실패를 통해 배운다는 점이다. 실패를 하더라도 실망은 하지 말아야 한다. 오직 실패로부터 배우는 것이 중요하다.

이디쉬 코프는 인생의 모든 측면에 이용해야만 하는 것이 아니다. 맥주 한 잔, 라면 한 개 먹은 것만으로 일주일 동안의 인내가 수포로 돌아가는 다이어트와는 다르다. 이 책의 제안을 1년 내내 실행할 필요는 없다. 이 책은 그럴 필요가 없도록 구성되어 있다.

나는 로스앤젤레스의 하시디즘 랍비를 알고 있다. 그의 이름은 랍비 보루크 슐레모 큐닌이다. 그는 제9장에서 이야기한 하바드의 자선 활동을 인솔하는 인물이기도 하다. 하시디즘은 신비주의 종파라고 앞에서 말한 바 있다. 그들은 토라를 모두 실행하기 위해 노력하는데, 그 계율은 무려 613가지나 된다. 나를 비롯한 보통 유태인에게 613개의 계율을 지킨다는 것은 도저히 불가능한 일이다.

나는 유태력 신년이 되면 이 랍비를 찾아가 설교를 듣곤 했다. 청중의 대부분은 나처럼 신비주의 종파와는 거리가 먼 평범한 사람들이다. 하지만 랍비는 우리가 계율을 지키지 않는다고 불평한 적이 한 번도 없었다.

대신 그는 이렇게 말했다.

"당신이 지금 지키고 있는 계율 외에 한 해에 하나씩만 더 계율을 추가하십시오. 더욱 큰 축복이 찾아올 것입니다. 단 하나만 추가하는 것으로 복을 받을 것입니다."

이 책의 내용은 계율이 아니라 단순한 제안이다. 하지만 기본 개념은 비슷하다. 이디쉬 코프에 대한 제안을 하나씩 실천한다면 반드시 기회는 찾아올 것이다. 단 한 번만 실천해도 삶은 달라질 수 있다.

작은 것부터 시작하라. 이디쉬 코프를 실천하려 한다면 다른 사람이 이디쉬 코프를 활용하는 데도 관대해져라. 완벽해지려고 생각하지 마라. 이것만 기억하라.

"당신의 혀끝에서 세계가 펼쳐진다."

저의 책이 한국에서 출판되는 것은 큰 기쁨이자 영광입니다. 한국어판이 출판되기까지 번역자인 남상진 씨와 원고를 검토해준 박수진 씨의 도움이 컸습니다. 두 분께 감사드립니다.

전 세계적으로 매년 유대인에 관한 많은 책들이 출판되고 있습니다. 그 대부분은 유태인들이 세계 주요 정부와 금융 시스템을 조종하고 있다는 신화를 되풀이합니다. 그중 몇몇은 유태인을 가장한 사람들이 써온 책들입니다.

이 책의 첫 번째 목표는 현대 유태인들의 진실한 모습을 묘사하는 데 있었습니다. 불과 100년 전만 해도 대부분의 유태인들은 동유럽에서 가난과 박해 속에서 살았습니다. 수백만 명에 이르는 가난한 유태인들이 서유럽 국가들에서 성공적인 삶을 찾으려고 했습니다. 저의 할아버지도 그중 한 명입니다. 하지만 그들의 성공의 원천은 돈이 아니라 '정신'에 있었습니다. 그들이 정착한 사회에 공헌한 혁신적인 '마음'이 곧 그들의 '성취'였습니다.

이 책의 또 다른 목표는 유태인의 성공 비결이 유전이 아닌 '문화'에 있다는 것을 보여주는 것이었습니다. 비밀 따위는 없습니다. 유태인들이 다른 사람들의 사고방식에서 배워왔던 것처럼 누구나 유태인들의 사고방식, 즉 생각의 룰을 배울 수 있을 뿐입니다.

해외에 있는 한국인 공동체들, 특히 미국에 있는 공동체들은 매우 단단한 결속력을 보여줍니다. 한국계 비즈니스 종사자들은 서양인들을 만났을 때 그들의 생각을 솔직하게 표현합니다. 이런 측면에서 볼 때 한국인들의 기질은 상당히 유태인에 가까운 듯합니다.

또한 한국만큼이나 교육을 강조하는 나라도 많지 않습니다. 그러나 교육에 대한 유태인들의 자세, 즉 배움이 단순히 성공적인 경력을 쌓기 위한 수단이 아니라 그 자체만으로 즐거워야 한다는 태도를 알게 되면 신선한 자극으로 느껴질 것입니다.

저의 한국인 친구들은 대부분 기독교인들입니다. 저는 기독교 독자들이 이 책 속에서 더 새롭고 풍부한 정보를 발견하게 되리라 생각합니다. 기독교나 유태교 모두 성경이라는 책을 공유하고 있습니다. 그러나 유태교는 기독교와는 조금 다른 가르침들을 기초로 하고 있습니다. 더 놀라운 것은 많은 유태인들이 유태교나 성경에 별로 관심을 갖고 있지 않다는 점입니다. 어떤 유태인들은 무신론자이거나 적극적인 불교도입니다. 그러나 그들은 여전히 유태인으로서 자부심을 강하게 느끼고 있습니다.

이 책이 유태인의 역사와 철학을 있는 그대로 이해하고, 3천 년 동안 유태인들이 역경과 위기에 처할 때마다 활용해왔던 생존의 룰을 당신이 터득하는 데 실질적인 도움이 되었기를 간절히 바랍니다.

저자 앤드류 서터